Günter Rohwedel

Verschwunden

Ein ungeklärter Fall

SPICA
VERLAG GMBH

www.spica-verlag.de

2. Auflage, 2025

Autor: Günter Rohwedel
Für den Inhalt des Werkes zeichnet sich der Autor selbst verantwortlich.

Aus rechtlichen Gründen wurden Namen von Personen verändert. Alle Vorgänge werden authentisch geschildert, entsprechen dem wirklichen Geschehen, und können durch Aktenlage belegt werden.

Gesamtherstellung: Spica Verlag GmbH

Printed in Europe
ISBN 978-3-98503-054-5

Wer die Wahrheit finden will,
darf nicht aufhören zu suchen!

Inhalt

Abkürzungsverzeichnis

ABM	Arbeitsbeschaffungsmaßnahme
ABV	Abschnittsbevollmächtigter der VP
AG	Arbeitsgemeinschaft
BDVP	Bezirksdirektion der Deutschen Volkspolizei
BKA	Bezirkskriminalamt
BVfS	Bezirksverwaltung für Staatssicherheit
CCU	Cold Cases Unit
DVP	Deutsche Volkspolizei
FH	Freiwilliger Helfer der VP
FO	Führungsoffizier des MfS
GMS	Gesellschaftlicher Mitarbeiter Sicherheit
GSSD	Gruppe der Sowjetischen Streitkräfte in der DDR
Hptm.	Hauptmann
HIM	Hauptamtlicher inoffizieller Mitarbeiter
HO	Handelsorganisation
HVA	Hauptverwaltung Aufklärung des MfS
IM	noffizieller Mitarbeiter
IMK	Inoffizieller Mitarbeiter Konspiration
KD	Kreisdienststelle MfS
KGB	Sowjetischer In- und Auslandsgeheimdienst
KI	Kriminalistische Institut
KIB	Kraftfahrzeuginstandhaltungsbetrieb
KKH	Kreiskrankenhaus
K-Mstr.	Kriminalmeister
K-Omstr.	Kriminalobermeister
KO	Konspiratives Objekt
KOK	Kriminaloberkommissar
KPI	Kriminalpolizeiinspektion
KStA	Kreisstaatsanwaltschaft
KW	Konspirative Wohnung

LKA	Landeskriminalamt
LPG	Landwirtschaftliche Produktionsgesellschaft
Ltn.	Leutnant
MdI	Ministerium des Innern
MfS	Ministerium der Staatssicherheit
MUK	Morduntersuchungskommission
MWD	Mecklenburger Wach- und Schließdienstleistung
ODH	Diensthabender Offizier
Oltn.	Oberleutnant
OSL	Oberstleutnant
PA	Produktive Arbeit (Unterrichtsfach)
PM	Pass- und Meldewesen der DDR
POS	Polytechnische Oberschule
Ultn.	Unterleutnant
VEB	Volkseigener Betrieb
VPKA	Volkspolizeikreisamt

Prolog

Als Privatermittler wurden in den Jahren die unterschiedlichsten Fälle an mich herangetragen. Neben Diebstahl, anonymen Drohungen, Betrug usw. gab es Fälle von Missbrauch und die Suche nach vermissten Kindern. Unter ihnen Fälle, die besonders stark in Erinnerung bleiben und nie ein gutes Ende fanden. Ich erfuhr Dinge, von denen ich nie ahnte, dass es sie wirklich gibt. Diese Erfahrungen stimmen mich heute noch nachdenklich und sie zerstörten meinen Glauben an professionelle und gewissenhafte kriminalistische Arbeit.
Das tiefe Eindringen in über Jahre zurückliegende Fälle sowie deren analytische Durchdringung offenbaren häufig Schwachstellen bzw. ließen Unvermögen oder Gleichgültigkeit in der Ermittlungsarbeit der mit dem Fall früher betrauten Kriminalisten erkennen.
Natürlich ist es nach Jahren und in aller Gelassenheit, ohne Zeitdruck, leichter Ermittlungsfehler zu erkennen und die Tätigkeit der damaligen Ermittler kritischer zu hinterfragen. Dagegen lassen die Gesamtsituation während der aktiven Ermittlungen am Fall, der öffentliche Druck, der zu diesem Zeitpunkt auf die Ermittler lastet, aber auch dienstliche Weisungen und Zwänge häufig keine Zeit für eine so umfassende analytische Betrachtungsweise. Sehr oft ist der Zeitrahmen für bestimmte Maßnahmen begrenzt und Sachverhalte stellen sich zunächst anders dar. Bei entsprechendem Abstand lassen sie oft erst ihre wahre Bedeutung oder auch Zusammenhänge erkennen.
Mitte der 90 Jahre wurde ein Fall an mich herangetragen, der auch heute noch einer der ältesten ungelösten Mordfälle in Deutschland ist. Ein Vermisstenfall, der sich in den letzten Tagen der DDR, in wahrlich turbulenten, politischen Zeiten, in einer als idyllisch bezeichneten Region in Mecklenburg ereignete.

Ein Fall, in welchem die Kriminalpolizei der DDR 1989 die Ermittlungen aufnahm.
Noch heute höre ich die Rufe dieser Zeit, „Wir sind das Volk".
Tausende Menschen protestierten in Leipzig und auch anderswo für Reformen. Die politische Lage war mehr als angespannt. Polizei und Staatssicherheit wurden zusehend nervöser und der Druck auf die DDR-Führung zu Veränderungen stärker. Die Entwicklungen, die sich zu dieser Zeit in der DDR vollzogen, blieben in den Reihen der Sicherheitsorgane der DDR keinesfalls ohne Wirkung.
Im November 89 wurde das MfS formal aufgelöst. Einen Monat später drangen Bürger in mehreren Städten in Gebäude des MfS, um die dort angelaufenen Vernichtungen von Akten zu verhindern. Bei den Montagsdemos wurde die Wiedervereinigung gefordert. Am 9. November 89 fiel letztendlich die Mauer. Der Beginn des Zerfalls sozialistischer Strukturen wandelte das politische System grundlegend. Genau diese Situation ließ den an mich herangetragenen Fall ganz besonders erscheinen. Denn die Zukunft aller Mitarbeiter parteinaher Behörden stand zu dieser Zeit in Frage. Selbst die Angehörigen der Volkspolizei waren verunsichert und bangten um ihre Zukunft. Eigene Überzeugungen und Weltbilder schienen sich aufzulösen. Vorgesetzte strahlten nur noch wenig Selbstbewusstsein aus.
War in diesen ereignisreichen Jahren, in den sich unumkehrbar vollziehenden gesellschaftlichen und politischen Veränderungen, von den Ermittlungsbehörden der DDR überhaupt eine motivierte Ermittlungsarbeit zu erwarten?
Im Januar 1989 verschwand kurz vor ihrem 14. Geburtstag eine 13-jährige Schülerin spurlos auf ihrem Weg zur Schule. Die Ermittlungen führte die zuständige MUK Schwerin der DVP. Welchen Einfluss hatte die politische Situation auf die Ermittlungen im Fall der 1989 verschwundenen Schülerin?
Fragen, auf die dieses Buch eine Antwort geben soll.

Zehn Jahre vor dem Verschwinden der 13-Jährigen wurde ihre Mutter als vermisst gemeldet und erst nach mehreren Wochen fand man ihre Leiche. Ihr Tod erschien damals recht mysteriös. Gab es vielleicht sogar einen Zusammenhang zwischen dem „mysteriösen" Tod der Mutter und dem Verschwinden ihrer Tochter zehn Jahre später?
Warum konnte das Verschwinden der Schülerin bisher nicht aufgeklärt werden?
Es ist ein Fall mit vielen offenen Fragen.
Beschrieben wird das Herangehen der Ermittler der MUK Schwerin und deren Ermittlungsarbeit. Ergebnisse eigener Recherchen und Ermittlungen, die ich als Privatdetektiv im Fall erarbeitete, versuche ich mit den damaligen Ergebnissen zu einem möglichen Gesamtbild zusammenzusetzen. Zu welchen Ergebnissen es führte, ist wesentlicher Bestandteil des Inhaltes. Geschildert wird, welche Entwicklungen dieser Fall über all die Jahre bis heute nahm und ob die 2020 begonnene Aufbereitung des Falls durch eine Cold Case Gruppe zu neuen Erkenntnissen führte.
Die Tat liegt mehr als 32 Jahre zurück und die 30-jährige Frist für die Fahndung nach Vermissten ist schon lange abgelaufen. Sicher sind keine Wunder mehr zu erwarten, dennoch soll an diesen Fall erinnert werden. Er soll noch einmal die Öffentlichkeit erreichen und zugleich Hoffnung wecken, vielleicht doch Hinweise zu erhalten oder dass sich Personen veranlasst fühlen, ihr mögliches Wissen um das Schicksal dieser Schülerin jetzt zu offenbaren, sich von dieser schweren Last endlich zu befreien. Dass die Suche nach dem/n Täter/n oder der Wahrheit über das Schicksal der Schülerin vielleicht doch noch Erfolg hat.
Was auch immer mit der 13-Jährigen geschah, welches Schicksal sie auch ereilte, es soll an sie, an ihr Schicksal und an einen immer noch ungeklärten Fall dauerhaft erinnern.

Teil 1

Auftrag 07145/97

Ein Anruf

Ende 1996 hatte ich im Auftrag der Mutter eines seit 1994 vermissten 10-jährigen Mädchens aus Malchin/Mecklenburg als Privatdetektiv Ermittlungen aufgenommen. Es war ein Auftrag, der wegen seiner Öffentlichkeitswirksamkeit von Beginn an besondere Anforderungen an meine Ermittlungen stellte.
An einem Wochentag im Juni 1997, es war ein sonniger Vormittag, saß ich am Schreibtisch und führte mit einer Zeugin, die zu einer Feststellung im Fall des Malchiner Mädchens berichtete, ein Telefonat. Konzentriert folgte ich ihren Schilderungen und tätigte dabei erste Notizen, als ich im Hintergrund einen mir bekannten Signalton vernahm. Der machte darauf aufmerksam, dass gerade jemand anderes versuchte die Detektei telefonisch zu erreichen. In der Hoffnung, dass dieser Anrufer vielleicht neue Hinweise zum Malchiner Fall haben oder aber ein möglicher neuen Auftrag ins Haus stehen könnte, hielt ich nun das Telefonat mit der Zeugin kürzer als vorgesehen. Schnell vereinbarte ich einen Termin für den nächsten Tag, um sie dann persönlich aufzusuchen. Ein persönliches Aufsuchen bringt häufig konkretere Ergebnisse als ein Telefonat und so konnte ich mit meiner Entscheidung gut leben. In Erwartung, dass sich der angekündigte Anruf bald wiederholen würde, wartete ich darauf. Doch das blieb aus. War mir vielleicht ein wichtiger Hinweis im Fall des vermissten Mädchens oder ein neuer Auftrag verloren gegangen?

Nach mir schier unendlich lang erscheinenden zwanzig Minuten klingelte das Telefon. War es der Anrufer von zuvor?
Hastig griff ich zum Hörer und meldete mich: „*Detektei Rohwedel guten Tag, was kann ich für Sie tun?*" Eine männliche Stimme war am anderen Ende und meldete sich: „*Jonast, spreche ich mit dem Detektiv Rohwedel? Ich habe lange gezögert, Sie anzurufen, und würde zunächst um eine Auskunft bitten. Sind Sie bereit einen Auftrag anzunehmen und welche Voraussetzungen müssen erfüllt sein?*"
Als er andeutete, dass es um seine vermisste Tochter gehen würde und diese bereits seit mehreren Jahren verschwunden sei, hatte er natürlich sofort mein Interesse geweckt. Seine Frage, zu welchen Konditionen ein mögliches Erstgespräch erfolgen könnte, fand ich keinesfalls ungewöhnlich. Die „Ermittlerneugier" aber war geweckt und daher musste ich auf seine Frage schon diplomatisch reagieren, um mehr zu erfahren: „*Herr Jonast, ich kann Ihnen zunächst den Vorschlag eines kostenlosen Vorgespräches unterbreiten. Ziel dieses Gespräches ist es, erst nach Kenntnis aller Umstände des Verschwindens Ihrer Tochter eine Entscheidung zu treffen, ob private Ermittlungen begründet sind. Erst dann sollte das Ziel meiner Ermittlungen festgelegt werden. Was die finanziellen Konditionen betrifft, darüber könne man später immer noch eine einvernehmliche Festlegung treffen.*"
Meinen Vorschlag akzeptierte er nach kurzer Überlegung und wir vereinbarten noch für den gleichen Tag einen Termin. Der erste Schritt war getan. Bevor ich jedoch das Telefonat beendete, interessierte mich noch etwas anderes. „*Herr Jonast, gestatten Sie mir eine Frage: Wie bzw. warum sind Sie gerade auf meine Detektei gestoßen?*" Er verwies auf zurückliegende Veröffentlichungen in den Medien zum Fall des vermissten 10-jährigen Mädchens. In dessen Zusammenhang sei häufig meine Person genannt worden. Mit großem Interesse hätte er die bisherige Entwicklung dieses Falles verfolgt. Da er in gleicher Ungewissheit

lebe wie die Mutter dieses Mädchens, habe er sich letztendlich entschieden den Kontakt zu mir aufzunehmen.
Am Nachmittag begab ich mich zum vereinbarten Termin. Bereits auf der Fahrt dorthin war mir klar, dass dieser Fall eine weitere Herausforderung werden könnte. Erste Bedenken machten sich aber breit. Noch nie hatte ich als Privatermittler an zwei äußerst interessanten und aufwendigen Vermisstenfällen zur gleichen Zeit recherchiert. Da war zum einen der Fall mit dem verschwundenen 10-jährigen Mädchen aus Malchin und der sich nun möglicherweise auftuende Fall der seit vielen Jahren verschwunden Tochter des Anrufers. Aber noch war nichts entschieden und das Vorgespräch stand bevor. Wie würde es wohl ausgehen?

Das Vorgespräch

Herr Jonast empfing mich im Büro eines Gemeindeamtes, an seinem Arbeitsplatz. Zum Gesprächsbeginn gab ich einige Informationen zu meiner Person und erläuterte die Grundsätze meiner Tätigkeit. Er selbst sprach zu Beginn über seine Tätigkeit im Amt und beschrieb seine persönliche Verfassung. Mir zugewandt meinte er: „*Seit dem Verschwinden meiner Tochter kann ich keinen klaren Gedanken fassen. Um aber letztendlich Ruhe zu finden, brauche ich Klarheit über ihr Schicksal. Ich selbst schließe nicht aus, dass Katrin noch lebt, da die Umstände ihres Verschwindens recht mysteriös erscheinen. Viele schlaflose Nächte habe ich bereits gehabt und ich sehe keine andere Lösung, diesen Zustand zu beenden, als nun nach Jahren erneut tätig zu werden und einen Detektiv zu beauftragen.*“ Im gleichen Atemzug äußerte er Zweifel und meinte: „*Wenn meine Tochter aber noch irgendwo lebt, ob es ihr dann überhaupt recht sein könnte, gefunden zu werden? Ich wohne mit meiner Lebensgefährtin in einer Gemeinde nicht unweit von hier, aber die Sache mit meiner Tochter überschattet auch dieses Zusammenleben.*“

Weitere Äußerungen von ihm waren etwas unsortiert und für mich leicht verwirrend. Seine Reaktionen und sein Verhalten ließen eine gewisse Erregung erkennen, die dann häufiger in Trauer oder in Selbstmitleid übergingen. Dann erschien er auch wieder hilflos und gebrochen. Mein Part war es, einfach zuzuhören. Mehr als zwanzig Minuten waren vergangen und noch immer hatte er zum eigentlichen Sachverhalt, zur vermissten Tochter kaum etwas berichtet. Als er eine kurze Pause einlegte, nutzte ich die Gelegenheit und sprach ihn darauf an: „*Herr Jonast, schildern Sie mir bitte die wesentlichsten Einzelheiten und Umstände des Verschwindens Ihrer Tochter.*“

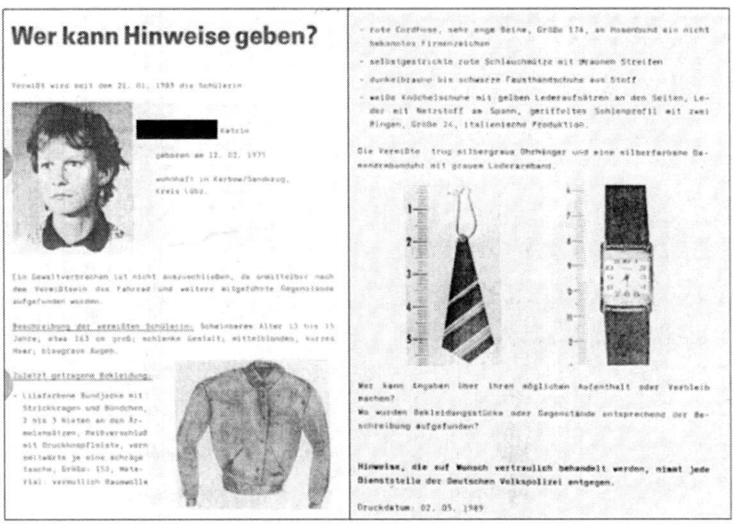

Wer kann Hinweise geben?

Hinweise, die auf Wunsch vertraulich behandelt werden, nimmt jede Dienststelle der Deutschen Volkspolizei entgegen.

Er schwieg lange und es schien, als müsste er mit sich ringen, vielleicht auch nach richtigen Worten suchen, um mit der eigentlichen Schilderung zu beginnen. Wortlos griff er in eine abgewetzte braune Lederaktentasche, die angelehnt am Schreibtisch auf dem Fußboden des Büros abgelegt war. Dieser entnahm er eine blaue Mappe und legte sie behutsam vor sich auf den

Schreibtisch. Noch immer drang kein Wort über seine Lippen. Auch nicht, als er sich mit dem Inhalt der Mappe beschäftigte. Stumm reichte er mir zwei Seiten eines damals von der Polizei veröffentlichten Fahndungsblattes. So erfuhr ich, dass seine Tochter Katrin am 21. Januar 1989, kurz vor ihrem vierzehnten Lebensjahr, spurlos verschwand. Kaum hatte ich den Inhalt des Fahndungsblattes erfasst, reichte er mir einen ausgeschnittenen Zeitungsartikel mit der Schlagzeile:
„Der Mann hinter der Kastanie". In dem kurzen Artikel hieß es unter anderem: „... Am nächsten Tag findet die Polizei das Fahrrad 1 Kilometer vom Haus der Oma, bei der Katrin wohnte, unter einem Reisighaufen. Schulmappe und Turnbeutel liegen an einer anderen Stelle. In der Schule hatte Katrin von einem Mann erzählt, der sich zu Hause hinter einer Kastanie versteckte. Hat er was mit ihrem Verschwinden zu tun?"
Allein diese Fakten verstärkten meine kriminalistische Neugierde. Kaum dass ich den Artikel gelesen hatte, legte er mir Fotos aus der damaligen Ermittlungsakte der Kriminalpolizei auf den Schreibtisch und erläuterte diese. Auf den Fotos war auf einem das Fahrrad der Tochter und darunter dessen Fundort dokumentiert. Ein weiteres Foto zeigte ihre Schultasche und darunter deren Fundort. Beim Betrachten dieser Fotos kamen mir erste Gedanken, was sich eventuell abgespielt haben könnte. Der Täter hatte doch hier sicher Spuren, aber zumindest eine Handschrift hinterlassen. Aber das war noch nicht alles. Es wurde noch interessanter, denn nun berichtete Jonast von einem weiteren Ereignis. Ich vernahm sein tiefes Atmen, bevor er zu erzählen begann: „*Meine Ex-Frau wurde am 2. Mai 1979, also zehn Jahre vor dem Verschwinden der Katrin, auch vermisst. Ihre Leiche fand man erst nach mehreren Wochen. Entsprechende Mitteilungen der Volkspolizei waren damals auch in der Regionalpresse erschienen. Nach den Ermittlungen der Polizei soll in*

ihrem Fall eindeutige eine Selbsttötung vorgelegen haben. Ihren Leichnam hat aber nie ein Angehöriger zu Gesicht bekommen." Ohne lange abzuwarten, aber etwas verhaltener und stockender erwähnte er, dass er 1990, nach fast zwei Jahren des Verschwindens von Katrin, eine Detektei beauftragt hatte nach ihr zu suchen. Dieses aber habe, entgegen seinen damaligen Erwartungen, kaum ein Ergebnis gebracht. Er schaute mich an, sicher um eine Reaktion von mir zu sehen, und meinte dann: „*Ich bin daher schon etwas skeptisch, erneut einen Detektiv zu beauftragen.*" Was die von ihm erwähnte Detektei betraf, meinte er noch: „*Die Detektei war letztendlich zu der Auffassung gelangt, dass eine Klärung erst möglich sei, wenn Katrin aufgefunden wird. Ein Verbrechen an meiner Tochter schlossen sie allerdings aus.*" Nach dieser von ihm geschilderten Erkenntnis der Detektei konnte ich nicht an mich halten, musste eine Reaktion zeigen, denn dazu hatte ich eine klare Meinung, die ich loswerden musste: „*Wenn ein 13-jähriges Mädchen auf dem Weg zur Schule spurlos verschwindet, ihr Fahrrad und die Schultasche in einem Wald versteckt gefunden werden und sie auch keine Ausreißerin ist, wie kann man da ein Verbrechen ausschließen? Das ist für mich nicht nachvollziehbar.*"
Nach allem, was ich erfahren hatte, war klar, der Fall war viel zu interessant, um an dessen Aufklärung nicht arbeiten zu wollen. Meine Gedanken gingen ehrlich gesagt in diesem Moment nur in eine Richtung, Herrn Jonast zu überzeugen, mir diesen Auftrag zu erteilen, ohne aber dabei hohe Erwartungen zu wecken. Nach einer kurzen Pause kam von ihm selbstverständlich die Frage, mit welchen Kosten er zu rechnen hätte, sollte von seiner Seite eine Beauftragung erfolgen. Nur keinen Fehler machen, so ging es mir durch den Kopf. Vorsichtig versuchte ich eine Antwort darauf zu geben: „*Herr Jonast, Ihren Fall würde ich sehr gerne übernehmen. Hier aber bereits den gesamten Umfang der Kosten zu erfassen, wäre unseriös und ist auch nicht möglich. Dazu muss*

zunächst tiefer in den Sachverhalt eingedrungen werden. Aber auch dann könnte man nicht voraussehen, in welche Richtung es gehen und in welchen Dimensionen hier Ermittlungen zu führen sind. Ich kann Ihnen den Vorschlag unterbreiten, für eine geringe Pauschalsumme erste Vorrecherchen durchzuführen. So müssten Sie keinesfalls mit unbekannten finanziellen Forderungen rechnen. Nach Vorlage der Ergebnisse meiner Vorrecherchen können Sie dann über eine Fortführung oder Beendigung der Ermittlungen entscheiden." Es schien die richtige Antwort gewesen zu sein. Er nahm diesen Vorschlag an und ich erhielt einen Ermittlungsauftrag mit genau den von mir vorgeschlagenen Festlegungen. Auf der Heimfahrt arbeiteten meine „grauen Zellen" wie wild. Ich dachte an die mysteriös erscheinende Selbsttötung der Mutter und sah natürlich das Verschwinden ihrer Tochter zehn Jahre danach. Warum konnten oder waren die DDR-Kriminalisten damals nicht in der Lage, das Verschwinden, das Schicksal seiner Tochter, aufzuklären? Lag es vielleicht daran, dass, wie mein Auftraggeber im Vorgespräch leicht angedeutete hatte, die Staatssicherheit der DDR darin verstrickt gewesen sei?
Dieser Fall würde sicher intensive Ermittlungen erforderlich machen. War ich aber dieser Aufgabe wirklich gewachsen? Es gab noch eine andere Befürchtung. Würden diese vielleicht recht umfassend werdenden Ermittlungen vielleicht zur Vernachlässigung der Ermittlungen im Fall des vermissten 10-jährigen Mädchens aus Malchin führen? Eines war klar, es galt in der kommenden Zeit, die jeweiligen Maßnahmen und Ermittlungen zu beiden Fällen gewissenhaft zu planen und, wo es möglich war, zu koordinieren.

Erste private Ermittlungen

Jeder neue Fall hat seine Eigenheiten, kein Fall gleicht einem anderen. Allein das verlangt ein unterschiedliches Herangehen an jeden Fall. Im Fall „Katrin“ war zunächst nicht ausgeschlossen, dass die Ereignisse von Mai 1979, der Tod ihrer Mutter, in einem möglichen Zusammenhang mit dem zehn Jahre späteren Verschwinden ihrer Tochter im Januar 1989 stehen konnten. Handelte es sich hier vielleicht um einen Vermisstenfall, der bereits einen zweiten Fall in sich barg?

Es waren immerhin zwei Fälle, in denen die Kriminalpolizei der DDR die Ermittlungen führte. Die damals gewonnenen Erkenntnisse und das bisher vorhandene Wissen aus beiden Fällen waren unverzichtbar für die Ausrichtung meiner eigenen Ermittlungen. Es lag also nahe, die Beschaffung der Altakten zu beiden Fällen eine gewisse Priorität einzuräumen. Warum? Ermittlungen, wie sie 1979 zum Tod der Mutter und 1989 im Vermisstenfall Katrin geführt wurden, waren 1997, mit Beginn meiner Ermittlungen, keinesfalls mehr in der Tiefe möglich als zu der Zeit, als die aktiven Ermittlungen der Kriminalisten erfolgten. Immerhin waren seit diesen Ermittlungen viele Jahre ins Land gegangen und die in der DDR vorhandenen polizeilichen Strukturen hatten sich spätestens zu Beginn der 90er Jahre grundlegend verändert. Mit Unterstützung des Auftraggebers und einer von ihm beauftragten Rechtsanwältin aus der Region waren die Beschaffung und Einsichtnahme in die Ermittlungsakten zu beiden Fällen der wichtigste Schritt, um mehr Wissen über die zurückliegenden Geschehnisse zu erlangen.

Akteneinsichten und besonders Einsichten in sogenannte „Altakten“ versprechen nicht immer den erwarteten Erfolg. Erfahren musste ich, dass oftmals Bürokratie, Voreingenommenheit und unbegründete Zurückhaltung hier zu einem Hindernis für einen Detektiv werden können. Die Hoffnung, in beiden Fällen durch

Recherchen im Internet oder in Archiven von Zeitungsverlagen fündig zu werden, lag bei fast null. Beide Fälle ereigneten sich in der damals noch existierenden DDR und da gab es, wenn überhaupt, zu solchen Fällen nur kurze Meldungen in den Regionalzeitungen. Auf keinen Fall war es mit den heutigen Medien zu vergleichen. Gibt es heute einen Kriminalfall, geht es heute um ein mögliches Verbrechen, dann „tropft" aus gewissen Presseerzeugnissen und deren Seiten nur viel Blut. Reißerische Schlagzeilen und Beschreibungen des Verbrechens in all seinen Einzelheiten sind zu lesen oder aber sie werden durch andere Medien der Öffentlichkeit zugänglich gemacht. Dabei geht es weniger darum, einen Beitrag zur Aufklärung zu leisten, sondern es ist mehr der Kampf um den Verkauf der jeweiligen Auflagen oder um höhere Einschaltquoten.

Etwas anders war es in der DDR. Die Tages- sowie Regionalzeitungen waren Presseorgane der Partei. Ihr Ziel bestand vorrangig darin, mehr oder weniger die Ideologie der Partei dem Bürger nahe zu bringen und ihn allgemein im Sinne der Politik zu informieren. Da gab es keinen Zwang, durch sensationelle Berichterstattungen Auflage erhöhen zu müssen. Zudem lag es nicht im Sinne der Sicherheitsorgane, jedes Verbrechen in seinen Einzelheiten der Bevölkerung nahe zu bringen und so Nachahmer zu motivieren. Man vermied es bei der Bevölkerung Unruhe oder ein Gefühl von Unsicherheit zu transportieren und den Eindruck zu vermitteln, in der DDR wäre etwas nicht in Ordnung. Verbrechen gab es auch und selbstverständlich wurden die Medien bei der Aufklärung von Verbrechen oder im Fall von vermissten Personen herangezogen. Über Kurzmeldungen rief man die Bevölkerung zur Mithilfe auf. War ein Gewaltverbrechen aufgeklärt oder die vermisste Person aufgefunden, dann gab es natürlich eine Mitteilung an die Bevölkerung.

Bis zur erfolgreichen Beschaffung der Ermittlungsakten zu beiden Fällen rechnete ich erfahrungsgemäß mit einer längeren

Wartezeit. Diese Zeit nutzte ich und begann mit ersten eigenen Recherchen. Sich dabei zunächst auf die Vorgeschichte und auf die familiäre Situation bis zum Tod der Mutter zu konzentrieren, sah ich als Voraussetzung, um spätere Verhaltensweisen handelnder Personen verstehen bzw. Zusammenhänge zum späteren Verschwinden Katrins herstellen zu können.

* * *

Mein Auftraggeber lernte seine Frau im Mai 1974 kennen. Im Februar 1975 wurde die Tochter Katrin geboren und kurz darauf im März heirateten ihre Eltern.

Sie wohnten in einem Mehrfamilienhaus außerhalb des eigentlichen Stadtkerns von Waren/Müritz, nicht unweit vom Feisnecksee. Eine Region, ein Ausflugsziel, welches sich bei vielen Urlaubern, besonders in den Sommermonaten, großer Beliebtheit erfreute. Katrins Mutter, so berichtete man mir, sei eine intelligente Frau gewesen. Sie besaß einen Abiturabschluss und war als Diätassistentin/Köchin im Kreiskrankenhaus Waren tätig gewesen. Die Tochter Katrin besuchte, wie alle Kinder, tagsüber einen Kindergarten. Bis Mitte bzw. Ende 1977 erweckte, nach Aussagen von Quellen, die Ehe nach außen einen harmonischen Eindruck. Dann aber schien es zu Konflikten in der Ehe gekommen zu sein. Katrin war ca. 2 bzw. 3 Jahre alt, als ihre Mutter sich mehr und mehr dem Alkohol zuwandte und nicht mehr regelmäßig ihrer Arbeit im Krankenhaus nachging. Häufiger musste sie von Kollegen ihres Arbeitsbereiches von zuhause zur Arbeit geholt werden.

Es gab eine für mich interessante Information, wonach eine Mieterin, aus dem gleichen Haus, eine Zahnärztin, Mitte 1977 mit einem Offizier der damaligen Grenztruppen der NVA die DDR illegal verlassen haben soll. Alle Mieter des Hauses seien daraufhin durch die Staatssicherheit befragt bzw. kontaktiert worden.

Erzählt wurde zudem, dass eine Freundin der geflüchteten Zahnärztin ihr später auf nicht bekannten Weg in die BRD gefolgt sein soll. Familie Jonast zog wenig später aus ihrer damals recht kleinen Wohnung in die nun frei gewordene größere Wohnung der geflüchteten Zahnärztin. Doch die ehelichen Konflikte sollen sich besonders in dieser Zeit verstärkt haben. Der Alkoholkonsum von Katrins Mutter soll stetig zugenommen und zudem soll sie vermehrt Männerbekanntschaften gesucht haben. Das habe das familiäre Zusammenleben sehr stark belastet.

Was aber war der Auslöser für ihr verändertes Verhalten?

Gab es vielleicht einen Zusammenhang mit den 1977 erfolgten Kontakt und den Befragungen der Hausbewohner durch die Staatssicherheit?

War sie vielleicht einem möglichen Druck in ihrer beruflichen Tätigkeit oder Konflikten in der Familie nicht mehr gewachsen?

Letztlich führte die familiäre Situation dazu, dass mein Auftraggeber erwog die Scheidung einzureichen, die dann im Dezember 1978 vollzogen wurde. Nach der Scheidung lebten beide Elternteile noch in der gleichen Wohnung, jedoch in getrennten Räumen. Das Erziehungsrecht für die gemeinsame Tochter war der Mutter mit problemloser Einwilligung des Vaters übertragen worden. Von ärztlicher Seite sei damals eingeschätzt worden, dass sie „absolut" keine Alkoholikerin, also nicht süchtig, sondern nach Aussage ihres damaligen Arztes wegen einer Nervensache in Behandlung gewesen war, was keinen Hinderungsgrund für die Ausübung des Erziehungsrechtes darstellen würde. Bekannt wurde aber, dass ihr genau in dieser Zeit bereits von der Kaderabteilung (Personalabteilung) des Krankenhauses, in welchem sie tätig war, geraten worden sein soll, eine Alkoholentwöhnungskur zu beginnen.

War sie nun Alkoholikerin oder nicht?
Hatte ihr Arzt bezüglich der Scheidung und des Erziehungsrechtes hier vielleicht eine falsche oder nicht korrekte Diagnose gestellt?
Was ihre Kontakte zu männlichen Personen betraf, soll es einen Koch/Pfleger aus Plau/Lübz gegeben haben. Bekannt wurde zudem ein Verhältnis zu einem viele Jahre älteren Mann. Der soll früher in Haft und, wie man mir berichtete, ein „stadtbekannter Säufer“ gewesen sein. Auch ein namentlich nicht bekannter Angehöriger der damaligen Bereitschaft der Volkspolizei in Neustrelitz soll zu ihren Kontakten gezählt haben und selbst von einen „Verehrer“ aus WB war die Rede.

Zum Tod von Katrins Mutter erfuhr ich im Rahmen meiner ersten Recherchen, dass sie am 02. Mai 1979 letztmalig von einer Nachbarin gesehen wurde und sie allein in Richtung eines naheliegenden Waldes gegangen sei. Seit dieser Zeit sei sie vermisst worden. Im Zusammenhang mit ihrem Verschwinden habe es einen Brief gegeben, in dem es sinngemäß geheißen haben soll: „Kümmert euch um Katrin!“
Trotz der geringen Erfolgschancen, zum Tod der Mutter etwas in der DDR-Presse zu finden, unternahm ich dennoch den Versuch, im Archiv der damaligen Regionalpresse „Freie Erde“, dem heutige „nordkurier“, nach Informationen zu suchen. Denn nur wer sucht, kann auch etwas finden. Dieser Leitsatz hatte sich schon mehrmals in meiner Tätigkeit als Detektiv bewährt. Warum nicht auch in diesem Fall? Tatsächlich war meine Suche nicht ganz erfolglos. Ich fand einige Veröffentlichungen und erfuhr, dass die Öffentlichkeit am 06. Juni, nach mehr als einem Monat, über die Vermisstensache in Kenntnis gesetzt wurde. An diesem Tag rief die Volkspolizei über die Bezirkspresse „Freie Erde“ (FE), auf der Lokalseite für den Kreis Waren, die Bürger zur Mitarbeit auf. Einundzwanzig Tage später, am 27. Juni, ließ

die Polizei auf Anfrage der Redaktion der „FE“ wissen, dass die Vermisste bisher nicht aufgegriffen bzw. aufgefunden wurde. Gerüchte, dass die Vermisste gefunden wurde, würden nicht der Wahrheit entsprechen. In der Ausgabe der „FE“ vom 14. Juli

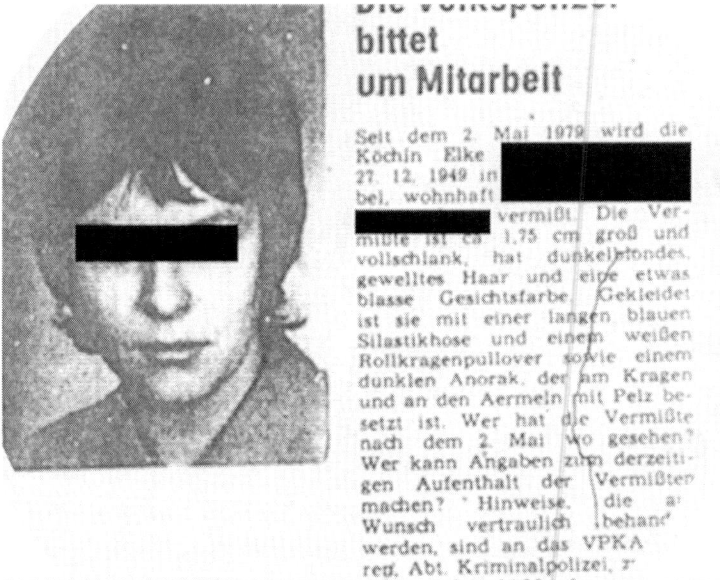
bittet
um Mitarbeit

Seit dem 2. Mai 1979 wird die Köchin Elke [geschwärzt] 27. 12. 1949 in [geschwärzt] bei, wohnhaft [geschwärzt] vermißt. Die Vermißte ist ca. 1,75 cm groß und vollschlank, hat dunkelblondes, gewelltes Haar und eine etwas blasse Gesichtsfarbe. Gekleidet ist sie mit einer langen blauen Silastikhose und einem weißen Rollkragenpullover sowie einem dunklen Anorak, der am Kragen und an den Aermeln mit Pelz besetzt ist. Wer hat die Vermißte nach dem 2. Mai wo gesehen? Wer kann Angaben zum derzeitigen Aufenthalt der Vermißten machen? Hinweise, die a… Wunsch vertraulich behand… werden, sind an das VPKA reg. Abt. Kriminalpolizei, z…

teilte die VP schließlich mit, dass die Vermisste tot aufgefunden wurde und nach den Ermittlungen der Volkspolizei eine eindeutige Selbsttötung vorliegen würde. Einheimische sprachen zu dieser Zeit davon, dass die Tote mehrere Tage im Wasser gelegen habe und erst später im Teufelsbruch in Waren gefunden worden sei. Man habe zudem davon gesprochen, dass ein Herr Feldner nach ihrem Verschwinden nach Berlin gefahren sei, um sie dort zu suchen. Von Seiten ihrer Verwandtschaft als auch von Personen aus ihrem damaligen Wohnumfeld konnte mir niemand einen zu dieser Zeit bei ihr auffälligen Alkoholkonsum bestätigen oder von möglichen Konflikten berichten. Allgemein wurde sie als lebenslustig und kontaktfreudig eingeschätzt. Einen Suizid zweifelten die Befragten daher an oder er war für

sie undenkbar. Als sie verschwand, sei man zunächst von einer „Republikflucht" ausgegangen, weil davon gesprochen wurde, dass sie einen Verehrer aus dem „Westen" gehabt habe. Das gesamte Auffinden der Leiche sowie ihre Identifizierung seien für die Warener Öffentlichkeit, besonders für die Angehörigen, undurchsichtig geblieben. Als Todesursache wurde gegenüber den Angehörigen nur eine Selbsttötung mitgeteilt. Ihr Vater als auch die Schwester hätten sich bemüht, nach dem verkündeten Tod den Leichnam zu sehen. Ihnen wurde damals lediglich das Ergebnis der Gerichtsmedizin Greifswald mitgeteilt, wonach eine Identifizierung anhand des Zahnstatus erfolgt sei. Persönliche Sachen bzw. Gegenstände, die sie zum Zeitpunkt des Auffindens bei sich trug, nicht einmal diese seien den Angehörigen vorgelegt worden, um die Tote zusätzlich anhand dieser eindeutiger identifizieren zu können. Informationen, wer die Leiche und wie gefunden hat, auch das verschwieg man gegenüber den Angehörigen bzw. Verwandten.
Vieles blieb unklar. Aus der Sterbeurkunde war nur zu entnehmen: „Verstorben am 02. Mai 1979 um 16:00 Uhr in Waren Müritz." Von verschiedenen Seiten erfuhr ich zudem, dass mein Auftraggeber sich sehr schwergetan haben soll, seiner Tochter später die wahren Hintergründe des Todes ihrer Mutter darzulegen. Er habe ihr z. B. erzählt, dass sie bei einer medizinischen Behandlung gestorben sei. Viele Jahre später, erst Ende 1988, hätte er ihr vom Ertrinken der Mutter, ihrem Selbstmord, gesprochen.
Als nach längeren Bemühungen der Rechtsanwältin und vielen Wochen ungeduldiger Wartezeit endlich die Möglichkeit bestand, die Ermittlungsakten zu beiden Fällen einzusehen, war eine sehr wichtige Hürde für meine Ermittlungen genommen. Nun galt es, parallel zu den von mir begonnenen Ermittlungen und den ersten Ergebnissen, jedes Dokument in den Altakten gewissenhaft zu analysieren und erste Erkenntnisse aus den Akten

zu gewinnen, um diese im weiteren Prozess mit den eigenen Ermittlungsergebnissen fortführend abzugleichen.
Bei der ersten flüchtigen Durchsicht der Vermisstenakte „Katrin“ stieß ich auf eine Vielzahl von Protokollen des damals zuständigen VPKA, auf Dokumente zu den Ermittlungen der MUK der BDVP Schwerin als auch auf Dokumente zu Befragungen, die von Mitarbeitern der BVfS Schwerin – konkret der Abteilung IX, einer Untersuchungsabteilung des MfS – erfolgten. Auch der Ermittlungsbericht der Detektei des Wach- und Schließdienstes Mecklenburg befand sich in dieser Akte. Nicht ganz so umfangreich war dagegen die Ermittlungsakte von 1979 zum Tod der Mutter. Doch gerade vom Inhalt dieser Akte versprach ich mir Informationen, die einen tieferen Einblick in die damalige familiäre Situation und in das Verhältnis „Vater-Mutter-Tochter“ geben könnten. Die hierzu von mir erfolgten Recherchen waren in dieser Hinsicht nicht ausreichend. Das war auch der Grund, die Entscheidung zu treffen, zunächst der Akte zum Tod der Mutter den Vorrang für eine intensive Analyse zu geben. Alles, was ich aus dieser Ermittlungsakte an Informationen erhalten würde, und das, was ich bereits bei meinen Ermittlungen 1997 über den Tod der Mutter erfahren konnte, musste ich natürlich in Bezug zum Jahr 1979, das heißt zu der in diesem Jahr in der DDR bestehenden politische Situation setzen. Diese hatte unumstritten einen Einfluß auf die damalige Ermittlungsarbeit der Polizei. Um also eine richtige Bewertung der Ermittlungsergebnisse und der Verhaltensweisen aller in diesem Fall involvierten Personen vornehmen zu können, war eine kurze Rückschau auf das Ende der 70er Jahre in der DDR von ausschlaggebender Bedeutung. Selbst aufgewachsen in der DDR, war es nicht schwer, mich noch einmal in die 70er Jahre zurückzuversetzen. Ich begann in meinen Erinnerungen zu kramen.
Nicht alles, was heute von Bürgern, besonders auffallend gerade von Personen und Politikern, die nie in der DDR gelebt haben

oder dort geboren wurden, schlechtgeredet wird, war tatsächlich schlecht. Es gab viele sehr positive und bewährte Dinge in der DDR, doch selbst diese werden heute noch verunglimpft, mit einem Makel versehen oder einfach nur politisch missbraucht. Das Leben in der DDR war, wenn auch mit gewissen Einschränkungen, im Vergleich zum jetzigen Deutschland, geordneter, sozialer und sicherer. Heute leben wir, das ist kein Geheimnis, in einer unruhigen, mit Zukunftsängsten behafteten Gesellschaft. Es gibt weniger Sicherheit, mehr Kriminalität und auch das so hervorgehobene „Soziale" ist nur Makulatur. Letztendlich geht es immer um Profit, um Geld, um Macht und Reichtum Einzelner. Schaut man genauer hinter die Kulissen, zeigt sich ein erschreckender Zustand dieser Gesellschaft. Natürlich gab es Dinge in der DDR, über die ich selbst, auch heute noch, schmunzeln muss. Ich erinnere ich mich noch sehr genau an meine erste PKW-Bestellung. Im Februar 1978 bestellte ich beim VEB IFA Vertrieb mein erstes Fahrzeug, einen Trabant. Bei einer Wartezeit von etwa 10 Jahre konnte ich davon ausgehen etwa 1988 oder 1989 ihn dann mein Eigen zu nennen. Wer würde noch heute zehn Jahre und mehr auf ein Auto warten? Sehr oft wird die eingeschränkte „Reisefreiheit" oder das begrenzte Warenangebot herangezogen, die das Leben in der DDR, so „unerträglich" gemacht haben sollen. Aber sah es die Mehrzahl der DDR-Bürger wirklich so? Meine bereits Mitte der 70er Jahre aufgenommene Tätigkeit in den sogenannten „bewaffneten Organen der DDR" (Volksarmee/Polizei/Staatssicherheit) ließ mich schon etwas über den Tellerrand schauen und ermöglichte mir, die gesellschaftliche politische Lage in der DDR mit geschärftem, tieferem, aber auch kritischem Blick realistisch und unverklärt zu betrachten. Ich war in der Lage, mir einen, meinen eigenen Standpunkt zu bilden. Ende der 70 Jahre war die politische Situation in der DDR leicht angespannt. Ungarn und Österreich hatten die Visa-Pflicht im Reiseverkehr aufgehoben und das hatte

Einfluss auf die innenpolitische Lage der DDR. Ausreisewillige, die die DDR verlassen wollten, waren ideenreich und sie nutzten unter anderem auch die Aufhebung dieser Visa-Pflicht. Allein im Jahr 1979 verließen mehr als 12.000 Menschen die DDR in Richtung Bundesrepublik. Eine Tatsache, die in der DDR nie öffentlich kommuniziert wurde, die aber zu entsprechenden Maßnahmen und Aktivitäten der DVP und des MfS führten.
Die Tatsache, dass 1977 eine Mitbewohnerin des Hauses, in welchem auch die Familie Jonast wohnte, mit einem Angehörigen der NVA die DDR ungesetzlich verließ und alle Mieter des Hauses durch das MfS befragt wurden, ließ für mich keinesfalls ausschließen, dass auch Katrins Mutter im Zuge dieses Kontaktes durch das MfS möglicherweise angeworben wurde oder zumindest für eine Werbung ins Blickfeld geriet. Eine solche Gelegenheit ließ sich das MfS höchst selten entgehen. Zudem entsprach sie einem sogenannten „Anforderungsbild" für eine inoffizielle Zusammenarbeit. Zu nennen wären hier ihre, von anderen Personen festgestellten Kontakte zu einem Bürger aus dem „Westen" und Kontakte zu einer Person, die Angehöriger der VP-Bereitschaft in Neustrelitz war. Selbst ihre Tätigkeit im Kreiskrankenhaus war für das MfS, für die inoffizielle Sicherung des Bereiches Gesundheitswesen, von nicht unerheblicher Bedeutung. Vielen Ärzten gelang es in den 70er Jahren mit Hilfe von Fluchthelfern oder über Ungarn in die BRD zu gelangen. Für das MfS standen daher Ärzte gewisserweise unter Generalverdacht, die DDR verlassen zu wollen. Da war eine weitere Quelle im Bereich des Kreiskrankenhauses schon anstrebenswert. Vielleicht versprach man sich aber auch von möglichen Kontaktaufnahmen zur republikflüchtigen ehemaligen Mieterin operative Ergebnisse. Eine Anwerbung, wann und wie sie auch immer durch das MfS angestrebt oder erfolgt sein mag, würde vielleicht ihre seit dieser Zeit veränderte Persönlichkeit bzw. Lebensweise begründen. Allein eine solche Situation kann dazu

beigetragen haben, dass die Ehe letztendlich scheiterte, da beide Partner vielleicht unterschiedliche Auffassungen vertraten.
Der Hinweis auf die Existenz eines Briefes, in welchem sie darum gebeten habe, man solle sich um ihre Tochter kümmern, ließ einen Suizid natürlich nicht ausschließen. Welche Absicht hinter ihrem Entschluss stand und welches Ziel ihr Handeln auch hatte, da waren neben einem Suizid sicher auch andere Optionen möglich.

Was ich bisher zum Tod der Mutter erfahren hatte, ließ mich keinesfalls ausschließen, dass der „mysteriöse" Tod der Mutter vielleicht eine sogenannte „operative Kombination" des MfS, das Absetzen einer Person aus deren persönlichen Umfeld, sein konnte, um sie dann mit neuer Identität für einen Einsatz im Ausland, einzusetzen. Das scheint sicher für den einen oder anderen unmöglich bzw. abwegig, aber mein Insiderwissen über die Arbeit des MfS lässt diese Aussage zu. Es war nicht die Regel, aber keinesfalls zu dieser Zeit unüblich.
Eine Analyse von in dieser Zeit erfolgten Vermisstenmeldungen in der Bezirkspresse „Freien Erde" ergab, dass Vermisstenanzeigen von Kindern, aber auch Erwachsenen immer überbezirklich nach spätestens sechs bis zehn Tagen erfolgten. Diese wurden dann in der Regel bereits auf der Seite 2 veröffentlicht. Niemals war es so wie im Fall von Frau Jonast. Die Meldungen der VP zu diesem Vermisstenfall erfolgten nur auf der Lokalseite des jeweiligen Kreises und nicht, wie schon erwähnt, für den gesamten Bezirk. Schon gar nicht nach mehr als einem Monat. Im Fall von Katrins Mutter wichen die Veröffentlichungen wesentlich vom damals üblichen Muster ab.
Aber warum?
Wer hatte bzw. konnte damals möglicherweise nur darauf Einfluss nehmen?

Das war die Polizei bzw. die Staatssicherheit. Die wenigen Fakten zum Tod der Mutter und der damalige Umgang mit den Angehörigen der Verstorbenen ließen nicht nur bei ihnen, sondern auch bei mir zunächst viele Fragen unbeantwortet. Da wunderte es keinesfalls, dass viele Spekulationen und Vermutungen aufkamen, die den Tod der Mutter „mysteriös“ erscheinen ließen. ***Aber was ereignete sich tatsächlich, war ihr Tod wirklich so „mysteriös“?***
Die Akte zum nicht-natürlichen Tod der Mutter, die nun auf dem Tisch lag, so hoffte ich, sollte mir darauf Antworten geben.

Teil 2

Der Tod der Mutter

Die Akte

Etwas Kribbeln war schon dabei, als ich diese Akte von 1979 zur Hand nahm und mit der Auswertung der darin enthaltenen Dokumente begann.

Würde nun mehr Licht in den als „mysteriös" betrachteten Fall kommen?

Bereits zu Beginn bestätigte sich, dass Katrins Mutter nach der Scheidung mit einem Herrn Feldner zusammenlebte. Sie bewohnte mit ihm ein Zimmer in der noch gemeinsamen Wohnung in Waren, in der auch ihr geschiedener Mann noch wohnte. Mir fiel sofort ein handgeschriebener Brief, datiert auf den 25. April 79, auf. Dieser war von Katrins Mutter an das VPKA Waren, an einen Ltn. Lober in seiner Funktion als zuständiger ABV, gerichtet. Ein ABV war in der DDR ein Polizist der Volkspolizei, der für die polizeilichen Aufgaben zum Beispiel in Gemeinden oder städtischen Wohngebieten zuständig war. In seinem Abschnitt war er der polizeiliche Ansprechpartner für die Bewohner und er versah in diesem Abschnitt seinen Streifendienst. Zudem war er für die Aufnahme und Weiterleitung von Strafanzeigen zuständig. Seine Aufgabe ähnelte denen heutiger Kontaktbereichsbeamter der Polizei. Darüber hinaus war der ABV zuständig für Kontrollen der Einhaltung der Meldepflicht sowie Kontrolle staatlich beauflagter Personen, also Haftentlassenden. Er gab Einschätzungen über Bewohner seines Abschnittes, wenn beispielsweise über die Genehmigung einer Reise in

das „Nichtsozialistische Wirtschaftsgebiet", in den „Westen", entschieden werden sollte. Für die Genehmigung derartiger Reisen wurden seine Einschätzungen durch die zuständigen Mitarbeiter des MfS eingesehen und dienten oftmals als Grundlage für eine Genehmigung oder Ablehnung des jeweiligen Reiseantrages. In der Regel wohnte der ABV in seinem Abschnitt, wo ihm ein externes Dienstzimmer oder ein Dienstzimmer zuhause zur Verfügung stand. Jedem ABV standen zu seiner Aufgabenerfüllung FH der VP zur Seite.
Aber zurück zum erwähnten handschriftlichen Brief, an den ABV Lober. In diesem stand:

Betrifft: Herrn Fritz Feldner
Hiermit erkläre ich, Frau Elke Jonast, daß ich Herrn Feldner bei mir in meiner Wohnung aufgenommen habe zwecks einer späteren Eheführung. Betonen möchte ich, daß ich Fritz Feldner schon 10 Jahre kenne und zurzeit die Vermutung einer Schwangerschaft besteht. Anführen möchte ich noch, daß ich Herrn Feldner von ganzem Herzen liebe und darum immer bestrebt sein werde durch meine Liebe zu ihm, ihn auf dem richtigen Lebensweg zu führen, so, daß eine erneute Straffälligkeit völlig ausgeschlossen ist. Hiermit möchte ich Allen zur Kenntnis geben, daß ich Herrn Feldner nie in meinen Leben hergeben werde und mit allen mir gebotenen Mitteln kämpfen werde.
Elke Jonast

Das waren interessante Aussagen, die da von ihr niedergeschrieben waren. Sie schien sich ihrer Gefühle sehr sicher. Ob dieser oder ein ähnlicher Brief aber tatsächlich den ABV erreicht hatte, war zunächst nicht aus der Akte zu entnehmen. Herr Feldner schien, laut diesen Zeilen, eine ihr sehr vertraute Person gewesen zu sein. Zudem war anzunehmen, dass sie ihn, vielleicht schon vor dem Kennenlernen ihres späteren Ehemannes (1974), bereits gekannt haben kann.

Welche Rolle spielte Feldner schon vor 1974 in ihrem Leben? Eine Frage, auf die sicher keine Antwort mehr zu erwarten war. Zumindest gaben mir aber andere vorhandene Dokumente aus der Akte erste Informationen zu seiner Person. Er selbst war in Waren geboren und 14 Jahre älter als sie. Vor seinem Einzug bei ihr wohnte er bereits in Waren.

Ein nachfolgendes Dokument gab Auskunft darüber, dass am 30.04.79, um 19:30 Uhr, ein Ltn. der VP Namens Putzer gemeinsam mit dem FH der VP Schalck, die Wohnung von Frau Jonast aufsuchte, weil sich der Bürger Feldner dort aufhalten würde. Das ließ natürlich vermuten, dass der Brief von ihr an das VPKA zugestellt worden war. Beide, Frau Jonast als auch Herr Feldner, wurden in der Wohnung angetroffen. Die durch Ltn. Putzer vorgenommene Einsicht in den Personalausweis des Feldner bestätigte, dass dieser bereits mit Hauptwohnung in Waren, unter der Adresse von Frau Jonast gemeldet war. Ltn. Putzer und sein FH gewannen bei ihrem Besuch den Eindruck, dass beide Anwesenden unter Alkoholeinwirkung standen. In Zusammenhang mit dieser Kontrolle war in der Akte vermerkt, dass Feldner zu dieser Zeit noch verheiratet und Vater von fünf Kindern war, er mehrmals vorbestraft ist und einer Kontrolle gemäß § 48 StGB der DDR unterlag. Dieser Paragraf besagte, dass bei einer Verurteilung wegen einer vorsätzlichen Straftat das Gericht zur Verhütung erneuter Straffälligkeit zusätzlich auf staatliche Kontrollmaßnahmen durch die DVP erkennen kann. Dass, wen der Täter bereits wegen eines Verbrechens bestraft ist oder die Würdigung seiner Tat und Persönlichkeit es ergibt, der Verurteilte nach Verbüßung der Strafe und seiner ordnungsgemäßen Wiedereingliederung durch staatliche Kontrollmaßnahmen unterstützt werden muss.

Genau das schien also auf Feldner zuzutreffen und der Grund für den Besuch des Ltn. der VP mit seinem Helfer gewesen zu sein. Diese für mich neuen Informationen warfen weitere Fragen zum Verhältnis des Feldner zur Mutter der Katrin auf.
Was verband Katrins Mutter mit einem früheren straffälligen und noch verheirateten Mann wirklich?
Kannte sie seine tatsächliche Vergangenheit?
Fragen, über die ich noch sehr lange nachdachte. Vielleicht hätte ich eine Antwort gefunden, wenn mir mehr zu diesem Mann bekannt gewesen wäre. Es fehlten mir aber zu diesem Zeitpunkt einfach Informationen zu seiner Vergangenheit.
Warum war er straffällig geworden?
Wie schwer waren seine Straftaten?
Wurde er vielleicht sogar wegen eines Verbrechens verurteilt?
Zu welcher Freiheitsstrafe wurde er verurteilt?
Warum lebte er von seiner Familie und seinen fünf Kindern getrennt?
Aber zu all diesen Fragen fand ich in der Akte weder eine Notiz noch einen Aktenvermerk.

Einen Tag nach dem Besuch des Ltn. der VP, es war am 1. Mai 1979, hatte mein Auftraggeber gegen 19:15 Uhr in Begleitung des FH Schalck, die Wohnung von Ltn. Putzer aufgesucht. Diesem teilte mein Auftraggeber mit, dass er am Nachmittag seine Tochter Katrin bei sich in seinem Zimmer hatte und sie gegen 19:00 Uhr wieder der Mutter übergeben wollte. Die sei in der Wohnung, habe sich aber eingeschlossen und würde nicht antworten. Nun hege er den Verdacht, dass sie sich etwas angetan haben könnte. Er begründete es damit, dass sie bereits 1978 einen Suizidversuch mit Tabletten und Alkohol unternommen hätte. Daraufhin informierte Ltn. Putzer den Diensthabenden des VPKA Waren und begab sich zur Wohnung Jonast. Als er dort gegen 19:45 Uhr eintraf, befand sich Katrins Mutter in der

Wohnung und gab an, gegen 19:00 Uhr nach Hause gekommen zu sein. Sie hätte einen Spaziergang gemacht.
Hatte sie wirklich einen Spaziergang unternommen?
Gab es vielleicht andere Gründe, sich nur nicht zu melden?
Gab es an diesem Tag vielleicht größere Spannungen oder ernsthafte Konflikte zwischen ihr und ihrem Ex-Mann?
Ihr Auftreten sei ruhig und sachlich gewesen, dennoch hatte Ltn. Putzer den Eindruck, als sei sie erneut angetrunken. Ihre Tochter Katrin erhielt an diesem Tag durch die eingetretenen Umstände erst gegen 20:30 Uhr ein Abendbrot. Ungefähr zu dieser Zeit erschien Herr Feldner angetrunken in der Wohnung. Als Ltn. Putzer an diesem Abend die Wohnung verlassen hatte, trat eine Hausbewohnerin an ihn heran. Fast flüsternd, mit unverkennbaren Gesten, welche die Wichtigkeit und ihre Sorge deutlich machten, meinte sie: „*Ich kann es einfach nicht länger für mich behalten und mache mir Sorgen um die kleine Katrin. Sie wird nicht ordnungsgemäß beaufsichtigt. Ihre Mutter hat auffällig häufige Männerbekanntschaften und ist oftmals stark angetrunken. Es ist schon einmal vorgekommen, dass die Kleine abends gegen 22:00 Uhr angezogen mit umgehängter Brottasche auf dem Hausflur stand und zum Kindergarten gehen wollte. Ich denke, man sollte da etwas unternehmen.*"
Die geschilderten Verhältnisse hinsichtlich der Betreuung der kleinen Katrin, aber auch die von ihm eigenen Feststellungen vor Ort, veranlassten Ltn. Putzer zu handeln.

Der 2. Mai 1979

Einen Tag später, es war der 2. Mai, rief Ltn. Putzer gegen 07:00 Uhr beim Referat Jugendhilfe an und schilderte die ihm zugetragene Betreuungssituation der kleinen Katrin sowie seine eigenen Feststellungen vor Ort. Man versicherte ihm, dass von Seiten der Jugendhilfe unverzüglich Maßnahmen eingeleitet werden. Gegen 08:30 Uhr wurde die Mutter durch ihre Vorgesetzte, die Küchenleiterin sowie der zuständigen Wirtschaftsleiterin des Krankenhauses Waren aufgesucht, um sie zu einem Arzt zu begleiten. Ob dieses bereits eine Maßnahme der Jugendhilfe oder eine eigene, durchaus übliche Aktivität ihres Arbeitgebers war, sei dahingestellt.

In der Wohnung hielt sich zu dieser Zeit auch Herr Feldner auf. Als Frau Jonast gemeinsam mit den Kollegen des Krankenhauses die Wohnung verließ, rief er ihr zu:

„*Elke, mach es so, wie wir es abgesprochen haben.*" Sie selbst erwiderte im Gehen, ohne noch einmal zu ihn zu schauen, kurz und schroff auch etwas zickig: „*Jaja.*"

Was war nun aber wie abgesprochen?

Dieses kurze „Jaja" von ihr ließ sich natürlich unterschiedlich interpretieren.

Wollte sie im Beisein ihrer Kollegen darauf nicht näher eingehen oder war sie eigentlich mit der gemeinsamen Absprache nicht so recht glücklich?

Später, erst nach dem Verschwinden von Katrins Mutter, berichtete eine Nachbarin gegenüber der Polizei über ihre Feststellungen, welche sie an diesem Tag, am 2. Mai, gemacht hatte. Auch hier wieder sehr gestenreich, um die volle Aufmerksamkeit zu erhalten meinte sie:

„*Gegen 09:00 Uhr hat Frau Jonast mit ihren Kollegen das Haus verlassen. Sie sind in einen PKW gestiegen und weggefahren. Kurz darauf hat auch Herr Feldner die Wohnung verlassen. Mir gegenüber äußerte er noch, dass er sich um 11:00 Uhr beim ABV Putzer melden muss. Von einer anderen Nachbarin habe ich gehört, dass sie Frau Jonast gesehen hat, wie diese gegen 10:30 Uhr aus der Stadt in Richtung unseres Wohnhauses ging. Kurz vor 11:00 Uhr habe ich dann auch selbst gehört, dass sie ihre Wohnung betrat und die Zimmertür aufgeschlossen hat. Von meiner Küche aus habe ich noch vernommen, wie sie eine Tasse oder ein Glas in ihre Küche geschafft haben muss. Es hatte sich angehört, als würde ein Löffel im Glas oder in einer Tasse klappern. Was für mich ungewöhnlich war: Sie hat kurze Zeit darauf, entgegen sonstigen Gewohnheiten, das Haus über den Keller verlassen. Herr Feldner war zu dieser Zeit nicht zu Hause. Er kam zurück, als sie bereits wieder das Haus verlassen hatte. Nach seiner Rückkehr fragte er mich noch, ob Elke schon wieder gegangen ist. Ich sagte ihm, dass sie schon wieder weggegangen war. Dann suchte er das Wohnzimmer auf und kam kurze Zeit später mit einem handgeschriebenen Zettel zurück. Auf diesem hat sinngemäß gestanden, er soll das Kind aus dem Kindergarten holen. Mit diesem Zettel wollte er zum Schalck, dem VP-Helfer. Der aber soll nicht zu Hause gewesen sein.*“

Erst jetzt schaute sie ihr Gegenüber an, doch der reagierte nicht sonderlich. Er war mit seinen Notizen zu ihren Aussagen beschäftigt und schien dabei mit seinem Schreibgerät Probleme zu haben. Um aber seine volle Aufmerksamkeit wieder zu gewinnen, räusperte sie kurz und meinte dann etwas lauter: „*Herr Feldner ist dann in Richtung Sägewerk gegangen und ich meine, er wollte dort seine Kollegen informieren.*“

Die Aussage der Nachbarin ließ vermuten, dass er im Sägewerk Waren tätig gewesen war oder dorthin zumindest Kontakte hatte.

Warum und worüber wollte er seine Kollegen informieren? Was aber stand so Beunruhigendes auf dem Zettel, dass er es für notwendig erachtete sich damit sofort zum FH der VP zu begeben?

Wenn auf dem Zettel nur gestanden hatte, er möge Katrin vom Kindergarten abholen, dann war es vielleicht für ihn etwas ungewöhnlich, doch konnte ihn das wirklich so beunruhigen?
Das wäre nur möglich, wenn es Tage zuvor oder am Morgen des 02. Mai Dinge zwischen beiden gegeben hat, die bei ihm eine gewisse Unruhe oder bestimmte Vermutungen aufkommen ließen. Zu diesem Zeitpunkt ahnte ich noch nicht, wie bedeutsam die Feststellungen der Nachbarin eigentlich waren. Natürlich wäre es für die spätere Einordnung der Abläufe des 02. Mai, welches ja der Tag des Verschwindens von Frau Jonast war, interessant gewesen, ob Feldner tatsächlich diesen Termin um 11:00 Uhr beim ABV hatte und wo er sich seit Verlassen der Wohnung bis 14:00 Uhr aufgehalten hat.
Hatte er sich in dieser Zeit noch einmal mit Frau Jonast an einem vereinbarten Ort getroffen?
War es vielleicht so, dass er dieses meinte, als er sagte: „Mach es so, wie wir es abgesprochen haben"?
Hinzu kam, dass er erst gegen 14:00 Uhr dem ABV Putzer telefonisch mitgeteilt hat, dass seine Lebensgefährtin von weiblichen Angestellten des Kreiskrankenhauses Waren zur Arbeit abgeholt worden sei und sie vorher aber noch zur Kreispoliklinik, zum Arzt, wo sie zunächst verblieben ist, gefahren sind. Angeblich wäre sie für gesund befunden worden und hätte sich zur Arbeitsstelle begeben müssen. Dort sei sie aber nicht angekommen. Seit 10:00 Uhr sei ihr Aufenthalt unbekannt und er vermute Selbstmord, da sie am Morgen derartige Bemerkungen gemacht bzw. geäußert hätte, Tabletten einnehmen zu wollen.
Gab es vielleicht doch ernsthafte Konflikte zwischen ihr und Feldner?
Zudem, so Feldner weiter, habe sie einen Zettel geschrieben, dass er die Tochter vom Kindergarten abholen und „sehr gut" auf ihre Tochter Katrin aufpassen soll. Die Frage, die ich mir zuvor gestellt hatte, warum er bezogen auf den Zettel beunruhigt war,

hatte sich mit den Worten „passe sehr gut auf meine Tochter auf" in gewisser Weise beantwortet.

Aber wie und von wen erhielt er die Information, dass sie angeblich für gesund befunden wurde und auf der Arbeitsstelle nicht angekommen war?

Diese Auskunft konnte er eigentlich nur von Kollegen des Krankenhauses erhalten haben.

Hatte er hier bereits am 02. Mai vor 14:00 Uhr selbstständig Nachfragen getätigt?

Nach dem Anruf von Feldner hatte Ltn. Putzer den Diensthabenden des VPKA und den Leiter der Kriminalpolizei sowie das Referat Jugendhilfe informiert. Streifeneinzelkräfte der Polizei wurden eingewiesen und es erfolgte eine Rücksprache im Krankenhaus. Gemeinsam mit einer Angestellten der Jugendhilfe suchte noch am gleichen Tag ABV Putzer die Wohnung von Jonast auf und die kleine Katrin wurde an die Jugendhilfe übergeben. Zum Verbleib ihrer Mutter gab es an diesem Tag keine Hinweise. Sie blieb am 02. Mai 1979 verschwunden.

Die Volkspolizei bittet um Mithilfe

Weitere Maßnahmen im Vermisstenfall erfolgten am nächsten Tag. Alle Kreisämter der Volkspolizei wurden per Fernschreiben informiert und bekannte Anlaufstellen der Vermissten aufgesucht bzw. zu diesen von den Behörden Abfragen vorgenommen. Natürlich wurden im Rahmen dieser Maßnahmen auch die Eltern der Vermissten, die in Malchow wohnhaft waren, aufgesucht. Dort aber wurde die Vermisste nicht angetroffen und ihre Eltern konnten keine Hinweise zu ihrem Verbleib geben. Neben diesen Maßnahmen war eine Suche in der unmittelbaren Umgebung des Wohnortes der Vermissten sowie in den nahen

Waldgebieten angelaufen. Auch eine Besichtigung der Wohnung im Beisein von Feldner war erfolgt.

Wie verhielt Feldner sich am zweiten Tag des Verschwindens seiner „Lebensgefährtin"?

Zu erfahren war nur, dass er an diesem Tag gegen 08:30 Uhr in der Kaderabteilung des Kreiskrankenhauses Waren erschien und dort fragte, ob Frau Jonast wieder in der Abwäsche oder als Spezialköchin arbeiten soll. Er gab an, dass er sich für sie einsetze und mit der VP zusammenarbeiten würde.

Was aber war mit seinen am 02. Mai gegenüber dem ABV gemachten Angaben?

Woher wusste er da schon, dass sie für gesund befunden und nicht auf der Arbeit erschienen war?

Wie er zu diesen Informationen noch am Tag ihres Verschwindens gekommen war, dazu fand ich in der Akte keine Erklärung. Was seine Äußerungen ihr gegenüber am Morgen, als sie von Kollegen des Krankenhauses abgeholt wurde, betraf, dazu äußerte er sich auf Nachfrage erst am 06.05. in einem Gespräch mit einem Ltn. der K. Ganz trocken und nur mit einem Satz meinte er: *„Das habe ich so gesagt, um sie zu bewegen ihre Arbeit im Krankenhaus als Hilfsköchin nachzugehen."*

Aber war das wirklich so gemeint?

Gab es vielleicht eine andere Absprache?

Die Bemerkung, die sie ihm gegenüber aber am gleichen Morgen hinsichtlich der Selbstmordabsichten mit Tabletten gemacht haben soll und, dass er dieses dem ABV am Nachmittag des 02. Mai am Telefon mitgeteilt habe, das kam in diesem Gespräch anscheinend nicht mehr zur Sprache. Aber gerade das war doch eigentlich wichtig, in welchem Zusammenhang diese Bemerkungen am Morgen von ihr gekommen waren. Das wäre vielleicht ein Motiv für ihr Verschwinden gewesen.

Warum ging der Ltn. der K nicht auf diese wie auf andere klärungsbedürftige Fragen ein?

Zum Verbleib seiner „Lebensgefährtin" meinte Feldner noch im Gespräch, fast übertrieben hilflos und verzweifelt erscheinend: *„Ich kann nicht sagen, wo sie sich aufhalten könnte. Ich habe bereits im gesamten Stadtgebiet nach ihr gesucht."*
In einem Bericht des VPKA Waren vom 11.05. war vermerkt, dass nach Angaben des Herrn Feldner sowie der Küchenleiterin Frau Jonast in den letzten Tagen keine gute Arbeit geleistet habe und sie daher als Hilfsköchin eingesetzt worden war. Das hätte sie verärgert. Auf Grund ihres häufigen Alkoholgenusses sei ihr am 02. Mai vom Arzt geraten worden, sich einer Entwöhnungskur zu unterziehen. Dieses habe sie jedoch abgelehnt. Gegen 10:00 Uhr sei sie vom Arzt entlassen worden.
Weiterhin hieß es, dass eine durchgeführte Besichtigung ihrer Wohnung zur Feststellung einer Reihe von leeren Schnapsflaschen geführt habe. Im Bericht des Ltn. der K hieß es weiter, dass sich Frau Jonast vor zwei oder drei Jahren das Leben mittels Tabletten nehmen wollte. Da sei sie in der Wohnung aufgefunden und ins Kreiskrankenhaus eingeliefert worden. Was mich verwunderte, zu allen in diesen im Bericht vom Ltn. der K dargelegten Sachverhalten lagen keine wirklich dokumentierten Zeugenaussagen der Akte bei. Zu letzterem Sachverhalt, dem Suizidversuch, gab es zwar eine andere, von Katrins Vater, gegenüber dem ABV, am 01. Mai gemachte Aussage. Er hatte angegeben, dass sie 1978 einen Selbstmordversuch unternommen habe, als Kolleginnen des Krankenhauses sie wieder einmal zur Arbeit abholen wollten und die Tür verschlossen war. Daraufhin habe man sich Hilfe aus dem Forstwirtschaftsbetrieb geholt.
Warum gerade Hilfe aus dem Forstwirtschaftsbetrieb?
Mit einem Nachschlüssel, so hieß es weiter, habe man dann die Zimmertür geöffnet.
Wie, Nachschlüssel?
Das waren Fragen, die spontan bei mir auftauchten, bei denen ich aber wusste nie eine Antwort darauf erhalten zu können.

Weiter hieß es, sie habe Tabletten genommen und sei auf den Fußboden liegend vorgefunden worden. Schon am Abend habe sie das Krankenhaus bereits wieder verlassen können.

* * *

Am 22.05., zwanzig Tage nach ihrem Verschwinden, hatte die Polizei Erna Jonast, die Oma von Katrin, die in Karbow wohnhaft war, aufgesucht. Sie war natürlich über das Vermisstsein von Katrins Mutter informiert und hatte ihre Enkelin nach Absprache mit dem Jugendamt bereits bei sich aufgenommen.
Ein vom K-Mstr. Zobel gefertigter Aktenvermerk vom 24.05. wies darauf hin, dass die Küchenleiterin den Ltn. der K informierte habe, dass Frau Jonast am 18.05. in Waren gesehen worden sein soll und sie auch zu einem BRD-Bürger Kontakt gehabt habe. Die daraufhin eingeleiteten Überprüfungen hätten jedoch ergeben, dass dieses nur in der Betriebsküche erzählt worden sei. Konkrete Feststellungen über ihren Aufenthalt in Waren hätte aber niemand tatsächlich getroffen. Mit dem BRD-Bürger sei sie letztmalig am 02.04.79, einen Monat vor ihrem Verschwinden, gesehen worden. Dieser soll nach Aussagen ihr Schwager sein, der in Malchow bei ihrer Schwester Frau Edith Wild zu Besuch gewesen sei.
Es gab einen weiteren Aktenvermerk des K-Mstr. Zobel, in welchem er das Ergebnis eines Gespräches mit dem behandelnden Arzt dokumentierte. Hier hieß es, dass Frau Jonast die Sprechstunde am 02. Mai in der Zeit von 11:00 Uhr bis 11:30 Uhr aufgesucht und der Arzt ihr empfohlen habe eine Alkoholentwöhnungskur zu beginnen. Das hätte sie abgelehnt. Weiter hieß es, dass er, Zobel, wiederholt Rücksprachen mit der Küchenleiterin gehalten habe. Diese hätten aber nur zum Hinweis geführt, dass Frau Jonast im April 79 mit einem PKW aus der BRD bis vor das Krankenhaus gefahren wurde.

Befremdend erschien mir dabei das Fehlen konkreterer Befragungen und Ermittlungen in Richtung der nun bekannt gewordenen Kontakte zu Bürgern aus der BRD bzw. WB. Ausgehend von der Republikflucht einer Hausbewohnerin 1977 und der allgemeinen politischen Situation 1979 in der DDR war das Negieren eines solchen Hinweises bzw. das Fehlen weiterer Ermittlungen in dieser Richtung undenkbar und warf Fragen auf. Derartige Hinweise gingen, wie auch immer, an die Staatssicherheit und blieb keinesfalls verborgen. Das hätte zwingend das Interesse der Staatssicherheit geweckt und zu eigenen Aktivitäten im Vermisstenfall bewegt bzw. bewegen müssen. Dazu lagen jedoch keine Hinweise oder Informationen in der Akte.
Gab es dieses Interesse und eigene Aktivitäten der Staatssicherheit vielleicht doch?
Als Insider bin ich mir sicher, dass es bei Hinweisen, die in dieser Vermisstensache in Richtung BRD bzw. WB gingen, durchaus Aktivitäten, Überprüfungen und Ermittlungen des MfS gegeben haben muss. Das diese aber nun nicht in der Ermittlungsakte der Polizei zu finden sind, gehörte schlicht zur Arbeitsweise des MfS und wurde genauso praktiziert.
Eigene Recherchen bezüglich des Kontaktes von Frau Jonast zu einem Bürger der BRD bzw. WB brachten das Ergebnis, dass ein Bruder des Ehemannes von Frau Edith Wild in der BRD, in der Nähe von Stuttgart, wohnen soll. Dieser soll nach Angaben 1978 letztmalig zu Besuch gewesen sein. In der damaligen Abteilung PM der Polizei gab es jedoch keinen Nachweis darüber, dass Einreisen aus der BRD oder WB erfolgten. Demzufolge muss er ein anderes Besuchsziel in der DDR angegeben haben.
Aber war der BRD-Bürger wirklich der Bruder des Ehemannes von Frau Wild gewesen, mit dem Katrins Mutter in Waren gesehen worden war?
Das war keinesfalls eindeutig, denn die Feststellungen des BRD-Kontaktes von ihr bezogen sich auf das Jahr 1979. Neben

der Schwester Edith hatte Katrins Mutter noch vier weitere Geschwister, zu denen jedoch keine weiteren Informationen erlangt werden konnten. Es war also nicht auszuschließen, dass es zu ihnen mögliche Einreisen aus der BRD gab. Die Hinweise zu ihren BRD-Kontakten konnten nicht geklärt werden. Die Klärung ihres BRD-Kontaktes und dessen Charakter schienen mir schon von einer bestimmten Relevanz, bezogen auf ihr späteres Verschwinden.

Etwas anderes bewegte aber zuweilen noch. Irgendwie schienen mir die Angaben bzw. Aussagen zum Arztbesuch recht widersprüchlich.

Hieß es nicht immer um 10:00 Uhr, sei die Mutter beim Arzt vorstellig geworden?

Nun soll sie aber nach Aussagen des Arztes erst ab 11:00 Uhr vorstellig geworden sein?

Die Nachbarin hatte aber bestätigt, dass sie mit ihren Kollegen des Krankenhauses bereits gegen 09:00 Uhr die Wohnung verlassen hat und eine andere Nachbarin will sie bereits gegen 10:30 Uhr in der Stadt auf den Nachhauseweg gesehen haben, wo sie dann auch kurze Zeit später ihre Wohnung aufgesucht haben soll.

Da werden gewisse Diskrepanzen und Widersprüche in den angegebenen Zeiten deutlich, oder?

Was lief am 2. Mai in der Zeit von 08:00 Uhr bis 12:00 Uhr, noch besser bis 14:00 Uhr wirklich ab?

* * *

Ein erster Bildbericht, der nach dem Verschwinden der Frau Jonast, von der Kriminalpolizei der BDVP Neubrandenburg gefertigt wurde, zeigte drei Fotos. Da es sich bei den drei Fotos, Aufnahmen aus der Wohnung, um schlechte Kopien in schwarz/weiß handelte, war es mir nicht möglich vielleicht relevante Details über ein mögliches Geschehen in der Wohnung, auch wenn sie noch so klein gewesen wären, festzustellen. Eine Übersichtsaufnahme des Wohnzimmers selbst gab daher kaum eine direkte Aussage zur vorgefundenen Situation. Das war bei den beiden anderen Fotos ähnlich. Nur die Beschreibung dieser drei Fotos war ein erster Anhalt, eine Orientierung für mich.

Zum Foto 1 hieß es: ... Eine Übersichtsaufnahme der Wohnung (Wohnzimmer). Die Wohnung war sauber, aber nicht aufgeräumt. Foto 2 war beschrieben mit: ... Aufnahme des Wohnzimmertisches. In einer Schale im Hintergrund wurde ein abschiedsbriefähnlicher Zettel gefunden und gesichert. Auf dem Wohnzimmertisch war ein Glas mit einem abgestandenen und trocknen Satz. Das Glas wurde zur Untersuchung einbehalten. Zu Foto 3 hieß es: ... Zeigt auf dem Wohnzimmertisch liegende Briefe. Hierzu fehlten mir konkretere Aussagen, denn in der Akte befanden sich neben den an den ABV gerichteten Brief noch zwei weitere handgeschriebene Zettel, die mir bei näherem Betrachten interessant erschienen.

Aber waren das die Briefe, die auf dem Foto 3 dokumentiert wurden?

Ein handgeschriebener Zettel war mit 29.04.79 datiert und erneut an das VPKA, den Ltn. Lober, gerichtet. Er enthielt allerdings nur einen nicht ganz beendeten Text, der da lautete:

Ich, Elke Jonast geb. ... erkläre hiermit, daß der Brief an Sie im Auftrag von Herrn Fritz Feldner ge ...

Dann brach der Satz ab. Ob diese Erklärung nur ein Entwurf war oder vielleicht doch ein ähnliches Schreiben mit vollständigem Text das VPKA erreichte, blieb offen.

Was aber bewegte sie vier Tage nach ihrem ersten Schreiben, welches an das VPKA, den Ltn. Lober, gerichtete war, nun eine solche Erklärung zu entwerfen?

Warum wurde dieser Satz anscheinend plötzlich abgebrochen?

Dann gab es, ja noch einen zweiten, handgeschriebenen Zettel, aber auch zu diesem gab es, wie schon beim zuvor genannten

Zettel, keine weitere Erklärung. Der zweite Zettel trug das Datum 30. April 79. Auf diesem war allerdings nur die Anrede – ***Frau Jenny Feldner*** – zu lesen.

Sollte hier vielleicht ein Brief an die „Noch"-Ehefrau von Feldner verfasst werden?

Beide Zettel ließen vermuten, dass es im aktuellen Zusammenleben zwischen Frau Jonast und Feldner Ende April etwas gegeben haben muss, was sie zu derartigem Handschriftlichen, wenn auch vielleicht nur versuchten Entwürfen, veranlasste.

Hatten beide vielleicht etwas Gemeinsames geplant?

Oder stand Frau Jonast in dieser Zeit vielleicht vor einem, was auch immer es war, unlösbaren Problem?

Hatte sie Stress mit Feldner?

Dazu hätte schon damals eine Vernehmung aber zumindest eine Befragung des Feldner erfolgen müssen. Doch die gab es nie. Ein Protokoll des VPKA Waren vom 28.06. über kriminaltechnische Tatortarbeit besagte, dass der Zeitpunkt der Begehung der Wohnung, zur Sicherung der in diesem Bildbericht auf den Fotos dokumentierten Gegenstände, am 02. Mai gegen 10:30 Uhr erfolgt sei. Diesem Eintrag konnte ich wahrlich nicht ganz folgen. Herr Feldner hat doch erst am Nachmittag des 02. Mai gegen 14:00 Uhr den ABV darüber unterrichtete, dass Frau Jonast seit 10:00 Uhr vermisst werde und er nun annehmen würde, dass sie sich das Leben nehmen will. Er habe einen Zettel von ihr gefunden, mit der Nachricht, er möge die Tochter Katrin vom Kindergarten abholen und gut auf sie aufpassen.

Was für einen Grund sollte es da gegeben haben, bereits gegen 10:30 Uhr eine Begehung der Wohnung vorzunehmen und Gegenstände zu sichern?

Zu diesem Zeitpunkt wusste doch eigentlich die Polizei nichts von der vermissten Frau und ihren möglichen Suizidversuchen. Selbst die Nachbarin hatte kurz vor 11:00 Uhr Frau Jonast noch in der Wohnung festgestellt.

War es vielleicht nur ein Versehen im Datum oder in der Uhrzeit?

Das mit der Wohnungsbegehung am „02. Mai" um 10:30 Uhr und der Beschlagnahme von Gegenständen (Glas und Zettel), wie im Protokoll vom 28.06. dokumentiert, konnte so keinesfalls stimmen.

* * *

Im Juni erfolgte zudem durch das VPKA Waren eine Überprüfung der Kontobewegung der Vermissten. Es wurde am 02. Mai ein Saldo von 9,11 Mark der DDR festgestellt. Der Saldo am Tag der Überprüfung, am 18.06., betrug etwas über 1.000,- Mark, weil das Krankenhaus weiterhin die Gehaltszahlung tätigte. Eine andere Überprüfung ergab, dass zwei Lebensversicherungen auf den Namen der Vermissten abgeschlossen wurden, eine für sie selbst und eine für ihre Tochter Katrin. Bisher seien keine der Versicherungen gekündigt bzw. ausgezahlt worden.

Im Protokoll vom 28.06. über kriminaltechnische Tatortarbeit hieß es, dass die handgeschriebenen Zettel dahingehend untersucht werden sollen, ob sie tatsächlich von der Vermissten geschrieben wurden. Untersucht werden sollte auch das sichergestellte Glas, ob aus diesem Arzneimittel getrunken wurden.

Am 04. Juli lag das Ergebnis des Schriftgutachtens, welches durch die BDVP Neubrandenburg, das MUK, erstellt worden war, vor. Die sichergestellten Zettel hatte die Vermissten geschrieben. Ein Ergebnis der Untersuchung des einbehaltenen Glases lag noch nicht vor.

Ein Leichenfund

An einem Dienstag, den 10. Juli 1979, so war in der Akte dokumentiert, fand der Genossenschaftsbauer Anton Zettler gegen 09:00 Uhr im Teufelsbruch eine weibliche Leiche. Im Fundortbericht wurde beschrieben, dass die Leiche in einem Moorloch, welches keinen Abfluss hat und sich in der Nähe des Moorsees bei Waren befindet, aufgefunden wurde. Der Leichenfundort befand sich etwa drei Kilometer von der Wohnung der Frau Jonast entfernt.

Um zunächst einen allgemeinen Überblick über die genannten Örtlichkeiten zu erhalten, behalf ich mich mit Google Maps. Natürlich war mir klar, dass nach 42 Jahren sich vieles verändert hatte und keinesfalls die Gegebenheiten so sein konnten, wie sie 1979 waren. Letztendlich ging es nur darum einen Eindruck bezüglich der Lage Wohnhaus – der Entfernung zur Region Teufelsbruch – der bewussten Wiese – sowie des Moorsees zu erlangen. Erst als das erfolgt war, konzentrierte ich mich auf den in der Akte beschriebenen Fundort der Leiche. Der Fundort selbst wurde wie folgt beschrieben:

„Das Moorloch ist von einer Koppel umgeben, auf der sich bei Eintreffen Kühe befanden. Es ist von den Wiesen durch einen 90 Zentimeter hohen Zaun, welcher aus drei übereinanderliegenden Balken besteht, abgegrenzt. Das Moorloch ist mit Grundwasser angefüllt und mit dichtem Strauchwerk umgeben. Zum eigentlichen Fundort gelangt man nur über den genannten Zaun, der sich etwa 8 Meter vom Ufer des Moorloches entfernt befindet. Im Bereich ist das Ufer mit hohem Gras bewachsen. Der Untergrund ist feucht."

Eine Handskizze brachte mir die Örtlichkeit der Fundstelle der Leiche näher. Weiter hieß es: „Unmittelbar am Ufer steht eine Buche. 2,5 Meter von dieser Buche und 1 Meter vom Ufer entfernt liegt im Gras eine leere 0,35 Liter Schnapsflasche, welche

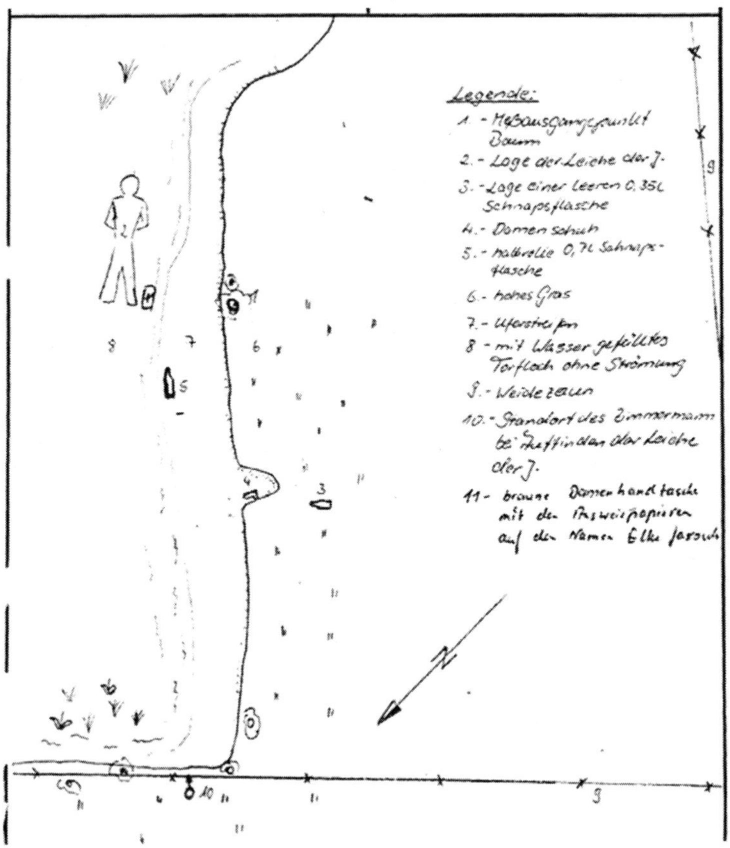

verschlossen ist. In gleicher Entfernung, in einer Einbuchtung im Uferstreifen, liegt ein Damenschuh, Farbe braun. Ein zweiter Schuh ist nicht zu finden. 1 Meter weiter und 70 Zentimeter vom Ufer in Richtung Wasser entfernt liegt im Schlamm eine zu 2/3 gefüllte Flasche Schnaps. Es handelt sich dabei um ‚Klaren' oder ‚Wodka'. In einer Entfernung von 1,2 Meter liegt die Leiche einer weiblichen Person in Bauchlage. Sie ist mit einem dunkelblauen Anorak mit Pelzsatz auf dem Rücken und an den Ärmeln bekleidet und trägt eine dunkelblaue Hose. Die Füße sind nicht bekleidet und im Abstand von 60 Zentimeter gespreizt. Die Arme sind leicht angewinkelt. Unter dem rechten

Schienbein der Leiche liegt eine braune Handtasche, in der sich unter anderem auch ein Personalausweis auf den Namen Jonast befindet. In der Tasche befinden sich nachfolgend aufgeführte Gegenstände:

- ein Versicherungsausweis
- ein Konsumausweis
- ein Postabholerausweis
- 1,10 DM der BRD-Währung
- diverse Kontoauszüge
- 1 Schreibetui
- 2 Kämme
- 1 Spiegel und
- zwei Versicherungskarten
- eine Kohlenkarte
- 99 Pfennig
- eine Geldbörse
- 15 Busfahrscheine
- 1 Kugelschreiber
- 1 Brillenetui
- ein Plastanhänger.

Sie trug eine Damenarmbanduhr Marke ‚Luch', Made in USSR, mit weißem Armband."

Mehrmals las ich die genaue Beschreibung des Fundortes und diejenige der Lage der Leiche. Ich kann nicht sagen warum, aber irgendetwas kam mir sonderbar vor. Es gab Fragen.

Was bewegt eine erwachsene Frau über einen fast einen Meter hohen Koppelzaun zu steigen und ein Moorloch, welches mit dichtem Strauchwerk und hohem Gras umgeben ist, aufzusuchen?

Sich dort mit Alkohol „zuzuschütten" und sich an diesem Ort letztendlich das Leben zu nehmen?

Da gab es sicher andere, besser zugängliche und abgelegene Orte in den naheliegenden Wäldern oder Seen.

Wollte oder sollte sie nicht so schnell gefunden werden?

Es hieß, sie hätte auf den Bauch mit dem Kopf zur Seite gelegen. Ich versuchte mir vorzustellen, was passieren muss, um vielleicht in eine solche Lage kurz vor dem Tod zu geraten. Das könnte möglicherweise durch anzunehmende Volltrunkenheit passieren, aber für mich war dieses nicht die einzige logische Erklärung.

Beschrieben wurde zudem, dass ihre Füße nicht bekleidet gewesen seien und nur ein Damenschuh gefunden wurde. Auch darauf konnte ich mir keinen richtigen Reim machen.

Wo war der zweite Schuh?

Hatten ihn vielleicht Wildtiere vom Ort verbracht?

Was war eigentlich wirklich an diesem Ort passiert?

Auch die in der Nähe der Leiche zerstreut gefundenen zwei „Schnapsflaschen" und die Damenhandtasche unter ihrem rechten Schienbein machten mich irgendwie stutzig.

Deutete das vielleicht darauf hin, dass der Fundort manipuliert wurde?

Sollte es so aussehen, als habe sie unter Alkoholeinfluss einen Suizid begangen?

Warum lag die Handtasche unter ihrem Schienbein mit allen vorhandenen Dokumenten?

Legte man vielleicht Wert darauf, dass die Handtasche unbedingt bei der Leiche gefunden und ihr zugeordnet werden sollte?

Dann war da noch der Inhalt der Geldbörse. Nur 99 Pfennig der DDR und 1,10 DM der BRD.

Hatte sie vielleicht doch eine größere Summe oder zumindest etwas mehr DDR-Geld bei sich?

Nur 99 Pfennig schien mir fast nicht real zu sein. Man hatte zwar den aktuellen Saldo mit ca. 9 Mark der DDR festgestellt.

Warum erfolgte keine Prüfung, wann und wie viel Geld sie in den Tagen zuvor abgehoben hatte?

Wurde sie vielleicht unterwegs oder vielleicht erst am Fundort beraubt oder bestohlen?

Das waren Fragen, die unwillkürlich beim Lesen entstanden. Der anschließende Bildbericht mit den Fotos vom Fund der Leiche, so hatte ich zumindest gehofft, würde sicher eine größere Aussagekraft haben und mir weitere Erkenntnisse geben.

Aber konnte ich darauf hoffen?

Teil 3

Kripo übernimmt

Der Bildbericht

Den Bildbericht zum Fund der Leiche erstellte ein Ultn. der K von der Kriminalpolizei der BDVP Neubrandenburg. Zum Fundort hieß es, dass er sich in einem Waldstück in der Nähe von Waren, in einem Wasserloch (Specker Wald – Teufelsbruch), befindet. Als ich die Aufnahmen zum Fundort betrachtete, war mir klar, dass diese keine besondere Hilfe sein konnten. Es waren „Schwarz-weiß-Kopien" und erneut in einer wirklich sehr, sehr schlechten Qualität. Sie ließen nur Umrisse und Schatten, aber keine konkrete Situation am Fundort erkennen. Selbst bei einer großen Vorstellungskraft würden mir diese keine weiteren Erkenntnisse zum Fundort und zur Auffindesituation der Leiche geben können. Also konzentrierte ich mich wie schon zuvor bei den drei Fotos aus der Wohnung nur auf die zu den Fotos erfolgten Erläuterungen.
Bild 1 u. 2 sollten auf die Fundstelle der Leiche in einer Übersichtsaufnahme hinweisen. Pfeile deuteten auf den Teufelsbruch. Bild 3 war eine weitere Übersichtsaufnahme der Umgebung, der Stelle, wo die Leiche gefunden wurde. Hier würden Pfeile auf den Standort eines Zeugen Namens Schmied hinweisen, als dieser die Leiche entdeckte. Ich stutzte ein wenig.
Wieso Zeuge Schmied?
Ein anderer Genossenschaftsbauer mit Namen Zettler hatte doch die Leiche gefunden. Er war im Fundortbericht als Entdecker

der Leiche benannt worden. Ich ging davon aus, dass es dazu sicher noch eine Erklärung geben wird.
Bild 4 soll eine Aufnahme der Stelle sein, wo die Leiche gefunden wurde. Ein Pfeil im Hintergrund würde auf die Leiche hinweisen. Ein anderer Pfeil im Vordergrund auf die gefundenen Spirituosenflaschen: 0,35 l leer und 0,7 angebrochen.
Bild 5, so wurde beschrieben, würde die Lage der Leiche im Teufelsbruch im Specker Wald dokumentieren. Die Leiche liege auf dem Bauch, der Rücken frei.
Auch Bild 6 zeigte erneut die Lage der Leiche. Am rechten Fuß der Leiche, wies ein Pfeil darauf hin, befindet sich im Wasser eine braune Damentasche mit den Ausweispapieren.
Die Bilder 6 und 7 zeigten die Lage der Leiche.
Bild 8 war dann eine Nahaufnahme der gefundenen Tasche am rechten Fuß der Leiche mit den Ausweispapieren.
Das Bild 9 dokumentierte noch einmal die geborgene braune Damenhandtasche mit den Ausweispapieren.
Bilder 10 bis 12 zeigten dann die geborgene Leiche auf der Bahre liegend. Deutlich erkennbar, so hieß es, sei der hohe Fäulnisgrad der Leiche. Leider trug das Problem der schlechten Qualität der Fotos dazu bei, keinen tatsächlich visuellen Eindruck vom Fundort und von der Leiche selbst zu bekommen.
Etwas „kurios" war es schon, dass ich nach dem Bildbericht zum Fundort nur das Vorblatt einer Zeugenvernehmung in der Akte vorfand. Es war das Vorblatt, zu einer Vernehmung des Genossenschaftsbauern Schmied.
Was aber hatte das wieder zu bedeuten?
Warum gab es dieses Vorblatt?
Waren die Vernehmungsergebnisse verschwunden oder gab es keine?
Sollte vielleicht der Inhalt der Vernehmung nicht bekannt werden?

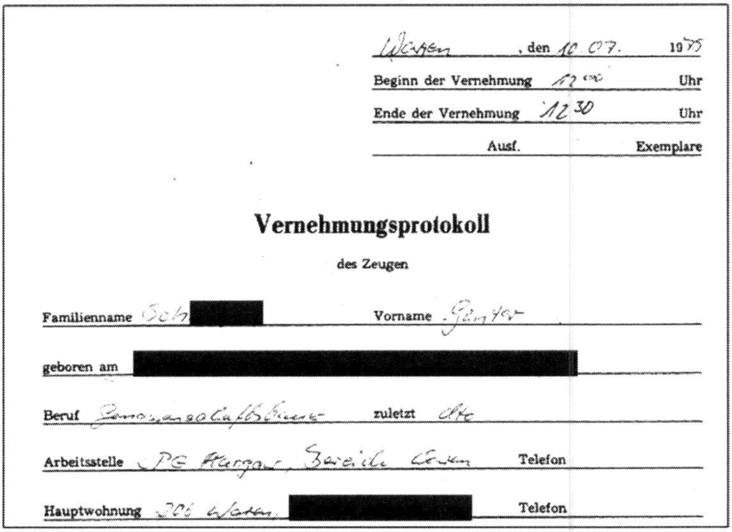

, den 10. 07. 19

Beginn der Vernehmung Uhr

Ende der Vernehmung Uhr

Ausf. Exemplare

Vernehmungsprotokoll

des Zeugen

Familienname Vorname

geboren am

Beruf zuletzt

Arbeitsstelle Telefon

Hauptwohnung Telefon

Oder wurden die dokumentierten Aussagen beim Kopieren der Akte nur übersehen?
Aber welche Rolle spielte dieser Genossenschaftsbauer Schmied eigentlich?
Der hatte doch die Leiche nicht entdeckt. Nach Aussagen und im Fundortbericht der Kriminalpolizei des VPKA Waren vom 10.07.79 war durch einen Ultn. der K dokumentiert, dass ein Bauer mit Namen Zettler die Leiche entdeckt haben soll.
Warum wurde der Entdecker der Leiche, der Bauer Zettler nicht als Zeuge vernommen oder zumindest aktenkundig befragt?
Fragen, die ich gern beantwortet gewusst hätte.

Geht man davon aus, dass Frau Jonast am 02. Mai verschwand und ihre Leiche erst am 10. Juli, also nach mehr als zehn Wochen, dort gefunden wurde, so hätte es schon interessiert, wie und von wem die Leiche nun tatsächlich entdeckt wurde.
Da sich zum Zeitpunkt der Entdeckung der Leiche bereits Kühe auf der Weide befanden und die Leiche bei der Kontrolle des

Zaunes entdeckt worden sein soll, wäre allein deshalb es schon von Bedeutung gewesen, Fragen beantwortet zu bekommen wie: ***Wann wurden die Kühe erstmals, an welchem Tag konkret, auf die Weide gelassen?***
Wurde zuvor oder erst an diesem Tag die Umzäunung kontrolliert?
Vielleicht wurden ja alle diese Fragen in der Zeugenvernehmung des Genossenschaftsbauern Schmied beantwortet, doch die fehlte, die schien verschwunden zu sein. Der beiliegende Totenschein in der Akte wurde am 10.07. um 18:30 Uhr von einem Facharzt für Allgemeinmedizin ausgestellt. Die Sterbezeit wurde mit dem 02.05. und 16:00 Uhr angegeben. Wie man den Todestag mit 2. Mai und die Uhrzeit 16:00 Uhr angeben konnte, bleibt wohl ein Geheimnis. Die Todesursache, so die Aussage, war durch die Leichenschau nicht feststellbar. Es war ein nicht-natürlicher Tod mit ungeklärter Todesursache.
Wären da nicht intensivere kriminalistische Ermittlungen erforderlich gewesen?
Das Ganze, so schien es mir, tat man als einen Suizid ab und ging von einem wahrscheinlichen Ertrinken aus. Da es sich aber um einen nicht-natürlichen Tod handelte und die Todesursache keinesfalls eindeutig war, musste man nach Vorschrift handeln und war gezwungen, eine Obduktion durchzuführen.

Die Obduktion

Zwei Tage nach Auffinden der Leiche, am 12.07. erfolget die Obduktion des Leichnams in der Rechtsmedizin Greifswald. Das Ergebnis der Obduktion war nicht überraschend. Es hieß: „Eine Todesursache war infolge stark fortgeschrittener Fäulnis nicht mehr feststellbar. Die bei der Leichenöffnung erhobenen Befunde ließen keine Diagnostik mehr zu. Es fanden sich somit auch keine Hinweise für Gewalteinwirkungen, insbesondere fanden sich keine Abwehrverletzungen im Bereich der Kleinfingerseiten der Unterarme oder der Handinnenfläche. Es konnte aufgrund fehlender Blutungen oder Brüche des Kehlkopfgerüstes und des Zungenbeines eine Strangulation bzw. ein Würgen ausgeschlossen werden. Eine Schwangerschaft lag nicht vor."

Da diente wohl die Annahme einer Schwangerschaft, von der Frau Jonast im Schreiben an den ABV berichtete, nur für eine verstärkte Begründung des Zusammenlebens mit Feldner. Weiter hieß es im Obduktionsbericht:

„Außerdem fanden sich, abgesehen von einer Leberverfettung, keine krankhaften Organveränderungen, die den Todeseintritt auf natürliche Weise hätten erklären können. Auch ein ‚wahrscheinliches' Ertrinken als Todesursache war aufgrund des Fäulnisprozesses nicht mehr nachzuweisen. Teile lebenswichtiger Organe wurden für eine weitere Untersuchung und Alkoholuntersuchung zurückbehalten. Das Gebiss wurde entnommen. Es wird zusammen mit der Behandlungskarte der Universitäts-Zahnklinik Greifswald zu Identifizierungszwecken übergeben. Die toxikologische Untersuchung soll mit dem möglichst geringsten Aufwand betrieben werden. Ein endgültiges Gutachten wird nur auf besonderen schriftlichen Antrag in Verbindung mit der abgeschlossenen Ermittlungsakte erstattet."

Warum mit möglichst geringem Aufwand?

Wieso war man nicht bemüht alle zur Verfügung stehenden Untersuchungen vorzunehmen, um doch noch eine mögliche Todesursache festzustellen?

Warum nur auf Antrag und warum erst nach Abschluss der Ermittlungen?

Das alles war für mich nicht logisch. Viele Fragen hatten sich bisher aufgetan, was den Tod von Katrins Mutter betraf und es sollte noch interessanter werden.

Das Abschlussprotokoll

Es überraschte mich schon, dass bereits am 20. Juli, genau zehn Tage nach Auffinden der Leiche, ein Abschlussprotokoll zur Vermisstenanzeige gefertigt wurde, ohne dass tatsächlich kriminalistische Ermittlungen erfolgt waren.
Das verwunderte umso mehr, da die eigentlichen Umstände ihres Todes nicht aufgeklärt waren und durchaus relevante Gutachten, wie das zum Zahnstatus, die kriminaltechnische Untersuchung des beschlagnahmten Trinkglases aus der Wohnung der Toten und das Ergebnis der toxikologisch-chemischen Untersuchung der Verstorbenen auf Arzneimittel, offen waren und noch keine Ergebnisse vorlagen.
Meine Neugierde war groß. Was würde im Abschlussprotokoll zu lesen sein?
Schon der erste Satz brachte mich zum Nachdenken, denn da hieß es: „Am 03.05.79 um 14:30 Uhr wurde die Diätköchin Elke J. von ihrem Freund Herrn Feldner als vermisst gemeldet." Aber der hatte doch bereits am 02. Mai gegen 14:00 Uhr dem ABV telefonisch mitgeteilt, dass er sie vermisst und er vermute, dass sie sich das Leben nehmen würde.
Warum hieß es hier nun, er hätte sie erst am 03. Mai als vermisst gemeldet?

Ich war auf alles gefasst und las weiter: „Sie hatte am Tag zuvor gegen 10:00 Uhr den Arzt aufgesucht." Da war er erneut, der Widerspruch bezüglich der Zeiten ihres Arztbesuches. Im Bericht des VPKA Waren vom 11.05. war die Aussage des Herrn Feldner dokumentiert, der davon sprach, sie hätte um 10:00 Uhr die Arztpraxis verlassen. Im Aktenvermerk des K-Mstr. Zobel, der, so schien es, ein Gespräch mit dem Arzt geführt hatte, stand, dass sie seine Sprechstunde in der Zeit von 11:00 Uhr bis 11:30 Uhr aufgesucht habe.

Wann war sie nun wirklich und wie lange beim Arzt?
War keinem Ermittler dieser Widerspruch aufgefallen?

Aber es ging weiter und es konnte nur noch interessanter werden: „Danach hat sie entgegen üblichen Verhaltensweisen das Haus durch den Hinterausgang in Richtung Wald verlassen. Ein Schreiben an den Freund Herrn Feldner mit der Aufforderung, gut auf ihr Kind aufzupassen, sowie Tablettenreste auf dem Tisch deuteten im Zusammenhang vorausgegangener Selbstmordabsichten darauf hin, dass sie das Haus in Selbstmordabsicht verlassen hat." Aber von vorgefundenen Tablettenresten im Wohnzimmer auf dem Tisch gab es weder eine Dokumentation im Bildbericht zur Wohnung, noch wurden diese als sichergestellte Gegenstände aufgeführt. Anhand dieser Tabletten hätte man aber bei der Obduktion, zumindest bei der chemisch-toxikologischen Untersuchung, einen Anhaltspunkt gehabt.

Aber gab es diese Tabletten überhaupt?
Oder war die Nennung von Tablettenresten vielleicht nur Mittel zum Zweck, um Selbstmordabsichten zu untermauern?

Dann musste ich etwas lesen, dem ich keinesfalls zustimmen konnte. „Hinweise für das Vorliegen eines Verbrechens ergaben sich aus den Umständen des Vermisstseins nicht." Das sah ich schon etwas anders. Die Auffindesituation war durchaus undurchsichtig und eine Spurensicherung am Fundort schien nicht oder nicht allzu intensiv erfolgt zu sein. Weiter hieß es: „Am 10.07.79 gegen 10:00 Uhr wurde die Leiche der Vermissten in einem versumpften Wasserloch (Teufelsbruch), ca. 3 Kilometer von ihrem Haus entfernt, aufgefunden." Auch hier gab es keine Übereinstimmung, bezogen auf die Uhrzeit des Auffindens der Leiche. Im Fundortbericht war die Uhrzeit mit 09:00 Uhr angegeben.

War das nur ein Versehen?

Auf alle Fälle schien es, dass Gewissenhaftigkeit und das kriminalistische Interesse nicht sonderlich groß waren. Weiter ging es im Abschlussbericht mit: „Die Identität ist auf Grund der Übereinstimmung der allgemeinen sowie der Kleidungsbeschreibung als auch durch bei der Leiche befindlichen Personalpapieren gesichert. Dem Zustand der Bekleidung nach und aufgrund fehlender Verletzungen muss darauf geschlossen werden, dass die Betroffene diesen Ort selbst aufgesucht hat, also nicht in leblosem Zustand nach hier verbracht wurde. Sämtliche Kleidungsstücke waren geordnet und unbeschädigt. In der Umgebung der Leiche befanden sich zwei Schnapsflaschen – eine leer – eine teilweise leer die den Umständen nach etwa eine gleichlange Liegezeit aufwiesen wie die Leiche.“ Von einer Sicherung der Schnapsflaschen und einer späteren kriminaltechnischen Untersuchung dieser gab es in der Akte keine Hinweise.

Für mich hatten beide Flaschen schon eine Bedeutung. Sie hätten vielleicht Aufschluss geben können, wo und wann Frau Jonast diese möglicherweise gekauft hat, ob eine zweite Person dabei war und vieles mehr. Das wären doch wichtige Informationen gewesen, um bestimmte Rückschlüsse auf ein mögliches Geschehen zu ziehen.

Dann las ich noch: „Bei der Leichenöffnung konnte die Todesursache nicht mehr festgestellt werden, weil die Fäulnis zu weit fortgeschritten war. Gleichfalls ist eine Alkoholuntersuchung nicht mehr erfolgreich verlaufen. Auf Grund fehlender Voraussetzungen ist ein gewaltsamer Tod durch Dritte auszuschließen. In Wertung aller Umstände ist der Sachverhalt als Selbstmord durch Ertrinken, wahrscheinlich in Kombination mit Tabletten- und Alkoholeinnahme, zu beurteilen. Die Betroffene war Trinkerin. Sie hatte wiederholt Selbstmordabsichten geäußert. Die ärztliche Behandlung war ebenfalls wegen Alkoholmissbrauch erfolgt. Aus vorstehenden Gründen wird vorgeschlagen, von der Einleitung eines EV abzusehen, weil keine Straftat vorliegt."

Aber konnte man tatsächlich zu diesem Zeitpunkt schon eindeutig eine Straftat ausschließen?

Unterzeichnet war dieses Protokoll von Hptm. der K Köster. Köster? Köster!

Wie ein Blitz schlug dieser Name bei mir ein und alle Glocken läuteten. Er war mir im Fall mit dem 10-jährigen Mädchen bereits bekannt. 1994 hatte er im Fall des Mädchens aus Malchin im Hintergrund die Fäden in Richtung des Tatverdachtes eines bereits vorbestraften Nachbarn gezogen. Mir war bekannt, dass er seit 1968 Mitglied der MUK im damaligen Bezirk Neubrandenburg und bis 1994 sogar Leiter in der Direktion Neubrandenburg war. Seine autoritäre Art hatte wesentlich dazu beigetragen, dass die Ermittlungen im Malchiner Fall über Jahre nur in eine, in seine gewollte, Richtung erfolgten. Für ihn stand bereits nach drei Tagen fest, dass der Nachbar nur der von ihm favorisierte Tatverdächtige sein konnte. Alle Ermittlungen, alle Aktivitäten waren über Jahre nur darauf ausgerichtet diesem die Tat nachzuweisen. Andere Verdachtsrichtungen, die es durchaus begründet gab, blieben durch seinen Einfluss in all den Jahren unbeachtet. Das führte dazu, dass das Verbrechen an dem kleinen Mädchen aus Malchin noch heute ungeklärt ist und sicher auch bleibt.

Was für eine Rolle spielte er nun in diesem Fall? Warum entschied er als erfahrener MUK-Mann, trotz der dürftigen Faktenlage, dass keine Straftat vorliegen würde und kein Ermittlungsverfahren einzuleiten sei, obwohl wesentliche Fragen, die sich ein erfahrener Kriminalist in einem Fall wie dieser stellen sollte, offen waren?

In der anschließenden Verfügung des Abschlussprotokolls hieß es: „Gem. § 96 (1) StPO wird von der Einleitung eines EV abgesehen, weil keine Straftat vorliegt." Die Verfügung wurde von Hptm. der K Rösler unterzeichnet.

Verspätete Gutachten

Wie bereits angemerkt, wurde im Abschlussbericht entschieden, dass keine Straftat vorliegen würde. Diese Entscheidung traf man, ohne auf die zu dieser Zeit noch ausstehenden Ergebnisse der Gutachten zu warten. Umso spannender war es nun die Ergebnisse der Gutachten kennenzulernen.
Würden diese die im Abschlussbericht vom Hptm. der K Köster erfolgte Einschätzung untermauern oder Zweifel aufkommen lassen?

Das toxikologisch-chemische Gutachten
Erst am 08. August 79, ca. drei Wochen nach dem Abschlussbericht, lag das Ergebnis der toxikologisch-chemischen Untersuchung von Muskel der Verstorbenen auf Arzneimittel vor. Zu allen, damals in der DDR gängigen Arzneimitteln, wie Faustan, Rudotel, Radepur, Radedorm und vielen anderen noch im Gutachten aufgeführten Arzneimitteln, erfolgten Vergleiche zu den eingeengten aufgetrennten Extrakten des Untersuchungsmaterials. Im Ergebnis dieses Gutachten hieß es:
„Diese Arzneimittel sowie die auch aufgeführten Haydrolyseprodukte waren in den Extrakten nicht nachweisbar. Durch die eingesetzten Reagenzien wird eine Reihe weiterer Arzneimittel erfasst, die durch die negative Reaktion ebenfalls auszuschließen sind. Die Verstorbene hat demnach zum Zeitpunkt des Todeseintritts nicht unter der Einwirkung üblicher Arzneimittel gestanden.“ Mit einfachen Worten, ein Suizid mit Tabletten in Verbindung mit Alkohol war nicht nur nicht nachweisbar, sondern nach diesem Ergebnis ausgeschlossen. Das warf erneut die gleichen Fragen wie schon zuvor auf:
Gab es überhaupt einen Tablettenfund in der Wohnung?
Was für Tabletten waren es dann?

Warum teilte man diesen Tablettenfund, sofern es ihn gab, der Rechtsmedizin nicht mit?
Und wieder war die Frage offen.
Was führte wirklich zum Tod?

Der kriminaltechnische Auswertungsbericht

Zur Vermisstensache hatte das KI des MdI vom VPKA Waren am 19. Juli 1979 ein Trinkglas mit geringen weißen Anhaftungen zur Untersuchung auf Arzneimittel erhalten. Das Ergebnis dieser Untersuchung: „Die durchgeführten Untersuchungen ergaben keine Hinweise auf das Vorliegen von sucht- und toxikologisch bedeutsamen Arzneimitteln. Für weitere Untersuchungen war das Material nicht ausreichend." Also, auch hier war ein Nachweis möglicher Medikamente nicht nachweisbar. Das Ergebnis des toxikologisch-chemischen Gutachtens wurde insofern nur untermauert.
War die Theorie eines Suizids mit Tabletten und Alkohol unter diesen Umständen noch haltbar?

Der Zahnstatus

Was die Identifizierung des Zahnstatus betraf, dieses Gutachten lag erst im September 79 vor, fast drei Monate nach dem Abschlussprotokoll und den damit auch schon lange abgeschlossenen Ermittlungen. Das Ergebnis: „Die spärlichen Eintragungen auf der mitgesandten Behandlungskarte stimmen mit den Befunden überein. Es erstaunt aber, dass das Fehlen von 18 verzeichnet wurde, dass über die 9 Zahnlücken nichts vermerkt ist. Die Übereinststimmung der Füllungen an 48 und 15 allein würden zum Identitätsbeweis nicht genügen. Da bezüglich Alter und Geschlecht aber keine Zweifel bestehen, sei zumindest die Möglichkeit der Identität gegeben, wobei aber keine Sicherheit bestätigt werden kann." Ein eindeutiger Identitätsnachweis durch den Zahnstatus war demzufolge laut diesem Gutachten nicht gegeben.

War die Tote wirklich Katrins Mutter?
Wenn auch keine Zweifel zwecks Alter und Geschlecht bestanden, aber konnte das schon ausreichen eindeutig die Identität zu bestätigen. Frauen im Alter von Frau Jonast gab es viele. Ein komischer Gedanke spukte da auf einmal in meinem Kopf.

„Mysteriös"?

Ausgehend von allen diesen Informationen und den Ergebnissen, die ich aus der Ermittlungsakte von 1979 entnehmen konnte, in Verbindung mit meinen eigenen, 1997 aufgenommenen Ermittlungen, stellte ich mir die Frage, ob der Tod der Mutter nach wie vor als „mysteriös" betrachtet werden konnte. Aus der Sicht eines Abstandes von achtzehn Jahren ließen die damaligen Ermittlungen viele Fragen offen, was sicher dazu führte, dass dieser Fall „mysteriös" erschien. Zu viele einzelne Sachverhalte wurden nicht gründlich ermittelt und wenn, dann sicher nicht entsprechend den geltenden Forderungen dokumentiert.
Da war die Republikflucht der Hausbewohnerin 1977 und die mit Sicherheit erfolgten Aktivitäten des MfS in Richtung der Mieter dieses Hauses. Zu denen zählte auch Frau Jonast. Selbst zum Charakter ihrer BRD/WB-Kontakte gab es keine weiteren Ermittlungen, obwohl zur Zeit ihres Verschwindens auch der Verdacht einer möglichen „Republikflucht" bestand. In der mir vorliegenden Akte bleib dieser Sachverhalt ungeklärt. Dass die Volkspolizei in Richtung dieser „West-Kontakte" den Hinweisen nicht intensiver nachging, lässt für mich den Schluss zu, dass hier das MfS aktiv geworden war. Welchen Umfang die Aktivitäten des MfS aber hatten oder vielleicht sogar in Zusammenhang mit ihrem Tod standen, blieb unbeantwortet und konnte nur Spekulation sein. Die sofern überhaupt dokumentierten Ergebnisse und Aktivitäten des MfS verschwanden in deren Archiv

und bleiben daher auch bis heute verschwunden. Mit Sicherheit hatte das MfS hier einen Part, da war ich mir sicher, in welchem Umfang, das lässt sich leider nur vermuten.

Da war die Vermisstenmeldung in der Regionalpresse. Sie erschien nur auf der Lokalseite und wich insgesamt wesentlich vom üblichen Muster anderer Meldungen ab. Diese auffallende Abweichung unterlag natürlich nur dem Einfluss der Polizei oder gar des MfS.

Auch ungeklärt blieben der Charakter und das Verhältnisses der Toten zur Person Feldner. Selbst eine umfassende Aufklärung der Situation zwischen beiden Personen wenige Tage vor und am Tag des Verschwindens von Frau Jonast schien nicht von der Polizei erfolgt zu sein. Auffallend war, dass besonders zur Person Feldner keine Ermittlungen geführt wurden. Er selbst war ja für die Behörden kein unbeschriebenes Blatt und was sein Verhältnis zu Frau Jonast betraf, waren viele Fragen offen. Ich dachte nur an den Brief von Frau Jonast an die Polizei sowie die knappen Entwürfe der zwei von ihr versuchten Briefe, die selbst Fragen aufwarfen.
Waren seine zurückliegenden Straftaten vielleicht politischer Art?
Wer war Feldner überhaupt?
Von Quellen erfuhr ich, dass er Ende der 50er Jahre wegen Hetze und Verletzung des Passgesetzes zu einer Freiheitsstrafe verurteilt worden sei. 1977 dann erneut zu einer 2-jährigen Freiheitsstrafe, weil er sich als Mitarbeiter der Staatssicherheit ausgegeben hatte. Wenn er ab 1977 zwei Jahre in Haft war, dann wird er sicher unmittelbar nach seiner Entlassung bei Frau Jonast eingezogen sein.
Hatte das MfS vielleicht deshalb einen Bezug zu Feldner und vielleicht sogar zu Frau Jonast?

Selbst zu den Mitarbeitern des Krankenhauses, den Kollegen der Vermissten, zu ihren Hausnachbarn oder dem behandelnden Arzt schienen Befragungen erfolgt zu sein, zu denen aber keine korrekt dokumentierten Zeugenaussagen vorlagen. Gerade Letzteres hinterlässt immer einen gewissen Beigeschmack und schließt, wie in diesem Fall, mögliche Manipulationen natürlich nicht aus. Nicht ganz nachvollziehbar war, dass die im Bildbericht der Kriminalpolizei der BDVP Neubrandenburg dokumentierten und sichergestellten Gegenstände, die handgeschriebenen Zettel und ein Glas, laut einem Protokoll des VPKA Waren am 02. Mai, bereits gegen 10:30 Uhr bei einer Wohnungsbegehung gesichert worden sein sollen. Hatte doch der Herr Feldner an diesen Tag erst gegen 14:00 Uhr den ABV darüber unterrichtet, dass Frau Jonast seit 10:00 Uhr vermisst wird.

Was das Auffinden der Leiche betraf, bleibt unverständlich, warum nur das Vorblatt der Vernehmung eines Genossenschaftsbauern namens Schmied in der Akte vorgefunden wurde.

Wo waren seine Aussagen?

Sollte der Inhalt der Vernehmung, die wirklichen Umstände des Auffindens, nicht bekannt werden?

Welche Rolle spielte der Genossenschaftsbauer Schmied?

Im Fundortsbericht der Kriminalpolizei des VPKA Waren hieß es, dass ein Bauer mit Namen Zettler die Leiche entdeckt habe.

Warum wurde der Entdecker der Leiche, der Herr Zettler nicht als Zeuge vernommen oder aktenkundig befragt?

Gab es diesen Herrn Zettler überhaupt?

Das Auffinden der Leiche blieb mit zu vielen Fragen behaftet. Aus dem Bildbericht zum Fundort konnte ich keine nennenswerten Erkenntnisse gewinnen. Vielleicht wäre es bei besserer Qualität der Fotokopien oder bei Vorlage der Originalfotos möglich gewesen. Aber auch unabhängig von der Qualität der Aufnahmen schien mir die Dokumentation der Örtlichkeit sowie der Auffindesituation der Leiche schon etwas mangelhaft. Da wären mehr detaillierte Nahaufnahmen zur konkreten Lage der Leiche wünschenswert gewesen.

Nach Aktenlage beschränkte sich die Feststellung der Identität der aufgefundenen Frauenleiche aber nur auf den Abgleich der in der Vermisstenanzeige beschriebenen Bekleidung und den Inhalt der bei ihr gefundenen Gegenständen, wie z. B. ein Personalausweis in der Handtasche. Andere Maßnahmen der Identitätsfeststellung zog man nicht in Betracht. Das aber lässt durchaus eine mögliche Manipulation, die vortäuschen soll, dass es sich bei der Leiche um die Vermisste handeln soll, nicht ausschließen. Zu verweisen ist auf das spätere Gutachten zum Zahnstatus, das keinen eindeutigen Identitätsnachweis erbrachte und wie es hieß, mit keiner Sicherheit bestätigt werden konnte. Ein Zweifel an der Identität sei daher wohl schon gestattet.

Was die Bekleidung und den Inhalt der Damenhandtasche betraf, die Grundlage für den Identitätsnachweis waren, gab es ein Vernichtungsprotokoll, welches belegt, dass bereits am 13.07., einen Tag nach der Obduktion, alle bei der Leiche gefundenen Gegenstände samt Inhalt der Handtasche ohne eine fototechnische Dokumentation vernichtet wurden.

Warum hatte man diese Gegenstände nicht fototechnisch gesichert?

Warum wurden diese keiner Spurensicherung unterzogen?

Warum hatte man diese auch den Angehörigen nie vorgelegt, um zusätzlich anhand der Gegenstände sich die Identität der Leiche bestätigen oder untermauern zu lassen?

Die zu dieser Zeit geltenden Lehren der „sozialistischen Kriminalistik“ treffen zu dieser Thematik eindeutige Aussagen. Die Wiedererkennung/Identifizierung eines Toten durch Verwandte, enge Bekannte oder Personen, die den Toten aus anderen Zusammenhängen kennen, sei gut geeignet. In Fällen der Unzumutbarkeit muss es nicht unbedingt notwendig sein, da es mitunter genügt, etwaige Anhaltspunkte über die Identität der

Leiche von einer bestimmten Person zu erhalten. Es ist darauf zu achten, dass insbesondere hier enge Angehörige und Bekannte, konkrete Hinweise auf Gegenstände, Kleidung sowie auf körperliche Merkmale - auch über innere Merkmale - geben, die dann in einem Protokoll zu dokumentieren sind und die sich gegebenenfalls mit Hilfe gerichtsmedizinischer und anderer Verfahren nachprüfen lassen. Das ist besonders in den Fällen zu beachten, in denen an der Leiche Veränderungen des Aussehens des Gesichtes infolge erlittener Verletzungen bzw. der beginnenden Leichenzersetzung stattgefunden haben.

Warum hat man die Bekleidung nicht kriminaltechnisch auf mögliche Spuren oder andere Hinweise untersucht und ein solches Untersuchungsergebnis protokolliert?

Das Protokoll der Vernichtung der Bekleidung und des Inhaltes der Damenhandtasche wurde von einem Ultn. der K und einem K-Mstr. unterzeichnet. Eine zusätzliche Bestätigung der Vernichtung erfolgte durch eine dritte Unterschrift von Hptm. der K Rösler. Sein handschriftlicher Vermerk wies darauf hin, dass eine telefonische Rücksprache mit dem Vater der Toten erfolgte und dieser mit der Vernichtung der Gegenstände einverstanden gewesen sei.

Wenn es so war und es mir bei meinen Ermittlungen erneut so zugetragen wurde, dass die Angehörigen sich bemühten die Leiche sehen zu dürfen, so gab es dafür keine Bestätigung in der Akte. Sicher war der Anblick der Verstorbenen nicht der, den man den Angehörigen zumuten wollte oder konnte. Daher sah ich in einer möglichen Ablehnung nichts Außergewöhnliches und keinesfalls eine Maßnahme, hier etwas vertuschen zu wollen. Aber es fehlte ein Protokoll oder zumindest ein Aktenvermerk, aus welchem hervorgehen würde, dass ein Angehöriger die Leiche sehen wollte, man ihn davon jedoch abgeraten habe.

Das Obduktionsergebnis konnte kein Licht in die Geschehnisse, die zum Tod der Frau Jonast führten, bringen. Hier hatte die fortgeschrittene Fäulnis dazu geführt, dass eine Todesursache nicht mehr feststellbar war. Es fanden sich daher auch keine Hinweise mehr auf mögliche Gewalteinwirkungen. Selbst ein mögliches Ertrinken als Todesursache war durch die Fäulnis nicht mehr nachzuweisen.

Hatte „man" oder wurde vielleicht die Leiche bewusst so abgelegt, dass sie spät gefunden und der Fäulnisprozess derartig fortgeschritten war?

Diese Frage kam auf und den Gedanken konnte ich nicht ganz ablegen, denn die in der Akte fehlenden Zeugenvernehmungen zum Auffinden der Leiche, die leichten Zweifel an der Identität, stützten irgendwie diesen, meinen aufkommenden Gedanken.

Was war „faul" am Auffinden der Leiche?

Nicht zu verstehen war, dass die MUK Neubrandenburg bereits Tage, ja Wochen vor den noch zu erwartenden Ergebnissen der eingeleiteten Gutachten ein Abschlussprotokoll fertigte und die Einleitung eines EV für nicht begründet hielt.

Warum war man nicht an der vollständigen Aufklärung dieses nicht-natürlichen Todes interessiert?

Der Fundort der Leiche, die für mich kaum erkennbaren kriminalistischen Ermittlungen und die dazu fehlenden Ergebnisse ließen viele, ja einfach zu viele Fragen unbeantwortet. Ein Dokument in der Akte aber gab mir ein zusätzliches Rätsel auf. Es war eine Rechnung der Ernst-Moritz-Arndt Universität Greifswald an die Kreisstaatsanwaltschaft Waren. Eine kaum lesbare Kopie, die sich, soweit zu entziffern war, auf zwei durchgeführte Transportfahrten nach Waren, einmal am 9.07. und einmal am 10.07.79, bezog. Das Rätselhafte sah ich darin, dass die Leiche von Frau Jonast erst am 10.07. gegen 09:00/10:00 Uhr gefunden wurde.

Warum also in dieser Akte schon eine Fahrt am 09.07.?

Hinzu kam, dass sich diese Rechnung auf eine Todesermittlungssache Heidi Leihm bezog. Dieser Name war dann jedoch auf der Rechnung gestrichen und darunter handschriftlich der Name Elke Jonast eingetragen worden.

Wer war Heidi Leihm?

Hatte sie vielleicht eine ähnliche Gestalt, ein ähnliches Aussehen wie Frau Jonast?

Was war mit der Leiche Heidi Leihm geschehen?

Wer hatte die Streichung des Namens Leihm vorgenommen?

Es war ein Dokument, was nicht nur rätselhaft schien, sondern es ließ zudem auch alles vermuten. Ein Versehen, einen bürokratischen Fehler oder auch eine mögliche spätere Manipulation. Nach diesen vielen Fragen und allen zuvor genannten Sachverhalten konnten schon Zweifel aufkommen, dass es sich bei der aufgefundenen Leiche tatsächlich um Katrins Mutter handeln würde. Das öffnete natürlich Spekulationen Tür und Tor.

War es vielleicht die Leiche von Heidi Leihm, die als Leiche Jonast diente?

Fakt war nun mal, dass bei Auffinden der Leiche die beschriebene und dokumentierte Kleidung mit der Bekleidung von Frau Jonast übereinstimmte, mit der man sie letztmalig gesehen hatte und das bei der Frauenleiche eine Handtasche lag, in der sich persönliche Dokumente und Gegenstände von ihr befanden.

Aber kann das allein ein eindeutiger Beweis sein, dass es sich bei der Frauenleiche tatsächlich um Frau Jonast handelte?

Niemand von den Angehörigen hatte die Leiche selbst oder auch nur konkret ihre Kleidung bzw. den Inhalt der Handtasche je gesehen. Hinzu kam, dass das Gutachten zum Zahnstatus der Leiche nicht mit eindeutiger Sicherheit auf Frau Jonast hinwies.

Wurde ihr Tod vielleicht mit Unterstützung damaliger Sicherheitsorgane vorgetäuscht, damit sie im Auftrag die DDR verlassen konnte?

War sie mit anderer Identität ausgerüstet worden und lebte anderswo?

Die damaligen Ermittlungen zum Tod der Mutter und die in dieser Sache offengebliebenen vielen Fragen ließen ihren Tod für Außenstehende ohne weiteres „mysteriös“ erscheinen. Das gesamte Auffinden der Leiche sowie die Identifizierung blieben sehr undurchsichtig. Es gab jedoch keine eindeutigen Indizien, die weder das Mysteriöse noch irgendwelche Spekulationen bzw. Vermutungen in eine bestimmte Richtung stützen konnten.
Vieles blieb zum Tod von Katrins Mutter einfach nur im „Dunkeln“.
Was aber wurde aus der kleinen Katrin, die nun ohne Mutter aufwachsen musste?

Teil 4

Geborgenheit

Das neue Zuhause

Katrin hatte nach dem Tod ihrer Mutter 1979, in Abstimmung mit der Jugendhilfe, ein neues Zuhause bei der Großmutter Erna Jonast, der Mutter ihres Vaters, die in Karbow/Sandkrug wohnte, gefunden. Karbow liegt etwa acht Kilometer von Lübz entfernt und entlang einer sumpfigen Niederung. Im Norden der Gemeinde befindet sich das Waldgebiet Vietlübber Tannen und im Süden verläuft der Gehlsbach. Östlich der Gemeinde verläuft die Bundesstraße 103. Zur Gemeinde Karbow gehörten die Ortsteile Hof Karbow, Karbow und Vietlübbe sowie der Wohnplatz Sandkrug mit nur drei Gehöften, dem Ort, wo Katrin nun unter Obhut ihrer Oma aufwuchs.

Katrins Vater hatte im August 79, wenige Wochen nach dem Auffinden der Leiche von seiner Ex-Frau, einen Antrag beim Referat Jugendhilfe gestellt, um das Erziehungsrecht für seine Tochter zu erhalten. Nachdem alle bürokratischen Hürden genommen waren, hatte der Vormundschaftsrat des Rates des Kreises Waren im September 79 den Beschluss gefasst, ihm das Erziehungsrecht zu übertragen.

Er selbst war nach dem plötzlichen Tod seiner Ex-Frau in ein tiefes Loch gefallen und gab sich die Schuld an ihrem Tod. Sein Wesen und sein Verhalten, so hatte er sich damals gegenüber anderen Verwandten und Bekannten geäußert, hätte sie vielleicht dazu getrieben, dass sie Alkoholikerin wurde. Er habe aber selbst nach der Scheidung weiterhin versucht, sie vom Alkohol und von ihren häufigen Männerbekanntschaften abzuhalten. Ihr Tod bedrückte ihn über einen wirklich sehr langen Zeitraum und er brauchte viel Zeit, um darüber hinwegzukommen.

Was sein Verhältnis zur Tochter Katrin betraf, so suchte er sie regelmäßig bei seiner Mutter in Sandkrug auf. Für Katrin hatte sich nun vieles, ja alles, verändert. Der Ort Karbow/Sandkrug war zu ihrem Heimatort geworden. Sandkrug selbst, ein Ort mit nur drei einzeln voneinander entfernt liegenden Gehöften, umgeben von gesunden Wäldern und Wiesen. Katrin wohnte mit Oma Erna Jonast im Haus 2. Im gleichen Haus, auf der anderen Giebelseite, wohnte Martin Sabitz, ein Maschinenbauer, der im VEB Hydraulik – Nord Parchim tätig war. Das Haus 1 wurde von einer Schwester der Erna Jonast, von Marie Eichler, mit ihrem Mann Johann bewohnt, Beide waren Rentner und lebten gemeinsam mit der Familie ihres Sohnes Kurt Eichler, dessen Ehefrau Vera sowie deren kleine Tochter Silke zusammen. Kurt war als Installateur bei einer privaten Firma in Plau und seine Frau als Kindergärtnerin im Kindergarten Karbow tätig. Ein weiterer Sohn von Marie und Johann Eichler, der Dirk Eichler. Er war ebenfalls verheiratet, wohnte aber mit seiner Familie in Plau/Appelburg, ca. 16 bis 18 Kilometer von Sandkrug entfernt. Auch das Haus 3 wurde von einer weiteren Schwester von Erna Jonast, von Monika Roth, bis Mitte 1988 allein bewohnt. Erst im Juli 1988 zog ein noch junges, unverheiratetes Paar in dieses

Haus mit ein. Er, Harry Kiefer, war Forstfacharbeiter wie auch seine Freundin Kerstin Rink.
Nur kurze Fußwege trennten diese drei Gehöfte voneinander. Wie zuvor beschrieben waren alle, bis auf einen Mitbewohner im Haus 2 und zwei Mitbewohner im Haus 3, in Sandkrug lebenden Personen miteinander verwandt. Sie sahen oder besuchten sich fast täglich und nahmen für sich in Anspruch, eine verschworene Gemeinschaft zu sein. Einer war für den anderen da. In diesem nach außen harmonisch erscheinenden Zusammenleben der, wie sie sich nannten, „Sandkruger" wuchs Katrin in sehr einfachen, schlichten und bescheidenen Verhältnissen auf, die mit einem Stadtleben keineswegs zu vergleichen waren. Oma Erna und Katrin bewohnten eine Zweiraumwohnung mit Küche und etwas Nebengelass. Wegen des beengten Wohnraumes befand sich Katrins Schlafplatz daher im Wohnzimmer und war nur durch einen Vorhang von der anderen Hälfte des Wohnzimmers getrennt. Es gab eine vom Haus ca. 15 Meter entfernte Außentoilette, zu der die Oma Katrin begleitete, wenn ihre Bedürfnisse bei Dunkelheit größer waren. Katrin selbst wurde von der Oma mit viel Liebe aufgezogen, so als wäre sie ihre eigene Tochter. Zwischen ihr und der Oma bestand eine auf Zuneigung beruhende Verbindung. Diese schloss die kameradschaftliche Bindung zu den Brüdern ihres Vaters, zum Onkel Heinz Jonast und dem Onkel Holger Jonast, die sich beide sehr häufig, ja regelmäßig an den Wochenenden in Sandkrug bei ihrer Mutter aufhielten, mit ein. Das alles ergab für Katrin eine echte emotionale Geborgenheitssituation. Die engste, ja einzige Spielfreundin war ihre Großcousine Silke. Der in Sandkrug wohnende Personenkreis bestimmte wesentlich das Umfeld, in welchem Katrin aufwuchs. Ihre Kindheit verlief, soweit bekannt, ungestört. Der regelmäßige Kontakt zwischen Katrin und ihrem Vater fügte sich da harmonisch ein. Mir gegenüber wurde ihr Vater als ein etwas unentschlossener Mensch, der sich nie schnell zu einer Sache

durchringen kann, beurteilt. Es hieß, er benötige viel Zeit und würde Entscheidungen eher so lange vor sich hinschieben, bis es nichts mehr zu entscheiden geben würde. Hatte er aber einen Standpunkt, dann sei er konsequent und würde dabeibleiben. Genau so sei es auch in der Erziehung seiner Tochter gewesen. Es ging ihn besonders darum, dass sie eine gute persönliche Entwicklung nahm. Trotz einer gewissen Strenge des Vaters wurde das Verhältnis zwischen beiden von den Quellen als gut eingeschätzt. Der Tod der Mutter soll aber auch sein Verhältnis zur Tochter beeinflusst haben. Es hätte lange gedauert, über Jahre hinweg, bis er mit ihr über die Umstände des Todes ihrer Mutter sprach. Ein Beweggrund war sicher darin zu sehen, dass zu den Umständen und zum Tod der Mutter auch nach Jahren noch immer vielen Fragen offengeblieben waren und es nach wie vor Zweifel gab, ob die damals aufgefundenen Frauenleiche tatsächlich Katrins Mutter war.

Das Jahr 1981 war für Katrin ein ganz besonderes Jahr, auf das sie sich schon Monate zuvor freute. Es war das Jahr ihrer Einschulung. Von nun an besuchte sie bis zu ihrem Verschwinden 1989 mit großem Eifer, Wissbegierde, Freude und auch Stolz, was sich in ihren schulischen Leistungen niederschlug, die POS in Karbow. Die Schule hatte so ihren Tagesablauf grundlegend verändert und er war strukturierter geworden. Jeden Tag fuhr sie mit ihrem Fahrrad die knappen zwei Kilometer von Sandkrug zur Schule nach Karbow. Auch ihr Umfeld hatte sich durch den Schulbesuch erweitert. Da waren Schulfreundinnen ihres Alters, mit denen sie viel Zeit verbrachte. Mit ihnen konnte sie sich, ihren Interessen folgend, anders als mit ihrer Oma oder der jüngeren Spielkameradin Silke austauschen.

Der Vater besuchte sie immer regelmäßig oder er verbrachte mit ihr das Wochenende gemeinsam in seiner Wohnung in Waren. Anders war es in den Ferien. Da soll Katrin länger bei ihrem Vater in Waren gewesen sein oder sie fuhr mit ihm gemeinsam in den Skiurlaub. Davon soll Katrin nicht immer besonders begeistert gewesen sein, dennoch widersprach sie nie. Die restlichen Ferientage verbrachte sie oft bei ihrem Onkel Heinz, der in Lübz wohnte und dort als Verkaufsstellenleiter tätig war. Er war ledig, hatte keine Lebensgefährtin, keine Freundin und keine Kinder. 1982 hatte Katrins Vater über eine Annonce eine Frau, die Unterstufenlehrerin Rita Klein aus Waren, kennengelernt. Aus dieser Beziehung ging 1983 die Tochter Anke Klein hervor. Zwischen Katrins Vater, Frau Klein und der gemeinsamen Tochter Anke wurde jedoch nur eine Beziehung mit, wie Frau Klein selbst sagte, „bestimmten Unterbrechungen“. So blieb es, dass der heranwachsenden Katrin in ihrem jugendlichen Alter nach wie vor eine wirklich weibliche Bezugsperson, eine Mutter, fehlte. Trotz des guten Verhältnisses zur Oma war davon auszugehen, dass Katrin sich durchaus mit Dingen herumtrug, die sie ihrer Oma nicht anvertrauen wollte. Insofern hatte sie keine erwachsene weibliche Ansprechpartnerin. Katrin fühlte sich dennoch in Anbetracht dieser Situation in ihrem häuslichen Umfeld wohl und es schien, dass sie zu allen in Sandkrug wohnenden Verwandten ein gutes Verhältnis hatte.

Mitte 1988, als neue Bewohner in das Haus ihrer Tante Monika einzogen, gab es für Katrin die bis dahin erste veränderte Situation in ihrem gewohnten Umfeld. Bisher waren ihr alle Personen in Sandkrug recht vertraut, sie war mit ihnen aufgewachsen, sie gehörten quasi zu einer großen Familie. Nun aber wohnten in unmittelbarer Nähe zwei Personen, die ihr bislang fremd waren. Eine Situation, mit der sie sich in ihrem pubertären Alter natürlich etwas schwerer tat als ihre jüngere Cousine Silke, die in dieser Richtung unbefangener war. Zwischen beiden Seiten, den neuen Bewohnern und Katrin, entwickelte sich aber mit der Zeit, wenn auch etwas zurückhaltender von Katrin, langsam ein Kontakt. Bald war es so, dass Katrin und Silke auch mal die

Wohnung von Herrn Kiefer und seiner Partnerin aufsuchten oder Katrin ihnen Zeitungen und Post brachte.

Katrins Persönlichkeit

Ein Schwerpunkt meiner 1997 aufgenommenen Recherchen bestand in der Erarbeitung von Informationen zur Persönlichkeit der Vermissten. Nur ein umfassendes Persönlichkeitsbild bietet eine sichere Grundlage, die unmittelbaren Ereignisse ihres Verschwindens besser und objektiver einordnen zu können. Natürlich war ein gewisser Fundus an solchen Informationen durch das Vorliegen der Ermittlungsakte bereits vorhanden. Dennoch bemühte ich mich eigene Informationen zu erarbeiten und diese mit denen in der Akte abzugleichen. Nur so konnte ich erkennen, ob sich meine mit den Informationen aus der Akte deckten oder sich neue Erkenntnisse zur Persönlichkeit auftaten. Ausgehen musste man davon, dass eine gemeinsame Erziehung Katrins durch Vater und Mutter nur bis zur Ehescheidung möglich war. Nach dem Tod der Mutter 1979 erfolgte der erzieherische Einfluss nur zu einem gewissen Teil durch den Vater. Die tägliche Nähe zur Großmutter hatte hier einen deutlichen höheren Anteil. Aus der von mir vorgenommenen Sichtung und Durcharbeitung der von Katrin noch vorhandenen persönlichen Unterlagen, insbesondere ihren schriftlichen Aufzeichnungen, konnte ich entnehmen, dass sie sich in ihrer Umgebung in Sandkrug wohl fühlte. Sich mit der bescheidenen und durchaus sehr schlichten Lebensweise in diesem doch etwas abgeschiedenen Ort identifizierte. Das Zusammenleben mit der Oma schien ohne größere Probleme gewesen und ihr gefallen zu haben. Die gesamte Situation, die Abgeschiedenheit des Ortes, das schlichte Leben, das alles schien keinen negativen Einfluss auf die Entwicklung ihrer Persönlichkeit genommen zu haben.

Es hatte, was auch ich erfuhr, eher einen positiven Einfluss auf ihre gesamte Persönlichkeitsentwicklung.
In schulischer Hinsicht wurde nie etwas Nachteiliges bekannt. Katrin war eine sehr gute Schülerin. Sie wurde als gewissenhaft und verantwortungsbewusst beurteilt. Ihre Lernleistungen sollen überdurchschnittlich bis sehr gut gewesen ein. An den außerschulischen Veranstaltungen nahm sie gern und regelmäßig teil. Besonders viel Spaß hatte sie in der schulischen Kulturarbeit, der Tanzgruppe und der Arbeitsgemeinschaft Kegeln. Zu ihren Mitschülern war sie kameradschaftlich. Katrin galt als selbständig, zielbewusst und konnte sich gegenüber anderen Schülern, wenn es notwendig wurde, durchsetzen. Ihr Verhalten sei tadelloses und zuverlässig gewesen. Sie wurde mir als eine Jugendliche beschrieben, die voller Ideen und Pläne war. Vorstellungen bezüglich einer beruflichen Zukunft, auch die hatte sie. Sie trug sich mit dem Gedanken, später vielleicht einen medizinischen Beruf zu ergreifen. Diese beruflichen Pläne sollen nach Aussagen der Quellen jedoch nicht so ganz mit den Vorstellungen ihres Vaters übereingestimmt haben. Vielleicht lag es daran, dass Katrins Mutter bis vor ihrem Tod selbst in einer medizinischen Einrichtung tätig war. Klar sei für Katrin auch gewesen, dass sie nach Abschluss der achten Klasse die erweiterte Oberschule in Waren besuchen und ganz zu ihrem Vater nach Waren ziehen wird.
Schulfreundinnen schätzten ein, dass Katrin durchaus Geheimnisse für sich behalten konnte und sie auch nicht, wie es bei anderen Schülerinnen oftmals war, ein starkes Mitteilungsbedürfnis hatte. Das soll sich sowohl auf Geheimnisse unter den Schülern als auch auf persönliche und familiäre Probleme bezogen haben. Charakterlich wurde sie als lebensfroh, intelligent, aufnahmefähig und kontaktfreudig beschrieben. Für Verwandte und Personen, die sie kannte, war sie eine gute Gesprächspartnerin. Gern feierte sie, freute sich jedes Jahr besonders auf ihren Geburtstag

und auf Feiertage wie Ostern und Weihnachten. In den letzten Monaten vor ihrem Verschwinden war die bevorstehende Jugendweihe der persönliche Höhepunkt, auf den sie sich, gemeinsam mit ihren Klassenkameraden, freute. Sie war schnell für eine Sache, wie Stricken oder das gemeinsame Backen mit der Oma, zu begeistern. In ihrer Freizeit sah sie gern fern oder sie hörte Musik. Ein besonderes Hobby war das Briefeschreiben. Fast wöchentlich schrieb sie sich mit der Cousine Dörte Jonast, die mit ihren Eltern in Parchim wohnte. Deren Vater Helge, auch ein Bruder von Katrins Vater, war Meister im Hydraulikwerk Nord Parchim und seine Frau Resi arbeitete als stomatologische Fachschwester im Betriebsambulatorium im gleichen Werk. Doch es gab nicht nur Dörte, mit der Katrin im Briefwechsel stand. In ihren Unterlagen stellte ich Anschriften bzw. Adressen von Brieffreunden aus der ehemaligen Sowjetunion, dem Iran und anderen Ländern fest. Ein besonderes Gewicht hatte für mich die Beurteilung, dass Katrin als verlässlich eingeschätzt wurde und sie nie längere Zeit unabgemeldet von der Oma ferngeblieben sei. Selbst dann nicht, wenn sie sich nur zu den Eichlers zum Haus 1, zur Cousine Silke begab, hätte sie sich abgemeldet. Ein Fakt, der in Bezug ihres späteren Verschwindens schon seine Bedeutung hatte.

Es gab aber auch Aussagen, wonach sie teilweise als zickig, kompliziert und manchmal rechthaberisch eingeschätzt wurde. Andere Quellen aus dem Umfeld meinten aber auch, dass sie etwas schüchtern, stellenweise noch kindlich, wenig mitteilsam und in sich verschlossen war. Wenn es sich auch so darstellte, darin sah ich persönlich aber keinen allzu großen Widerspruch. Jeder Mensch sieht und beurteilt eine Person aus seiner Sicht. Dennoch war bei der Einordnung der jeweiligen Einschätzungen immer zu beachten, wie nah diese Quellen zu Katrin standen. Es war möglich, dass Katrin sich nur gegenüber bestimmten Personen anders verhielt. War es vielleicht nur eine oder ein besonderer Personenkreis aus dem nahen Umfeld, dann sollten schon gewisse Dinge hinterfragt werden.

Warum gab gerade diese Person eine solche Einschätzung?

Gab es von der Person vielleicht ein Motiv für eine solche Einschätzung?

Warum verhielt sich Katrin zu dieser oder diesen Personen anders?

Wo lagen die Gründe?

Was das Verhältnis zum Vater betraf, selbst da begegnete ich widersprüchlichen Aussagen. Zum einen hieß es, dass der Vater streng war und Katrin Angst vor ihm gehabt haben soll. Zum anderen gab es die Aussage, dass es diese Angst nicht gab, sie aber letztendlich immer ohne Widerspruch das getan hätte, was er gesagt hatte. Dass es diese Widersprüchlichkeit gab, hielt ich zunächst erst einmal nicht für besonders bedeutsam. Es liegt halt in der Natur, dass Menschen Dinge unterschiedlich wahrnehmen und so auch subjektiv beurteilen. Zwischen den einzelnen Besuchen des Vaters in Sandkrug soll es kaum telefonische Kontakte zwischen ihm und seiner Tochter gegeben haben. Das war natürlich darin begründet, dass es im Haus der Oma und auch in den anderen beiden Häusern kein Telefon gab. Zum Telefonieren hätte man sich erst zur Post nach Karbow begeben müssen. Der Kontakt zum Vater wurde daher durch Postkarten von Katrin aufrechterhalten. Auch eine solche Feststellung kann unterschiedlich interpretiert werden.

Nach allen mir letztendlich vorliegenden Informationen zur Persönlichkeit der verschwundenen Katrin kam ich zu der Einschätzung, dass sie in keiner Weise ein Problemkind war. Sie hatte keinen Grund, ihr gewohntes Umfeld spontan zu verlassen. Meine Ermittlungen brachten keine Hinweise, die auch nur den vagen Verdacht zuließen, dass Katrin psychisch in einem Zustand war, in welchem sie sich selbst entschlossen haben konnte,

ihrem Leben ein Ende zu setzen bzw. ihr gewohntes Umfeld zu verlassen. Mehr und mehr festigte sich daher der Gedanke, dass sich hinter ihrem Verschwinden mit an hoher Sicherheit grenzend ein Gewaltverbrechen oder eine Entführung verbarg. Dennoch, sie war eine heranwachsende Jugendliche, die sowohl ihre alterseigenen Probleme hatte, mit ihren 13 Jahren bereits viel bewusster das gesellschaftliche Leben in der DDR und in ihrem Umfeld verfolgte und dabei war, sich zu unterschiedlichen Problemen eigene Standpunkte zu bilden. Auch das galt es bei allen weiteren Recherchen und der weiteren Sichtung vorhandener Unterlagen nicht aus den Augen zu verlieren.
Zieht man ein derartiges Verbrechen Ende der 80er Jahre in Betracht, dürfen keinesfalls nur die örtlichen Gegebenheiten und das personelle Umfeld des Opfers von Interesse sein. Nicht unbedeutender ist die gesamtgesellschaftliche Situation in der DDR zum Zeitpunkt ihres Verschwindens. Auch sie kann eine entscheidende Rolle gespielt haben. Das war auf alle Fälle zu beachten, denn nur so konnte man die damalige Aktivität von handelnden Personen, bestimmte Hinweise, einzelne Information, ja selbst die geführten Ermittlungen der Kriminalpolizei versuchen objektiv zu bewerten.

DDR – 1986 bis 1989

Darum war es wichtig, mir die Jahre 1986 bis 1989, die zu dieser Zeit bestehende innenpolitische Situation in der DDR noch einmal in Erinnerung zu rufen. Es sollte mir helfen, dadurch eine bessere Einordnung dieses Verbrechens, der Ereignisse aus der Vorgeschichte und den erfolgten kriminalistischen Ermittlungen vornehmen zu können. Nur so würde es mir gelingen die Verhaltensweisen aller involvierten Personen aus dem Umfeld der Katrin, vor dem, am Tag ihres Verschwindens und danach objektiver einordnen zu können. Gerade diese Jahre waren nicht irgendwelche Jahre. Es waren Jahre mit Entwicklungen, die letztendlich dazu führten, dass die innenpolitische Situation zunehmend angespannter wurde, und die das Leben in der DDR bald grundlegend veränderten. Ich erinnerte mich daran, dass im April 1986 ein Reaktorblock im Atomkraftwerk Tschernobyl explodierte und große Mengen radioaktives Material freigesetzt und durch die Luft auch in Richtung Westen transportiert wurden. Damals wiegelte die DDR-Führung dieses ab und behauptete, es würde keine Gefährdung bestehen. Im Gespräch war zu dieser Zeit auch die „Umwelt-Bibliothek“, die im September 86 in der Hauptstadt der DDR, in Berlin, eröffnet wurde. Proteste von Greenpeace im gleichen Monat wurden in Berlin durch Sicherheitskräfte unterbunden. Im Januar 1987 wurden in der DDR die Pläne von Gorbatschow für die Umgestaltung und Demokratisierung von Wirtschaft und Gesellschaft, für Perestroika und Glasnost in der Sowjetunion bekannt. Als 1988 der Dietz Verlag Berlin in einem Buch Gorbatschows Gedanken und Pläne veröffentlichte, war ich selbst einer der vielen, die sich nach Erscheinen des Buches bemühten, es käuflich zu erwerben. Glücklich konnte sich der schätzen, dem das gelang. Das Buch war schnell vergriffen und das war durchaus ein Zeichen, dass Gorbatschow zum Hoffnungsträger immer breiter werdender Kreise der DDR-Bevölkerung wurde, die nun von der SED-Führung erwarteten, dass diese den Reformkurs unterstützen und mitvollziehen würden. Doch das Politbüro blockte jeglichen Reformansatz

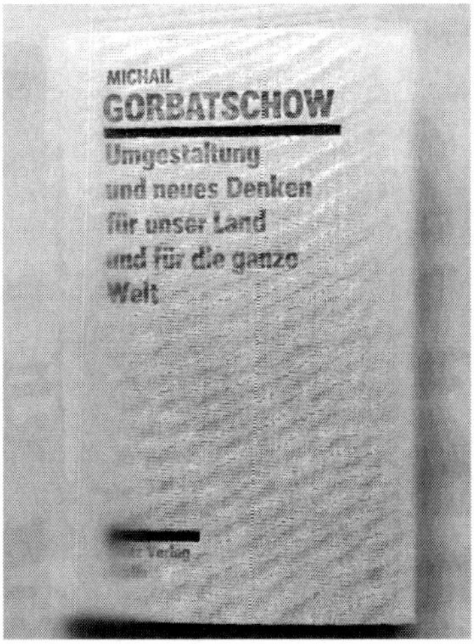

in der DDR ab. Das verursachte unter der Bevölkerung Enttäuschung, ja vereinzelt sogar Wut. Angeheizt wurde diese Situation, als der US-Präsident Reagan bei einem Besuch des Brandenburger Tores im Juni 1987 sich symbolisch an Gorbatschow mit der Aufforderung wandte, die Berliner Mauer und das Brandenburger Tor zu öffnen. Er rief: „Mr. Gorbatschow, tear down this wall, open this gate."
Die Angst der DDR-Führung vor Perestroika und Glasnost wurde immer deutlicher. Die sowjetische Monatszeitschrift „Sputnik" wurde aus der Vertriebsliste gestrichen und zuvor schon einzelne Ausgaben der sowjetischen Zeitung „Neue Zeit" nicht ausgeliefert. Die Sicherheitskräfte der DDR wurden angesichts der sich 1988 zuspitzenden innenpolitischen Lage zusehend nervöser. Es gab erste Bürgerdemonstrationen, die sich in den Anfängen befanden, aber sich bereits gegen die Politik des Landes richteten. Die Zahl der Bürger stieg, die auf vielen Wegen die DDR verließen. Die DVP, als Teil des Sicherheitsapparates der DDR, arbeitete gerade in dieser Zeit in bestimmten Bereichen, z. B. der Kriminalpolizei, eng mit dem MfS zusammen. Diese veranlasste mehr und mehr die Volkspolizei zu zahlreichen Kontrollmaßnahmen gegenüber ausgewählten Bürgern oder sie tarnte eigene Aktivitäten als Vorgehen der Polizei. Die Jahre 1986 bis 1988 waren also gekennzeichnet von sich andeutenden tiefgreifenden politischen Ereignissen, die in alle Bereiche des gesellschaftlichen Lebens in der DDR hineinwirkten und das Tun und Handeln, insbesondere der Sicherheitsorgane und jedes Einzelnen, wesentlich bestimmten.

Aber es galt in den 80 Jahren bis ins Jahr 1989 noch einen anderen Aspekt, der besonders in der Region präsent war, in der Katrin verschwand, zu beachten. Im damaligen Bezirk Schwerin, konkret in der Region um Parchim, befand sich eine Vielzahl von militärischen Objekten, insbesondere von in der DDR

stationierten Sowjettruppen, der GSSD. Ein besonderes Spionageinteresse galt gerade Ende der 80er Jahre solchen Militärobjekten des „Warschauer Vertrages“, wie dem Flugplatz der GSSD in Parchim und in Retzow. Ausgehend von der Bedeutung dieser militärischen Objekte waren sogenannte Außensicherungsmaßnahmen des MfS und des sowjetischen Geheimdienstes KGB unabdingbar und sie wurden sehr konzentriert realisiert.
Der „Kalte Krieg“ und die wegen „Glasnost“ und „Perestroika“ sich abzeichnenden Truppenbewegungen der GSSD in der DDR brachten verstärkt westliche Geheimdienste auf den Plan. Bei der Aufklärung der Sowjetarmee in der DDR setzten westliche Geheimdienste, insbesondere Ende der 80er Jahre, massenhaft Spione ein. Es waren vorrangig sogenannte „Standortüberwacher“, DDR-Bürger, die in diesen Regionen, in der Nähe solcher militärischen Objekte wohnten oder arbeiteten. Sie beobachteten die Militäreinrichtungen und meldeten Veränderungen an den jeweiligen westlichen Geheimdienst. Auch militärische Ereignisse wie Truppenbewegungen, Landmanöver oder Flugaktivitäten waren dabei von besonderem Interesse.
Im Gegenzug versuchte das MfS durch verstärkte eigene Werbungen von DDR-Bürgern in diesen Regionen und in allen Bereichen des gesellschaftlichen Lebens diese geheimdienstlichen Angriffe aufzudecken und abzuwehren. Die Außensicherung der militärischen Objekte wurde durch umfangreiche Netze von IM, die durch HIM oder FO des MfS geführt wurden, umgesetzt. Eine hervorragende Abdeckung war besonders für HIM Tätigkeiten in größeren, meist landwirtschaftlichen Betrieben, als sogenannte wissenschaftliche Mitarbeiter der Betriebsleiter oder ähnlichen Funktionen. Aber auch hauptamtliche eingesetzte IM oder als IM geworbenen Mitarbeiter der Staatlichen Forst, die für Wälder in Nähe der militärischen Objekte verantwortlich zeichneten, wurden zur Bekämpfung der Spionage eingesetzt. Es war daher nicht ungewöhnlich, dass es auch in und um die

Region Karbow/Schlemmin und anliegenden Gemeinden und im unmittelbaren Bereich der Forst auffällig viele Werbungen von IM gab. Zur Aufrechterhaltung der Außensicherung und der Einhaltung der Konspiration erfolgten die meisten Treffen der FO oder HIM mit ihren IM, in sogenannten KO oder in KW. Ein solches KO bzw. eine solche KW soll sich auch in Sandkrug, im Haus 3, befunden haben. Das war, natürlich nur unter Einbeziehung der seit Jahren dort wohnenden Monika Roth, Katrins Tante, möglich. Deren Schwiegersohn und auch dessen Sohn waren nach meinen Recherchen selbst bei den bewaffneten Organen in der Region Zeulenroda tätig. Dass sich in Sandkrug, im Haus 3, Mitarbeiter des MfS mit anderen Personen/Bürgern trafen, war in Sandkrug allerdings schon seit längerem ein offenes Geheimnis. Jeder der Bewohner hatte, in unterschiedlichen Umfang, davon Kenntnis. Auch Katrin war dieses nicht verborgen geblieben. Sie soll sich sogar mit der Schulfreundin Tina Bleck darüber unterhalten haben. Beide hätten sich da etwas zusammengereimt und nahmen an, dass die „Stasi" da „was" im Wald hatte. Sie hätten in diesem Zusammenhang auch einen Mann beobachtet, der mit einem Moped kam und Verbindungen zur „Stasi" unterhalten haben soll. Dieser hätte einen Vollbart gehabt und keinen Sturzhelm, sondern nur eine Pudelmütze getragen.

Was die in Haus 3, im Jahr 1988 zugezogenen Personen Kiefer und Rink betraf, so soll Frau Rink gegenüber anderen die Aussage getroffen haben, sie wäre in früheren Zeiten eine sogenannte „Ausreisekandidatin" gewesen und hätte aus diesem Grunde negativen Kontakt zur „Stasi" gehabt. Beide hätten in Niesky, bei der Forstwirtschaft, gearbeitet und aus persönlichen Gründen eine Versetzung in den Norden der DDR beantragt. Über die staatliche Forstwirtschaft Güstrow sei dann ihr Einsatz im Bereich Karbow erfolgt. Seit dieser Zeit arbeiteten sie und ihr Freund im Revier Karbow beim Revierförster Chacker. Da es sich bei Haus 3 um eine Forstwohnung gehandelt habe, sei ein sofortiger Einzug möglich gewesen. Seit dem Einzug soll es nach ihren Angaben keine Nutzung der Räume im Haus durch das MfS gegeben haben. Dass derartiges in der Vergangenheit gewesen sei, hätten sie erst später von anderen Leuten aus Sandkrug erfahren.

So ganz konnte ich den Aussagen von Frau Rink keinen Glauben schenken.

Die mir zur Kenntnis gelangten Ermittlungen der Kripobeamten, die nach dem Verschwinden der Katrin zur Vergangenheit der Frau Rink und ihrem Partner Kiefer erfolgt waren, verstärkten mein Empfinden noch mehr. Sie hatte danach den Beruf eines Feinoptikers erlernt und dann im VEB Kombinat Carl-Zeiss-Jena, Pentacon Görlitz, weiter als Feinoptiker gearbeitet. Er hatte den Beruf eines Forstfacharbeiters erlernt, war im Staatlichen Forstwirtschaftsbetrieb Niesky tätig und hatte sich dort zum Maschinisten und Zapfenpflücker qualifiziert. Beiden wurde eine positive berufliche Entwicklung als auch gesellschaftliche Einstellung bescheinigt. Da nun aber beide 1988 problemlos die Wohnung in Sandkrug 3, die bisher das MfS als konspiratives Objekt nutzte, beziehen durften und ihre neue Tätigkeit in der „Forst“ eine für die Außensicherung von militärischen Objekten gängige Methode des MfS war, schloss ich keinesfalls eine aktive Verbindung beider, in welcher Form auch immer, zum MfS aus.

Ein Tag im Januar 89

Der Winter 88/89 unterschied sich nicht wesentlich vom Winter des Vorjahres. Die Tage waren wie immer kurz, grau und ungemütlich. Schnee oder Frost gab es kaum. Wenn es mal Niederschlag gab, waren es vereinzelte im Wind tanzende Schneeflocken, die niederfielen. Kaum auf den Boden gefallen

verschwanden sie nach kurzer Zeit und der Hauch von Winter war dahin. Häufiger wurde der Flockenwirbel aber schnell von eiskalten Regentropfen abgelöst. Dieser Mix ließ alles noch viel frostiger und trostloser erscheinen.
Für Katrin war es Normalität geworden zu jeder Jahreszeit und Wetterlage mit dem Fahrrad den Weg zur Schule anzutreten. So war es auch in diesem Winter, im Januar 89. Natürlich waren ihr Fahrten im Frühjahr und Sommer, wenn alles blühte und grünte und die ersten Sonnenstrahlen sie auf ihrem Weg begleiteten, angenehmer als Fahrten im schmuddeligen, regnerischen Spätherbst. Erst recht im kalten frostigen Winter, wenn sie am Morgen in der Dunkelheit den unbeleuchteten Weg zur Schule fahren musste. Eigentlich kannte sie jede Bodenwelle, jeden Stein und das Licht ihres Fahrrades machte sie auf neue, auf den Weg gefallene Äste frühzeitig aufmerksam. Dennoch war nachzuvollziehen, dass für ein Mädchen in ihrem Alter an solchen Tagen immer ein wenig Angst mitfuhr. Auch darum fuhr sie in der Regel von Montag bis Freitag mit ihrer Großcousine Silke jeden Morgen gemeinsam mit dem Fahrrad zur Schule. Nur an den Sonnabenden war es anders. Da fuhr sie allein, denn Silke wurde von ihrer Mutter mit dem Moped zur Schule gefahren.
Doch selbst die ungemütlichsten morgendlichen Fahrten stellten für Katrin nicht das Problem dar. Sie wusste, da würde sie ihre beste Schulfreundin treffen und sich auch mit anderen Mitschülern austauschen können. Das allein wog für sie unangenehme Fahrradtouren auf. Es gab im Januar 89 bereits unter den Schülern ihrer Klasse ein wichtiges Thema und alle Schüler tauschten sich gern dazu aus. Die bevorstehende Jugendweihe war es, die ihre Schatten vorauswarf. Das war schon ein Höhepunkt für die Schüler, auf die sie sich selbst, aber auch ihre Familie, im Rahmen einer Feier vorbereiteten. Ich musste an meine eigene Jugendweihe denken. Alles war sehr feierlich. Es war der Tag, wo Jugendliche feierlich in die Reihen der Erwachsenen aufgenommen

werden. Die Teilnahme war freiwillig, wurde aber schon aus einer in der DDR zur Tradition gehörenden Veranstaltung von fast allen Schülern und deren Eltern angenommen. An diesem Tag standen wir Jugendlichen im Mittelpunkt. Es ging für uns weniger um das von uns abzulegende Gelöbnis während der offiziellen Feierstunde, sondern mehr um die nach der Feierstunde immer stattfindenden Familienfeier. Da wurden Onkels, Tanten und Verwandte eingeladen und der Jugendweiheteilnehmer mit kleinen oder auch größeren Geschenken bedacht. Ich selbst erinnere mich, an diesem Tag noch sehr genau. Zum ersten Mal hatte ich Kontakt mit Alkohol. Ein Glas Bowle genehmigten meine Eltern, aber sie hatten an diesem Tag nicht alles unter Kontrolle. Nicht nur die Bowle auch mal ein kräftiger Schluck aus einer Bierflasche und ein mir auf dem Tisch völlig verlassen vorkommendes Glas Wodka fand meine Zuwendung. Später war mir dann doch etwas übel und es schien die erste Lektion als frischer „Erwachsener" gewesen zu sein.

* * *

21. Januar 1989, der Himmel war klar und das Mondlicht durchbrach nur hin und wieder die tiefe Dunkelheit, die noch über Sandkrug lag. Die morgendliche Stille wurde nur durch das Rauschen der naheliegenden Wälder, wenn der eisige Wind durch die Bäume streifte, unterbrochen. Das laute Knacken der Äste, in Verbindung mit dem Heulen des Windes, hörte sich bedrohlich an. Mondlicht drang durch die Baumkronen, die gespenstische Schatten auf den Weg vor den Häusern warfen.

Es war Sonnabend, ein Tag, an dem eigentlich Katrin, wie immer ohne ihre Cousine zur Schule hätte fahren müssen. Für diesen Sonnabend, was schon etwas ungewöhnlich war, hatte Katrin zwei Tage zuvor mit Silke abgesprochen, doch an diesem Tag gemeinsam mit ihr zur Schule zu fahren.

Ein erster Lichtschein bohrte sich gegen 06:30 Uhr in das Dunkel um Haus 2. Katrins Oma war längst aufgestanden und der Lichtkegel aus dem Fenster der Küche gewährte ihr eine kleine Sicht nach außen. Sie schaute aus dem Fenster, um zu erfahren, wie sich das Wetter an diesem Morgen zeigt. Dabei sah sie, dass auch bereits im Haus1, bei ihrer Schwester Marie Licht schimmerte. Ein Blick auf die Uhr in der Küche zeigte ihr, dass es an der Zeit war, nun ihre Enkelin Katrin zu wecken, damit sie sich für den Schulweg fertig macht.
Etwas verschlafen und mit noch verkniffenen Augen versuchte Katrin leise das Schlafzimmer, in welchem ihr Onkel Holger, der bereits am Freitag zu Besuch erschienen war, schlief, zu betreten. Sie war darauf bedacht ihren Onkel nicht zu wecken und nur ihre am Abend zuvor dort abgelegten Sachen zu holen. Das ging allerdings doch nicht ganz geräuschlos. Er wurde kurz wach, zog sich das Bett über den Kopf, drehte sich zur Seite und schlief weiter. Nach wenigen Minuten betrat Katrin die Küche, wusch sich, putzte ihre Zähne und frühstückte. Danach begab sie sich in die Wohnstube, holte von dort ihre Schultasche und ihren Sportbeutel. Die Oma hatte für sie bereits ein Frühstücksbrot für die Schule vorbereitet. Eine Scheibe Brot belegt mit Wurst hatte sie in graues stark knisterndes Butterbrotpapier eingewickelt und gab es ihrer Enkelin, die es in ihrer Schultasche verstauen sollte. Sehr rasch ging es auf 07:00 Uhr zu und Katrin machte sich, wie an jeden Wochentag, in der Küche für die Fahrt zur Schule fertig. Sie schlüpfte in ihre warmen hohen weißen Schnürschuhe, zog sich ihre orangefarbene Bundjacke an und setzte die rote Schlauchmütze auf. In der Waschküche, die wie eine Veranda genutzt wurde und von der Küche aus betreten werden konnte, stand ihr Fahrrad neben dem gemauerten Waschbottich, der mit Feuerholz beheizbar war.
Es war gegen 07:10 Uhr, als die Oma ihr die Tür von der Küche zur Waschküche aufhielt, damit der Lichtschein aus der Küche,

die Waschküche, in der es kein Licht gab, etwas erhellte. Katrin befestigte unterdessen gewissenhaft ihre Schultasche auf dem Gepäckträger ihres roten 26er Damenfahrrades. Den blauen Sportbeutel hängte sie an den Lenker. Dabei wickelte sie die Henkel des Beutels mehrmals um den Lenker, damit er keine Behinderung beim Fahren war. Jeder ihrer Handgriffe war schon lange Routine geworden und lief wie immer ab. Selbst als sie ihr Rad aus der Waschküche schob, von wo es nach draußen ging, schien es für sie keine Schwierigkeit mehr zu sein. Die fünf Stufen der Steintreppe, die von der Waschküche nach draußen führten, waren im Mondlicht gut zu erkennen. Sie verliefen recht steil nach unten und bei Frost, Eis und Schnee stellten sie schon eine Rutschgefahr dar. Die Treppe selbst war seitlich durch eine Mauer aus Ziegelsteinen begrenzt. Es bedurfte eines gewissen Geschicks, die, wenn auch wenigen, Stufen mit einem Fahrrad zu bewältigen. Der Weg, den sie mit dem Fahrrad zur Schule fahren musste, lag noch im Dunkeln. Die Oma stand kurz an der Tür, als Katrin sich vor ihre Abfahrt noch einmal umschaute und mit einer gewissen Vorfreude auf das am Nachmittag vorgesehene gemeinsame Backen mit der Oma sagte: „*Tschüss Oma, ich komme heute um 12:30 Uhr aus der Schule zurück, dann können wir gemeinsam Kuchen backen.*“

Eine knappe Minute war verstrichen, als Katrin mit dem Fahrrad das Grundstück verließ und in der Dunkelheit verschwand. Die Entfernung vom Haus der Oma bis zum Haus der Eichlers, wo Katrin die Silke abholen wollte, um an diesen Sonnabend gemeinsam zur Schule zu fahren, betrug höchstens 100 bis 150 Meter.

Die Oma blieb an diesem Morgen nicht mehr an der Tür, sondern begab sich mit dem Wissen, ihre Enkelin sei auf den Weg zu Eichlers, um mit Silke weiter zur Schule zu fahren, zurück in die Küche. Durch das Küchenfenster blickte sie noch einmal zum Haus ihrer Schwester Marie, in welchem weiterhin Licht zu erkennen war. Das Licht drang dort deutlich durch die Glasscheibe der Haustür und warf einen langen fast furchterregenden Schatten. Für gewöhnlich sah die Oma immer so lange durch das Küchenfenster, bis sie beide Mädchen mit ihren Fahrrädern den Weg nach Karbow entlangfahren sah. Vom Küchenfenster aus konnte sie über die Koppel hinweg zum Weg schauen und dann sogar das kleine rote Rücklicht der Fahrräder erkennen. An diesem Morgen hatte sie aber nicht darauf geachtet.

* * *

Schon lange hatten an diesem Tag, die Oma und ihre Söhne Holger und auch Heinz, Letzterer war am Vormittag in Sandkrug eingetroffen, zu Mittag gegessen. Das Essen für ihre Enkelin, Klopse, Soße und Kartoffeln, stellte sie warm. Heinz meinte dazu noch etwas spaßig: „*Katrin wird sich sicherlich über Klopse freuen und darüber bestimmt kräftig hermachen.*"
Es ging bereits auf 13:00 Uhr zu. Längs hätte Katrin von der Schule zurück sein müssen. Immer wieder schaut die Oma auf den Weg, den sie entlangkommen musste. Heinz, der in ihrer Nähe und auch sonst immer locker drauf war, meinte scherzhaft zu seiner Mutter gewandt: „*Sie muss doch wohl nachsitzen.*"
Als der Zeiger der Uhr dann aber schon auf 14:30 Uhr zuging und Katrin immer noch nicht von der Schule zurück war, machte sich bei der Oma verstärkte Unruhe breit. Bisher war immer Verlass auf Katrin. Was war los?
Ihr Sohn Holger hatte sich bereits mit seinem PKW und dem Nachbarn Kiefer auf den Weg nach Lübz gemacht, wo Kiefer seine schwangere Lebensgefährtin im Krankenhaus besuchen wollte. Unterdessen warteten Oma und Heinz immer noch zu Hause auf Katrin. Von Minute zu Minute wurde die Oma, wenn sie auf die Uhr schaute, immer aufgeregter. Sie suchte, aber fand keine Erklärung für das ungewöhnliche Fernbleiben

ihrer Enkelin. So etwas gab es bisher nie. Auch ihr Sohn Heinz stellte sich die Frage, warum Katrin noch nicht gekommen war, vermutete aber nichts Schlimmes. Dagegen verstärkten sich jedoch die Angstgefühle der Oma, es könnte etwas passiert sein. Ihr Unbehagen wurde immer heftiger und führte dazu, dass sie ihr Fahrrad nahm und sich nun selbst auf den Weg nach Karbow zu Frau März, einer Lehrerin von Katrin, aufmachte. Dort außer Atem angekommen, erfuhr sie von der Lehrerin, dass Katrin nicht am Unterricht teilgenommen hatte.

Geschockt, verzweifelt und von den schlimmsten Gedanken getrieben, setzte sie sich aufs Fahrrad, um zurück nach Sandkrug zu fahren. Keinen klaren Gedanken mehr fassend, leise wimmernd, nur vor sich hin jammernd, mit zitternden Händen, die krampfhaft am Lenker ihr den einzigen Halt gaben, erreichte sie nach einer ihr schier endlos erscheinenden quälenden Fahrt endlich Sandkrug. Froh, auf Höhe des Hauses ihrer Schwester Maria angelangt zu sein, hielt sie dort. Außer sich, fast gelähmt vor Angst und voller Verzweiflung stieg sie vom Fahrrad und gab nur noch schmerzverzerrte Schreie von sich. Diese waren nicht nur auf dem Grundstück ihrer Schwester zu hören, sondern hallten viel weiter. Auch Heinz, der sich vor dem Haus der Oma aufhielt, hörte die verzweifelten Schreie seiner Mutter. Selbst ihre Schwester Monika aus Haus 3, die gerade auf den Weg zu Heinz war, vernahm die fürchterlich lauten Schreie. Beide ahnten, dass etwas Schreckliches passiert sein musste, und eilten schnellen Schrittes zum Grundstück, von wo aus sie die Schreie vernommen hatten. Dort angelangt, erfuhren sie, dass Katrin nicht in der Schule war. Alle waren wie gelähmt, sahen sich hilflos an. Wussten nicht so recht, was sie machen sollten. Einig war man sich, dass etwas getan, etwas geschehen musste. Spontan entschloss sich Silkes Vater gemeinsam mit Heinz, mit seinem PKW noch einmal nach Karbow zur Schule zu fahren. Dort eingetroffen, wandten sich beide an den Direktor. Der nahm

das Klassenbuch zur Hand und kontrollierte die Eintragungen für den Unterrichtstag, den 21.01. Aber auch er konnte nur feststellen, dass bei der Schülerin Katrin der Eintrag, „fehlend" erfolgt und sie nicht zur Schule gekommen war. Mit dieser eindeutigen Feststellung und der sich erneut bestätigten schlechten Nachricht begaben sich beide zurück nach Sandkrug.
In Sandkrug selbst war mit der erschreckenden Tatsache, dass aus ihrer Mitte die Katrin spurlos verschwunden war, niemand sich vorstellen konnte, was passiert war, die bisher idyllisch, heile Welt aus den Fugen geraten.
In der Zwischenzeit, es war kurz nach 16:00 Uhr, hatte der Direktor der POS Karbow bereits, den ODH des VPKA Lübz mitgeteilt, dass die Schülerin Katrin am Tag früh das Haus verlassen hat, um zur Schule zu fahren. In der Schule sei sie aber nicht eingetroffen. Von der Oma wäre er verständigt worden, dass sie auch zu Hause nicht angekommen sei und nun vermisst werde. Erste Suchmaßnahmen der Bewohner, Verwandten und Bekannten in der näheren Umgebung führten zu keinem Ergebnis. Der unterdessen eingetretene Regen und die Dunkelheit erschwerten zudem noch die sofort eingeleitete erste Suche der Polizei, die letztendlich am gleichen Tag ergebnislos abgebrochen wurde.
Katrin blieb verschwunden.
Sollte sich vielleicht „Gleiches" wiederholt haben, was vor 10 Jahren mit ihrer Mutter geschah?

Teil 5

Eine Region in Aufruhr

Der 21. Januar 1989

Katrin war verschwunden, es gab einen Vermisstenfall in der Region. Diese Vermisstenakte lag nun vor mir. Ihr Inhalt bestand aus unzähligen Dokumenten. Da waren Protokolle und Aktenvermerke zu durchgeführten Ermittlungen, Bildberichte, die einen visuellen Eindruck vom Ort des Geschehens gaben, sowie Befragungen und Vernehmungen von Personen aus dem engen Umfeld der Vermissten, einschließlich Gutachten und vieles mehr. Wahllos jedes Dokument zur Kenntnis zu nehmen, das schien mir nicht zielführend. Es galt die richtige Form und Reihenfolge des Vorgehens festzulegen, um das Studium der Akte so effektiv wie möglich vornehmen zu können, und ich entschied mich zunächst alle Informationen aus der Akte zu ziehen, die mir Aussagen zu den Bewegungsabläufen aller Bewohner von Sandkrug gaben. Folgen würden dann Informationen bezüglich der Vorgeschichte. Erst dann würde ich den Schwerpunkt auf die erfolgten kriminalistischen Ermittlungen, auf Befragungen und Vernehmungen richten.

* * *

Wie gerade dargestellt, galt zunächst mein Interesse den Bewegungsabläufen der Bewohner Sandkrugs für den Tag, an dem Katrin verschwand. Alle Bewohner waren unmittelbar nach dem Verschwinden durch die Polizei zu ihrem Bewegungsprofil befragt worden. Diese Möglichkeit gab es bei meinen Ermittlungen, die nun viele Jahre danach erfolgten, keinesfalls. Um die Ergebnisse der damaligen Befragungen zu den Bewegungsabläufen der Bewohner am 21. Januar 1989 besser einordnen und daraus erste eigene Schlussfolgerungen ableiten zu können, war mir eine chronologische, aber gleichzeitig auch personenbezogene Darstellung der Ereignisse, aller Aktivitäten sowie Bewegungen in und um jedes der drei Häuser des Ortes besonders wichtig. Die folgenden Schilderungen basieren daher „nur" auf Aussagen, die Bewohner/Personen gegenüber den damals ermittelnden Kriminalisten gaben. Ich war der Auffassung und hatte zugleich die Hoffnung, dass die damals gemachten Aussagen die wirklichen und konkretesten Informationen sein konnten. Informationen und Aussagen wie diese würde ich keinesfalls mehr durch meine begonnenen Recherchen erarbeiten können. Also versuchte ich aus den vorliegenden Aussagen erste für mich grobe Bewegungsprofile zu erstellen.

06:00 Uhr – 07:00 Uhr

Gegen 06:30 Uhr schien Licht im Haus 1 bei der Familie Eichler und im Haus 2, wo sich Katrin für den Schulweg vorbereitete. Annähernd zur gleichen Zeit will Harry Kiefer, im Haus 3, wach geworden sein. Er musste auf Toilette und will im Anschluss gleich Feuer gemacht und danach wieder ins Bett gegangen sein. Auch im Haus 1 will Marie Eichler um 06:30 Uhr als Erste der Familie aufgestanden sein. Alle anderen Personen wollen/sollen zu dieser Zeit noch geschlafen haben.

Gegen 07:00 Uhr will Kiefer nach eigenen Angaben jedoch erst wieder eingeschlafen sein. Draußen sei er nicht gewesen. Marie Eichler gab an, zu dieser Zeit ihre Schwiegertochter Vera geweckt zu haben. Diese machte jedoch bei ihrer Befragung am 17.08. die Aussage, dass sie sich am 21.01. um 07:00 Uhr den Wecker gestellt hätte und sich von diesem auch hat wecken lassen, um dann ihre Tochter Silke zu wecken. Ein erster Widerspruch!

Wer hatte nun wen und wann bei der Familie Eichler an diesem Tag geweckt?

Mir war unverständlich, dass es hier bereits zu unterschiedlichen Aussagen kam, denn ein Tag, wie der es war, der sollte doch sicher länger im Gedächtnis haften.

07:00 Uhr – 08:00 Uhr

Zwischen 07:10 Uhr und 07:15 Uhr verließ Katrin mit dem Fahrrad das Grundstück am Haus 2. Zur gleichen Zeit will Silkes Mutter ihre Schwiegermutter Marie gefragte haben, ob Katrin schon eingetroffen sei. Die Antwort der Schwiegermutter war, dass Katrin noch nicht gekommen sei. Bis 07:15 Uhr habe man noch im Haus 1 auf das Eintreffen von Katrin gewartet und erst dann will sich Silkes Mutter entschieden haben, ihre Tochter mit dem Moped, wie sonst jeden Sonnabend, nun doch selbst zur Schule zu fahren. Annähernd um die gleiche Zeit will auch der Bewohner von Haus 2, Martin Sabitz, aufgestanden und aus dem Fenster nach dem Wetter geschaut haben. Seine Eltern und sein Bruder waren zu Besuch. Mit seinem Vater hatte er geplant, an diesem Tag in Schlemmin Holz zu machen. Daher sein Interesse für das Wetter am Morgen. Im Haus 1 machte sich unterdessen die Mutter von Silke für die Fahrt mit dem Moped fertig. Beide, sie und ihre Tochter, waren in Aufbruch, als der Opa Johann noch im Nachthemd aus seinem Schlafzimmer kam. Als Silkes Mutter das Moped aus der Garage holte, will sie noch einmal in Richtung des Grundstückes Haus 2 geschaut und dort Licht in der Küche gesehen haben.

Punkt 07:30 Uhr habe sie dann mit dem Moped das Gehöft verlassen und ihre Tochter zur Schule nach Karbow gefahren.

Natürlich stellte ich mir die Frage, warum sie nicht schnell zum Haus 2 gefahren ist, um zu schauen, warum Katrin nicht wie abgesprochen ihre Tochter abgeholt hatte.

War für Eichlers das Nichterscheinen von Katrin nicht ungewöhnlich?

Gab es vielleicht andere Gründe nicht zu Haus 2 zu fahren? War es einfach zeitlich nicht mehr möglich?

Silkes Mutter Vera will um 07:40 Uhr von der Fahrt zur Schule wieder in Sandkrug eingetroffen sein. Vor der Schule wurde Silke noch von einer Schülerin der 8. Klasse gefragt, ob Katrin nicht mitgekommen ist. Silke soll daraufhin nur geäußert haben, dass sie nicht mitgekommen sei, aber bestimmt bald kommen wird. Noch vor 08:00 Uhr will Monika Roth aus Haus 3 im Bett gelegen haben. Da hätte sie aber bereits in der benachbarten Küche von Kiefer das Rumoren von Einheizen gehört. Sie selbst sei gegen 08:00 Uhr kurzfristig aufgestanden, um die Hühner aus dem Stall zu lassen und selbst einzuheizen. Im Anschluss hätte sie sich noch einmal ins Bett gelegt.

08:00 Uhr – 10:00 Uhr

Es wurde für mich interessant. Kiefer will um 07:00 Uhr wieder eingeschlafen sein und sich um 08:10 Uhr erst durch den Wecker wecken gelassen haben. Er muss aber bereits vor 08:00 Uhr wach gewesen sein, den noch vor 08:00 Uhr hatte seine Nachbarin Monika Roth Geräusche in seiner Küche vernommen. Hier konnte etwas nicht stimmen.

Hatte sich Frau Roth nur in der Zeit vertan?

Wollte Kiefer vielleicht ein mögliches früheres Aufstehen gegen 06:30 Uhr verheimlichen?

War er vielleicht ab 06:30 Uhr außer Haus und kurz vor 08:00 Uhr erst wieder in der Wohnung?

Er hatte zumindest für die relevante Zeit des Verschwindens von Katrin, immerhin wären es ca. 50 Minuten, kein Alibi.

Zwischen 08:00 Uhr und 08:15 Uhr, die Sonne war gerade aufgegangen, will Martin Sabitz mit seinem Vater, in seinem PKW Moskwitsch, von Sandkrug nach Schlemmin gefahren sein, um dort Holz zu machen. Zu dieser Zeit um 08:10 Uhr soll sich auch Vera Eichler erneut mit dem Moped nach Karbow begeben

haben und nach fünfundzwanzig Minuten wieder zurück in Sandkrug gewesen sein.
Katrins Vater will in seiner Wohnung in Waren zwischen 08:30 Uhr und 09:00 Uhr aufgestanden sein. Zu einer ähnlichen Zeit zwischen 08:00 Uhr und 09:00 Uhr will auch Katrins Onkel Holger nun in Haus 2 aufgestanden sein, sich ins Wohnzimmer begeben und angezogen haben. Dann hätte er sich zum Waschen in die Küche begeben. Nachdem die Morgentoilette erfolgt war, hätte er sein Frühstück, einen Kaffee und ein Stück Kuchen, zu sich genommen. Erst danach soll er sich zu einer im Haus vorhandenen Drechselbank begeben haben. Holzarbeiten an der Drechselbank in Sandkrug waren seine Leidenschaft, denn in seiner Stadtwohnung war dieses Hobby schier unmöglich.
Bis 09:00 Uhr soll sich Johann Eichler im Haus 1 in der Küche aufgehalten und sich dann auf den Weg zu seinem Garten, am Grundstück von Katrins Oma aufgemacht haben. Im Garten soll er mit dem Umgraben beschäftigt gewesen sein.
Monika Roth will nach ihrer Darstellung gegen 09:00 Uhr erst richtig aufgestanden und sich in ihrer Küche das Frühstück bereitet haben. Da hätte sie den Nachbarn Kiefer erstmals gegen 09:00 Uhr in seiner Küche hantieren gehört und ihn auch zum ersten Mal gesehen, weil sie kurz die Tür geöffnet und ihn einen guten Morgen gewünscht habe. Sinngemäß hätte sie geäußert, dass er heute wohl auch etwas länger geschlafen hat. Er hätte, ohne sich umzudrehen, nur kurz, aber freundlich erwidert: *„Ich habe ja frei und deshalb etwas länger geschlafen.“*
Auch Katrins Onkel Heinz will gegen 09:00 Uhr in seiner Wohnung in Lübz aufgestanden, sich gewaschen, das Frühstück zubereitet und gegessen haben. Dann habe er sich für die Fahrt mit seinem Moped nach Sandkrug vorbereitet. Eine Nachbarin bestätigte nach dem Verschwinden der Katrin gegenüber der Polizei, dass er gegen 10:10 Uhr die Wohnung und das Haus verlassen hat.

Es war bereits 09:30 Uhr, als Silkes Vater Kurt von seiner Frau Vera geweckt worden und aufgestanden sein will. Wann seine Frau aufgestanden ist, habe er nicht mitbekommen. Er will am Freitagabend zunächst in der Gaststätte in Karbow gewesen und später zu Hause noch ferngesehen haben. Deshalb habe er an diesem Sonnabend länger geschlafen.
Zwischen 09:30 Uhr und 10:00 Uhr begegnete Monika Roth, als sie das Haus durch den Vordereingang verließ, um zu ihrer Schwester, zu Katrins Oma zu gehen, den Kiefer, der vom Hof kam und ihr sagte, dass er zu Holger Jonast will, um ihn zu fragen, ob der ihn am Nachmittag zu seiner Freundin fährt. Beide gingen in Richtung Haus 2. Ca. 20 bis 30 Meter vor dem Grundstück Haus 2 begegneten sie einem Herrn Gerd Januschke, der beabsichtigt hatte, Kiefer aufzusuchen und diesen zu fragen, ob er eine Schere zum Beschneiden der Bäume besitzt. Kiefer sagte ihm daraufhin, dass seine Schere stumpf sei. Januschke kehrte um und ging wieder zurück in Richtung Haus 1.
Wer war aber dieser Januschke?
War er zu Fuß unterwegs und war es Zufall, dass er sich in der Nähe vor dem Grundstück Haus 2 aufhielt?
Wurde er dazu von den Ermittlern befragt?
Kiefer begab sich gemeinsam mit Monika Roth auf das Grundstück von Katrins Oma und sie unterhielten sich dort mit Holger.
10:00 Uhr – 12:00 Uhr
Nach einer kurzen Zeit, so gegen 10:15 Uhr, will Kiefer sich wieder zu Haus 3 aufgemacht haben, um dort Holz zu hacken. Heinz sei zwischen 10:30 Uhr und 11:00 Uhr mit seinem Moped aus Lübz kommend auf dem Grundstück seiner Mutter eingetroffen. Hier habe er seinen Bruder Holger getroffen, der zu dieser Zeit an der Drechselbank arbeitete. Silkes Vater will sich bis 11:00 Uhr eine Sportwiederholungssendung im Fernsehen angeschaut haben. Dann hätte es Mittag gegeben. Auch der Großvater Johann soll zum Essen aus dem Garten zurück gewesen sein. Nach

dem Essen habe sich dieser aber noch einmal zum Garten begeben. In Waren wurde Katrins Vater gegen 11:00 Uhr von der Nachbarin erstmalig wahrgenommen, als er ihr die Zeitung in die Wohnung brachte.

Bei Katrins Oma gab es gegen 11:30 Uhr Mittag. Gemeinsam mit ihren Söhnen Holger und Heinz nahm sie ihr Essen ein.

Silke gab in ihrer Zeugenvernehmung am 24.01. an, am Tag des Verschwindens wieder allein von der Schule nach Hause gefahren zu sein.

Aber womit, wenn sie mit dem Moped zur Schule gefahren wurde?

Nach Aussage von Silkes Mutter, die nur einen Tag nach dem Verschwinden von Katrin erfolgt war, hätte ihr Ehemann Kurt um 11:30 Uhr seine Tochter von der Schule abgeholt. Auch Kurt gab noch Tage später, am 02.02., bei seiner Zeugenaussage an, zu dieser Zeit seine Tochter von der Schule abgeholt zu haben. Doch im August, am 17.08., bei einer erneuten Befragung von Vera, tätigte sie nun die Aussage, dass gegen 11:00 Uhr zu Mittag gegessen wurde und sie selbst gegen 11:30 Uhr ihre Tochter an diesem Tag von der Schule abgeholt hätte.

Die Aussagen von beiden waren schon irgendwie verwirrend und auffällig.

Kann man tatsächlich den Tagesablauf, der mit einem schlimmen Ereignis verbunden war, so unterschiedlich wiedergeben?

Gegen 11:45 Uhr war Sabitz mit seinem Vater vom Holzmachen aus Schlemmin in Haus 2 angekommen und es hätte dann bei ihnen um 12:00 Uhr Mittag gegeben.

12:00 Uhr – 16:00 Uhr

Es soll nach 12:30 Uhr gewesen sein, als Silke zum Grundstück von Katrins Oma gekommen war und gefragt hat, ob Katrin schon zu Hause ist. Hier soll sie erzählt haben, dass Katrin sie am Morgen nicht abgeholt hat.

War Silke aus eigenen Stücken gekommen oder wurde sie geschickt?
Hat man sich in der Familie Eichler bereits Gedanken gemacht?
Welche Reaktionen gab es von Seiten der Oma und ihren Söhnen nach der Äußerung von Silke?
Das waren Fragen, die mich schon interessiert hätten.
Gegen 13:00 Uhr hatte Holger durch die geöffnete Haustür Stimmen im Wald vernommen und festgestellt, dass sich Johann Eichler mit seiner Enkelin Silke am Waldrand vor dem Grundstück seiner Mutter aufhielt. Silke soll um diese Zeit noch mehrmals bei der Oma gewesen sein und gefragt haben, ob Katrin schon aus der Schule zurück ist.
Es war noch vor 14:30 Uhr, als sich Holger und Kiefer gemeinsam mit dem PKW von Holger auf den Weg ins Krankenhaus Lübz machten, wo sich Kiefers Freundin, Frau Rink, auf der Entbindungsstation befand. Katrins Oma wartete unterdessen gemeinsam mit Heinz zu Hause auf ihre Enkelin. Heinz will sich gegen 14:30 Uhr zu einem kleinen Spaziergang in Richtung Schlemmin aufgemacht haben. Seinen Angaben zufolge dauerte sein Spaziergang ca. 30 Minuten. In der Zwischenzeit, so gegen 15:00 Uhr, begab sich die Oma bereits mit dem Fahrrad nach Karbow, um mit Katrins Lehrerin zu sprechen.
In Waren entschloss sich unterdessen, Katrins Vater etwa gegen 15:00 Uhr mit seinem PKW von Waren nach Klink zu fahren, um in der dortigen Schwimmhalle noch einige Strecken zu schwimmen. Fast zur gleichen Zeit, gegen 15:00 Uhr, will Johann vom Garten wieder in Haus 1 eingetroffen sein. Hier war zwischen 15:30 Uhr und 15:45 Uhr Kurt Eichler beim Richten der Antenne am Haus, als Katrins Oma aufgeregt mit dem Fahrrad aus Karbow zurückkam und der Familie Eichler die Nachricht von Katrins Fehlen in der Schule mitteilte. Heinz hatte die verzweifelten Rufe seiner Mutter gehört. Auch Monika Roth, die gegen 15:30 Uhr bei Heinz war, hörte dieses. Beide eilten zum

Grundstück Eichler, wo sie erfuhren, was passiert war. Kurt fuhr dann mit seinem PKW gemeinsam mit Heinz nach Karbow zum Direktor der Schule.

16:00 Uhr – 20:00 Uhr

Gegen 16:15 Uhr informierte der Direktor der POS Karbow telefonisch den ODH des VPKA Lübz über das Fernbleiben der Schülerin Katrin und dass sie vermisst wird.

Von allem noch nichts ahnend, will sich der Vater von Katrin bis gegen 16:00 Uhr in der Schwimmhalle in Klink aufgehalten haben. Er gab an, dass er vorhatte, von dort aus nach Karbow zu seiner Tochter zu fahren, sich aber spontan entschied, doch noch einmal nach Hause, in seine Wohnung in Waren zu fahren.

In Sandkrug kamen gegen 16:20 Uhr Holger und Kiefer mit dem PKW vom Krankenhausbesuch aus Lübz zurück und sie erfuhren von Silkes Mutter, die Holgers PKW auf dem Weg von Karbow nach Sandkrug auf Höhe der Müllkippe/Sandkuhle stoppte, vom Verschwinden Katrins. Beide haben dann mit dem Fahrrad den Wald abgesucht. Auch Kurt und Heinz sollen wenig später wieder in Sandkrug eingetroffen sein. Dort haben sie festgestellt, dass Holger und Sabitz bereits in der Nähe der Häuser nach Katrin suchten. Alle in Sandkrug Anwesenden, nur nicht Katrins Oma, die dazu nicht in der Lage war, hatten mit der Suche in der Nähe der Häuser sowie angrenzenden Wälder begonnen. Es wurde bereits dunkel und es regnete.

Es war nach 17:00 Uhr, als Katrins Vater durch VP Angehörige in seiner Wohnung in Waren aufgesucht und darüber informiert wurde, dass seine Tochter Katrin seit dem Morgen 07:15 Uhr vermisst wird. Sofort hätte er sich mit seinem PKW nach Karbow Sandkrug begeben. Dort sei er nach seiner Zeugenaussage vom 27.01. gegen 18:00 Uhr eingetroffen. Weil in der Zwischenzeit niemand in Sandkrug wusste, ob Katrins Vater bereits über das Verschwinden seiner Tochter Kenntnis erhalten hatte, fuhr

Holger gemeinsam mit Sabitz und Kurt Eichler in dessen PKW Moskwitsch nach Waren. Dort trafen sie zwischen 19:00 Uhr und 19:30 Uhr ein. Katrins Vater wurde nicht angetroffen, aber sie erfuhren von einem Nachbarn, dass Polizei bei ihm gewesen sei und er danach sofort mit seinem PKW weggefahren ist. Katrins Vater war zwischenzeitlich mit dem PKW in Sandkrug eingetroffen und vor Ort wurde eine Vermisstenanzeige aufgenommen. Im Haus seiner Mutter, wo alle zusammen waren, wurde die Aufregung von Stunde zu Stunde größer. Der Oma ging es schlechter und ein Arzt musste geholt werden.

20:00 Uhr – 24:00 Uhr
Es war 20:30 Uhr, als der K-Dienst des VPKA Lübz zusammen mit dem ABV Leuchte bereits erste Ermittlungen in Karbow durchführten. Sie trafen Katrins Vater dort in der Poststraße vor dem Haus des Postangestellten. Von ihm erfuhren sie, dass er gerade mit seinem PKW von seiner Wohnung in Waren aus nach Karbow gekommen sei und dass er durch das VPKA Waren darüber in Kenntnis gesetzt wurde, dass seine 13-jährige Tochter noch nicht nach Hause gekommen ist.
Heinz und Holger wollen sich noch am Abend entschieden haben, ihren Bruder Helge und dessen Familie, die in Parchim wohnten, über das Verschwinden der Katrin zu informieren. Es war gegen 21:50 Uhr, als beide mit dem PKW in Parchim eintrafen. Helge und seine Frau Resi entschlossen sich, unverzüglich nach Karbow zu fahren. Ihre Tochter Dörte blieb mit ihrem Freund in Parchim.
Nach ersten Suchmaßnahmen der Einwohner vor Ort und ersten Ermittlungen der Polizei begab sich ein Funkstreifenwagen zum Einsatzort Sandkrug. Nach dessen Eintreffen wurden mehrere Suchgruppen in der Stärke von 2 bis 3 Personen gebildet, die die Suche in verschiedenen Richtungen im Umkreis von einem Kilometer durchführten. Abgesucht wurden die Wege in Richtung

Vietlübbe, Schlemmin und Kritzow sowie im naheliegenden Hochwald. Infolge der Dunkelheit war aber ein intensives Suchen in angrenzenden Wäldern mit starkem Unterwuchs nicht möglich. Abgesucht wurden auch eine alleinstehende Buschgruppe und eine Ruine. An den Suchmaßnahmen nahmen nun etwa 20 Personen teil. Gegen 22:30 Uhr wurden die ersten Suchmaßnahmen beendet und sollten am nächsten Tag fortgeführt werden. Zwischen 23:00 Uhr und 24:00 Uhr, alle wollen zusammen in der Wohnung der Oma gewesen sein, als Katrins Vater plötzlich und unverhofft die Wohnung verlassen haben soll. Sofort waren Helge und Holger hinterhergegangen.

Natürlich hatte man den Feldner, er war schließlich der letzte Partner, mit dem Katrins Mutter vor ihrem Tod zusammen war, bei der Überprüfung seines Tagesablaufs am Tag des Verschwindens von Katrin nicht außer Acht lassen. Er will am Vormittag zu Hause in Waren gewesen sein und Hausarbeiten ausgeführt haben, weil seine Ehefrau kränklich war. An diesem Tag habe er Spätschicht von 15:00 Uhr bis gegen 23:00/23:30 Uhr gehabt. Gegen 14:10 Uhr sei er mit dem Bus zu seiner Arbeitsstelle, dem Hotel am Bahnhof in Waren, gefahren.

Es waren erste Erkenntnisse bezogen auf Bewegungsprofile der Personen aus dem Umfeld der Vermissten, die ich grob herausarbeiten konnte. Deutlich zeigten sich hier erste Widersprüche, die schon damals hätten erkannt und geklärt werden müssen. Aus meinen Erfahrungen heraus war es mir aber dennoch wichtig, zum Abschluss zu einem einfachen kriminalistischen Hilfsmittel zu greifen. Ich begann alle Informationen zu den Bewegungsprofilen einzelner Personen in einen sogenannten „Zeitstrahl" zu erfassen. Noch einmal wandte ich mich den damaligen Befragungen und Vernehmungen zu und filterte erneut Aussagen heraus, die den Bewegungsprofilen zuzuordnen waren. Als das getan war, gewann ich neue Informationen.

Marie Eichler, die sonst, wie sie aussagte, immer um 05:00 Uhr aufsteht, will an diesem Tag erst um 06:30 Uhr aufgestanden sein.
Wer aber konnte bezeugen, dass sie wirklich erst um 06:30 Uhr aufgestanden war?
Um 07:00 war das große Wecken in der Familie Eichler, wo ich einen ersten Widerspruch, wer nun wen wirklich wie geweckt hat, bereits erkannt hatte.
Wie aber kommt es, dass schon um 06:30 Uhr Licht im Wohnzimmer von Kurt Eichler festgestellt wurde?
Monika Roth hatte ausgesagt, dass noch vor dem Mittag Marie Eichler kurz in ihrer Wohnung in Haus 3 war und nach Kiefer gefragt hat.
Was war der Grund, was wollte Marie von Kiefer?
Warum machte Marie in ihrer Vernehmung dazu keine Angaben?
Um 15:00 Uhr hatte die Mutter von Martin Sabitz das Haus verlassen und da Frau Eichler gesehen. Leider geht aus dem Protokoll nicht hervor, ob es Marie oder Vera Eichler war und wo sie diese konkret festgestellt hat.
Warum hatte keine der Frauen Eichler darüber eine Aussage getätigt?
Es war üblich, dass am Morgen am Haus 1 die Haustür aufgeschlossen und das Hoflicht eingeschaltet wurde, bevor Katrin Silke abholt. Wer an diesem Tag dieses gemacht hat und ob es erfolgt war, das konnte keiner aus der Familie bereits einen Tag später am 22.01. konkret sagen. Das fand ich schon recht komisch. Aber es gab da noch etwas. Gegen 07:40 Uhr wurde ein PKW-Trabant wahrgenommen, der an Haus 1 vorbeigefahren sein soll. Den Hinweis gab Vera Eichler, die gegenüber der Polizei einen Tag nach dem Verschwinden von Katrin mitteilte, dass sie um 07:40 Uhr von der Schule zurückgekommen sei. Dann meinte sie: *„Ich begab mich in die Wohnstube und in diesem Moment hörte ich einen PKW-Trabant an meinem Haus vorbeifahren.*

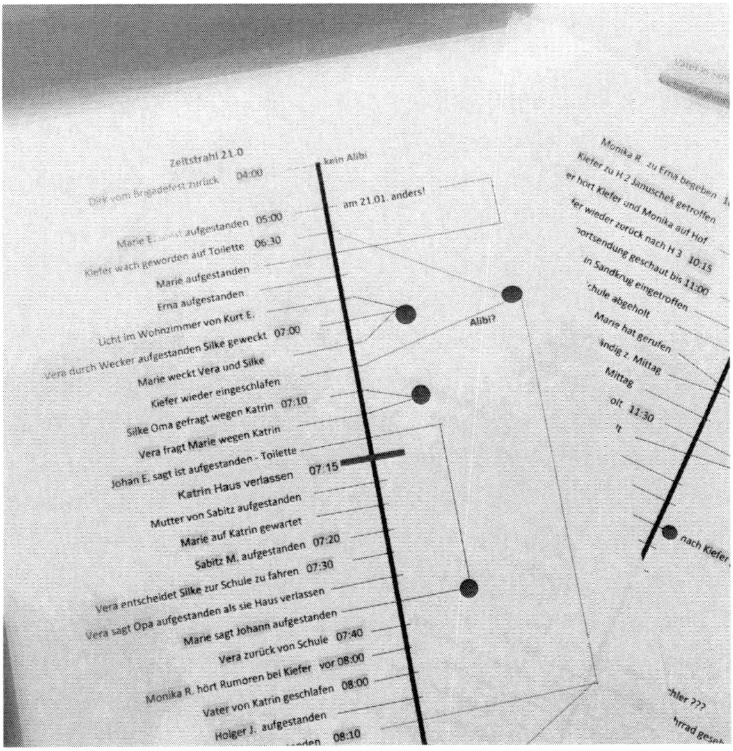

Ich kann nicht mehr eindeutig sagen, in welcher Richtung der PKW fuhr. Ich nehme aber an, dass er aus Richtung Karbow kam. Ich bin der Meinung, dass es sich um den PKW von Rose aus Schlemmin, welcher täglich diese Strecke fährt, handelte.“ Als Viola Eichler aber am 17.08., sieben Monate später, befragt wurde, machte sie dazu folgende Aussage: „*Zu Hause angekommen stellte ich das Moped vors Haus. Als ich in den Flur ging, sah ich das Auto der Familie Rose aus Richtung Karbow kommen. In dem PKW saß nur Herr Rose. Er fuhr in Richtung Verbindungsweg nach Schlemmin und schon ohne Licht.*“

Das war schon erstaunlich. Am Tag nach Katrins Verschwinden konnte sie diese konkreten Angaben nicht machen, aber nun nach fast sieben Monaten auf einmal so konkret und ganz sicher.

Wieso konnte sie sich erst so spät und dann so eindeutig festlegen?
Wollte sie vielleicht von einem anderen PKW-Trabant ablenken?
Es waren nur Kleinigkeiten, die ich durch den „Zeitstrahl" zusätzlich deutlich machen konnte. Aber oftmals können gerade diese Kleinigkeiten von besonderer Bedeutung sein.
Neben den zuvor aus der Akte entnommenen Bewegungsprofilen von Personen aus Sandkrug führten meine eigenen Recherchen zu weiteren Feststellungen, die nicht aus der Altakte entnommen werden konnten. So soll Marie Eichler sich an diesem Tag zwischen 09:00 Uhr und 10:00 Uhr auf dem Weg zwischen ihrem Haus und dem Haus von Katrins Oma bewegt haben. Dazu erfolgten weder von ihr selbst noch von ihren Familienangehörigen Angaben.
Wurde es schlichtweg als unwichtig abgetan oder vergessen?
Gab es vielleicht einen Grund dieses nicht zu erwähnen?
Von einer anderen, meines Erachtens interessanten Feststellung berichtete mir, eine Anwohnerin aus Kreien. Sie stellte fest, dass am 21.01. gegen 04:45 Uhr ein Mopedfahrer durchs Dorf in Richtung Kreuzung Karbower Chaussee fuhr. Kurz darauf, gegen 05:00 Uhr, sah sie die ihr bekannte Person Staub. Der sei mit einem PKW in die gleiche Richtung gefahren. Weil sie am PKW von Staub ein fremdes Kennzeichen erkannt habe, sei ihr dieses damals sehr ungewöhnlich vorgekommen.
Wer war der Mopedfahrer?
Wo wollte Staub so früh hin?
Sie hatte noch erfahren, dass am gleichen Morgen, am 21.01., was für sie ungewöhnlich war, ein großer Futterwagen für Silobeschickung auf dem Landweg Karbow–Retzow gesehen worden sein soll.

* * *

Die Analyse der Bewegungsbilder aller Personen aus dem Umfeld war abgeschlossen und ich stellte eine Lücke fest. Die Ermittler hatten damals anscheinend den Dirk Eichler, der nur ca. 18 Kilometer von Sandkrug entfernt wohnte und sicher auch regelmäßige Kontakte zu seinen Eltern und seinem Bruder nach Sandkrug unterhielt, nicht zu seinen Aufenthalten am 21.01. befragt. Zumindest waren dazu keine Dokumentationen in der Akte. Meine Recherchen zu seinen Bewegungen waren kaum auswertbar. Mir gegenüber gab er im Gespräch an, am 21.01., gegen ca. 04:00 Uhr in der Früh zu Hause eingetroffen und bis dahin auf einem Brigadefest in Goldberg gewesen zu sein.

Wie aber war er in der Nacht von Goldberg nach Hause gekommen?

Bestand die Möglichkeit, dass er nach 04:00 Uhr noch woanders war?

War er vielleicht der Mopedfahrer, der gegen 04:45 Uhr festgestellt worden war?

Warum aber wurde er damals nicht zu seinem Tagesablauf, seinen Bewegungen, am Tag des Verschwindens durch die Polizei befragt?

Wenn ja, wo war dieses dokumentiert?

Ausgehend von den bisher herausgearbeiteten Bewegungsprofilen hatten für die tatrelevante Zeit von 07:00 Uhr bis 08:00 Uhr Katrins Vater, Holger Jonast, und auch Kiefer kein Alibi. Nicht bekannt ist das Bewegungsprofil des Dirk Eichler, der zwar gegen 04:00 Uhr zu Hause eingetroffen sein will. Doch auch er hätte nach 04:00 Uhr noch anderswo sein können. Um dieses auszuschließen, fehlten jedoch hierzu seine damaligen Aussagen und die seiner Ehefrau. Aber selbst bei einer Bestätigung durch sie wäre es kein wasserdichtes Alibi. Also zählte ich ihn auch zum Kreis möglicher Verdächtigen. Was die Familien Eichler aus Haus 1 betraf, da gaben sich die Familienmitglieder gegenseitig ein Alibi, was die Wertigkeit des Alibis deutlich schmälerte.

Zudem warfen die deutlichen Widersprüche in ihren Aussagen bzw. vorhandenen Erinnerungslücken Fragen auf.
Die von der Quelle aus Kreien gegen 04:45 Uhr und 05:00 Uhr gemachten Feststellungen von einem unbekannten Mopedfahrer und von der Person Staub gewannen für mich schon an Bedeutung und waren keinesfalls in Zusammenhang mit dem Verschwinden der Katrin auszuschließen.

Die Vorgeschichte (1986–1989)

Nach der Herausarbeitung der Bewegungsprofile konzentrierte ich mich auf die Vorgeschichte. Jedes Verbrechen, auch das spurlose Verschwinden eines Menschen, wie in diesem Fall, das Verschwinden der 13-jährigen Katrin, hat bzw. muss eine Vorgeschichte haben. Aus so einer Vorgeschichte ist oft zu erkennen, wie die Beziehungen von Personen des Umfeldes zum Opfer waren. Es lassen sich zudem Dinge ableiten, die in einem möglichen Zusammenhang mit dem eigentlichen Geschehen, dem Verschwinden der Person, stehen können. Sie geben aber sehr oft zudem einen Einblick in die Gefühlswelt der vermissten Person. Die Vorgeschichte kann aber auch Rückschlüsse auf eine Tat, auf ein Verbrechen oder eine vermutliche Täterschaft, auf mögliche Motive für das Verschwinden einer Person zulassen. Darum war es mir wichtig, alle Informationen, die der Vorgeschichte zuzuordnen waren, aus der vorliegenden Ermittlungsakte zu ziehen und wie bereits bei den Bewegungsprofilen mit Ergebnissen meiner Ermittlungen zu ergänzen oder zu hinterfragen.

* * *

Ein erster Schritt war die Analyse noch vorhandener Briefe, welche Katrin von 1985 bis zu ihrem Verschwinden an ihre

Cousine Dörte geschrieben hat. Ich stellte fest, dass die Intensität des Briefeschreibens stetig zunahm. Waren es 1985 nur 5 Briefe, so kam ich 1986 bereits auf eine Anzahl von 34 Briefen und 1987 auf sage und schreibe auf 51 Briefe, die Katrin nur allein an Dörte geschrieben hatte. 1988 waren es aber nur noch 21 Briefe. Das konnte viele Gründe und musste nicht zwangsläufig mit ihrem späteren Verschwinden zu tun gehabt haben. Auffällig war, dass Katrin 1986 in 4 Briefen, 1987 in 9 Briefen und 1988 plötzlich nur noch in einem Brief ihren Onkel Heinz erwähnte. Über den Onkel Holger schrieb sie nie, obwohl er doch eigentlich der spaßige Onkel war.

Hatte das vielleicht etwas zu bedeuten?

Wenn sie in ihren Briefen von Onkel Heinz schrieb, ging es zum Beispiel darum, ob Dörte auch zu seinem Geburtstag kommt, oder darum, dass sie sich von ihm eine schöne Sporttasche gewünscht hat. Ein anderes Mal schrieb sie, dass er ihr aus Polen echte silberne Ohrringe mitgebracht habe. Im Juni 1987 teilte sie Dörte mit, wenn sie im Unterrichtsfach Bio eine 1 auf dem Zeugnis hat, würde sie von ihm Westgeld eine DM bekommen. Im Januar 88 schrieb sie, dass sie den Föhn, den sie von Onkel Heinz bekam, getestet hat. Am 09.01. teilte sie ihr mit, dass am 10.01.88 in Kreien eine Volksvertreterversammlung ist. Dass ihre Klasse ein Programm macht und weil das erst so spät ist, würde sie bei Tina schlafen. Sie freue sich schon drauf. In dem Programm seien auch wieder zwei Tänze. Silvester wäre sie in Waren bei Papa gewesen, das habe Spaß gemacht. Onkel Heinz hätte erzählt, dass ins Miwo-Werk in Lübz Polen und Schwarze kommen sollen. Das sei vielleicht eine Scheiße.

In ihrem letzten Brief am 13.01.89 schrieb sie: „... *An Onkel Heinz seinem Geburtstag bin ich auch in Lübz, sind ja Ferien. Am 08.02.89 fährt unsere Klasse nach Schwerin zum Staatsanwalt Keller als Jugendstunde. Da werde ich wohl auch schon bei Onkel Heinz schlafen, weil ich ja sonst nicht weiß, wie ich nach Lübz zum Bahnhof kommen soll. In der ersten Februarwoche feiern wir bei uns in der Schule Fasching und für die 8.–10. Klasse ist abends noch weiter Fasching ...“*

Die Häufigkeit der Erwähnung von Onkel Heinz sowie seine Geschenke und Zuwendungen lassen ein gutes bzw. recht enges Verhältnis zwischen Katrin und ihrem Onkel vermuten.

War da mit Onkel Heinz vielleicht mehr?

Warum wurde der Onkel Holger von Katrin nie erwähnt?

Es waren Gedanken, die bei jedem Ermittler aufkommen. Heinz war alleinstehend und sehr viel mit Katrin zusammen. Das war Fakt, mehr allerdings nicht. Aber auch Onkel Holger war an den Wochenenden in Sandkrug und hatte zu Katrin Kontakt, war lustig und spaßig. Es schien aber, dass er für Katrin wohl kaum eine Rolle spielte. Meine Ermittlungen erbrachten jedoch keine Hinweise, die solche Gedanken in Richtung der beiden Onkel erhärten würden.

Neben der Auswertung vorhandener Briefe wurden bei der Durcharbeitung der Akte und im Rahmen eigener Ermittlungen weitere nicht unbedeutende Sachverhalte bzw. Informationen aus der Vorgeschichte bekannt. 1987 hielt sich im Dorf Sandkrug und Umgebung das Gerücht, ein Angehöriger der Sowjetarmee würde sich in der Region herumtreiben. Aus Angst, dieser Person zu begegnen, soll bzw. hatte Katrin sich von zu Hause immer ein Messer mit in die Schule genommen. Dieses soll sie aber später wieder gelassen haben. Es gab allerdings im Zusammenhang mit ihrem Verschwinden einen nicht bestätigten Hinweis, dass Katrin erneut oder noch immer im November/Dezember 1988 ein großes Küchenmesser mit in die Schule genommen haben soll.

Welchen Grund konnte es Ende 88 gegeben haben, ein Messer mit zur Schule zu nehmen?

1987 hatte Katrins Vater bereits den Versuch unternommen, seine Tochter zu sich nach Waren zu holen, und sie bereits für 1988 in einer Schule in Waren angemeldet. Nach einem Gespräch mit dem Direktor der Schule in Karbow, der ihm nahelegte, Katrin noch in der 8. Klasse in Karbow zu belassen, auch wegen der bevorstehenden Jugendweihe, entschied er, sie erst zum Schuljahr 89/90 in Waren anzumelden. Bei meinen Ermittlungen erfuhr ich, dass sich Katrin – wann konkret war nicht mehr nachvollziehbar – sich gegenüber einer Schulfreundin zum Onkel Johann Eichler ausgetauscht haben soll. Dieser hätte immer etwas komisch zur Außentoilette geschaut, wenn sie diese vor ihrem Haus aufsuchte. Es konnte geschehen, weil er sich oft auf dem Grundstück Haus 2 aufhielt, denn dort bewirtschaftete er eine Gartenfläche. Silke, die mit ihren Eltern sowie ihrem Opa Johann und ihre Oma Marie in Haus 1 wohnte, soll Katrin einmal erzählt haben, dass ihr Opa beim Fernsehen seine Hand in ihren Schritt gelegt habe, was nicht belegbar war. Dass er Silke sexuell angefasst hatte und Katrin daraufhin zu ihr gesagt hat, dass der Opa dafür, was er macht, ins Gefängnis kommen kann, wurde durch Quellen bestätigt. Bekannt wurde auch, dass der Opa Johann schon ein wenig auf Katrin geschaut hat. Als Katrin einmal eine dunkle Strumpfhose anhatte, schaute er sie an und meinte zu Silke: „*Gucke mal, was Katrin für schöne Beine hat, ob die wohl echt sind.*" Natürlich wurde ich bei diesen Informationen hellhörig.

Hatte der Opa Neigungen, die vielleicht etwas mit dem späteren Verschwinden der Katrin zu tun hatten?

Spielte dieser Sachverhalt vielleicht sogar eine größere Rolle im Vermisstenfall?

Zur Tante Monika Roth, die in Haus 3 wohnte, hatte Katrin einen durchaus engen Kontakt. Sie nannte ihre Tante immer nur „Rietsch". Beide, Katrin und auch Silke, waren häufiger bei ihr. Später als die Personen Kiefer und Rink mit in das Haus der Tante einzogen, waren beide Mädchen auch öfter bei denen.

Gab es hier vielleicht Ereignisse oder Zwischenfälle, die im Zusammenhang mit dem Verschwinden der Katrin standen?

Erst 1988, Katrin war schon 13 Jahre alt, hatte der Vater mit ihr über den Tod ihrer Mutter gesprochen. Er erklärte, dass sie durch Alkohol krank geworden und im Jahr 79 ihrem Leben ein Ende gesetzt habe, indem sie ins Wasser gegangen sei.
Kurz vor Weihnachten 1988 war Katrin mit ihrem Onkel Heinz im Wald. Als sie einen PKW, in denen mehrere Personen saßen, sahen, will es dem Onkel seinen späteren Aussagen zufolge vorgekommen sein, als wolle Katrin schnell weg. Sie erschien ihm in diesem Moment blass, verschlossen und bedrückt. Seit diesem Weihnachten, so berichtete er damals den Ermittlern, durfte Katrin nicht mehr zu ihm kommen. Er selbst hätte bemerkt, dass sich Katrin seit der Geschichte im Wald total verändert hatte. Gründe konnte er aber nicht nennen.
Was war für Heinz so wichtig bzw. warum berichtete er darüber? Warum haben die Ermittler nicht tiefgründiger zum PKW mit den mehreren Insassen nachgefragt?
Das wäre interessant gewesen, was für ein PKW es war und wer der Halter. Vielleicht hätte man Rückschlüsse zum späteren Verschwinden der Katrin ziehen können.
Warum „durfte“ aber Katrin nach Weihnachten nicht mehr zu ihrem Onkel?
Es gab doch aber den letzten Brief von Katrin vom 13.01.89. In diesem schrieb sie, dass ihre Klasse am 08.02. nach Schwerin zur Staatsanwaltschaft fährt, sie da bereits, bei Onkel Heinz schlafen wird, um dann früh zum Bahnhof nach Lübz zu kommen. Auch zum Geburtstag von Onkel Heinz, der am 09.02. ist, wird sie da sein.
Gab es ein direktes Verbot und wer hatte es ausgesprochen? War Katrin dieses Verbot am 13.01. noch nicht bekannt?
Ich überlegte kurz. Da war der Zeitraum vom 13.01. bis zur ersten von Katrin geplanten Übernachtung bei Onkel Heinz am 07.02. und genau in diesem Zeitraum am 21.01. verschwand sie.
Gab es vielleicht da doch einen Zusammenhang?

Spannend wurde es, als ich bei meinen Ermittlungen mit einer Quelle zusammentraf, die äußerst interessante Dinge berichtete. Im Jahr 1988, es war im November oder Dezember, soll in der LPG (T) „Neuland“ Kreien eine „interessante“ Person, ein Ludwig Staub, aufgetaucht sein. Die Quelle beschrieb ihn mir als Person von großer Gestalt, stabiler Statur und mit Vollbart. Er soll nach ihren damaligen Informationen vom Landwirtschaftsrat Lübz als wissenschaftlicher Mitarbeiter des LPG-Vorsitzenden eingesetzt worden sein. Zu Beginn hätte er im Mehrzweckgebäude, in welchem sich unter anderem die BHG, der Konsum und Sporträume befanden, in einem Sportraum seine Unterkunft gehabt. Was seinen Bewegungsradius betraf, so sei dieser recht groß gewesen und sehr oft sei er mit seinem Moped auch nach Karbow gefahren. An einem Tag, die Quelle konnte nach so langer Zeit diesen leider nicht näher bestimmen, benötigte die Quelle Unterschriften von Staub. Da sei es der Quelle vorgekommen, als hätte er irgendwo draußen genächtigt. Ungefähr zur gleichen Zeit hieß es auch, dass in der Höhle in Karbow, die sich Jugendliche gebaut hatten, „welche hausen“ würden. Im Dezember 88 forderte Staub 100,- Mark von der Quelle und begründete das damit, dass der Kranfahrer Tessnow eine Kuhle buddelt zum Kartoffeleinmieten und dieser das Geld bekommen soll. Das setzte bei mir Fragezeichen, denn ich war nicht der Spezialist für Landwirtschaft.

Eine Kuhle für eine Kartoffelmiete im Dezember?

Kartoffeln werden meines Wissens doch im Herbst geerntet und sicher wenige Tage bzw. Wochen danach eingelagert.

War diese Kuhle vielleicht für andere Zwecke ausgehoben worden?

Ein komischer Gedanke schlich sich bei mir ein. Allzu gern hätte ich mehr über den konkreten Ort, an welchem diese Kuhle ausgehoben worden sein soll, erfahren. Das aber war nicht der Fall. Die Quelle berichtete noch mehr zu Staub.

Ihr sei auch etwas bei dessen Privatpost aufgefallen. Einmal hätte er eine Ansichtskarte, der Ort war nicht mehr bekannt, erhalten. Zwei Tage später erhielt er die gleiche Ansichtskarte noch einmal. Nur bei dieser war eine Ecke herausgeschnitten bzw. sie fehlte und ein „Papagei"-Bild war auf die Karte geklebt worden.
Was konnte es mit den gleichen Ansichtskarten auf sich haben? War es nur ein Jux oder eine vereinbarte, vielleicht heimliche Nachricht?
Die Sache mit der Ansichtskarte erinnerte mich an geheimdienstliche Nachrichtenübermittlung der 60er und 70er Jahre. Ein Gedanke, der mich nie so richtig losließ?
Konnte man aber eine solche Art der Nachrichtenübermittlung Ende der 80er Jahre ganz ausschließen?
Es war schade, dass auch dazu keine weiteren Informationen vorlagen.
Von Kollegen der LPG sei er als arrogant, überheblich und politisch als „zweihundertprozentiger" Genosse eingeschätzt worden. Es hieß, er habe sich nie in die Karten gucken lassen und nach überall Beziehungen unterhalten, die bis nach Polen reichten. So gelang es ihm fast alles zu besorgen, zum Beispiel eine elektronische Schreibmaschine für das LPG-Büro, was damals tatsächlich an ein Wunder grenzte. Über die gesamte Zeit seines Aufenthaltes hielt sich hartnäckig das Gerücht, er sei ein „Stasi-Spitzel". Aber selbst nach diesen bereits interessanten Informationen gelang es der Quelle, mich mit weiteren, keinesfalls unwichtigen Informationen zur Person Staub zu überraschen. Auf einer Rentnerweihnachtsfeier der LPG 1988, bei der Katrin mit der Tanzgruppe auftrat, sei auch Staub anwesend gewesen. Hier hätte er, so die Quelle, „Katrin schon ins Auge genommen". Einen „Gutachter" hätte er auch dabeigehabt. Das klang nun tatsächlich etwas unwirklich und schien von einer gewissen Subjektivität der Quelle geprägt.
Was hieß, er habe sie ins Auge gefasst?

Wie war das mit dem „Gutachter“ gemeint?
Vielleicht war der „Gutachter“ eine Person, die sich von Katrin in Zusammenhang mit einer Stasi-Zusammenarbeit enttarnt oder bei einem anderen Ereignis beobachtet gefühlt hatte.
Sollte hier wirklich ein Zusammenhang mit dem späteren Verschwinden der Katrin bestehen?
Es schien mir zwar kurios, doch den Gedanken eines möglichen Zusammenhangs mit dem Verschwinden konnte ich nicht beiseiteschieben. Schon gar nicht nach den nächsten Schilderungen der Quelle. Denn nun erfuhr ich, dass Staub eines Tages, Ende 1988 oder auch Anfang 1989, das Büro der LPG betreten und in Papier eingewickelte „fremde“ Kfz-Kennzeichen von Leipzig und Dresden in die dortige Anbauwand gelegt haben soll. Das war für mich ein möglicher Hinweis, dass von einer Verbindung zur Staatssicherheit ausgegangen werden konnte. Derartige Praktiken, mit Nutzung unterschiedlicher Kfz-Kennzeichen, waren mir als Insider bekannt. Bei Observationen bzw. anderen konspirativen Operationen war der Einsatz fremder Kfz-Kennzeichen die Regel. Genau am 20.01.89, so berichtete die Quelle, einen Tag vor dem Verschwinden der Katrin hätte Staub diese Kennzeichen wieder aus der Anbauwand geholt und sie mit nach Hause genommen.
Stand Katrins Verschwinden vielleicht, wie auch immer, mit Staub in Zusammenhang?
Denn Staub wurde am 21.01., am Tag des Verschwindens von Katrin, in den Morgenstunden gegen 05:00 Uhr mit seinem PKW und fremden Kennzeichen durch Kreien fahrend, gesehen worden. Bei der Gesamtheit aller mir bisher vorliegender Informationen zu seiner Person war klar, dass er unbedingt im Fokus bleiben musste. Es galt mehr zu seiner Person zu erfahren.
Gab es zu Staub überhaupt Ermittlungen in Zusammenhang mit dem Verschwinden?
Was war aus ihm geworden?

Natürlich galt bei der Vorgeschichte mein besonderes Interesse, den wenigen Tagen, nach dem Jahreswechsel 88/89, bis zum spurlosen Verschwinden von Katrin. Ich stützte ich mich sowohl auf Informationen aus den damaligen Befragungen und Vernehmungen sowie auf Ergebnisse eigener Recherchen.
Am Abend des 10. Januar trat ein Teil der Klasse mit einem Kulturprogramm aus Anlass der Volksvertretertagung zur Plandiskussion in Kreien auf. Hierzu gehörte auch der Auftritt der Tanzgruppe, in der Katrin mitwirkte. Weil es spät wurde, durfte Katrin bei ihrer Freundin Tina Bleck in Kreien übernachten. Beide hatten sich bereits zu Bett begeben, als Katrin das Bedürfnis hatte, ihrer Freundin etwas mitzuteilen. Unaufgeregt meinte sie mit gedämpfter leiser Stimme: *„Mein Vater hat mir erzählt, dass meine Mutter vermisst gewesen war und man sie dann später als Wasserleiche in der Müritz gefunden hat. Sie soll Alkohol getrunken haben, ‚asozial' gewesen sein und mit anderen Männern zusammengelebt haben. Sie soll mich nicht vom Kindergarten abgeholt haben und beging Selbstmord."* Katrin soll nach Aussagen ihrer Freundin von sich aus angefangen haben dieses zu erzählen. So wie es ist, wenn zwei Mädchen am Abend im Bett liegen und sich gegenseitig etwas „vorräubern" oder Neues erzählen. Es sei keinesfalls zu erkennen gewesen, so meinte ihre Freundin mir gegenüber, dass sie bedrückt oder dabei sehr nachdenklich erschien. Dennoch muss sie sich, zu dieser Zeit gedanklich mehr mit dem Tod ihrer Mutter beschäftigt haben, sonst hätte sie es sicher nicht erzählt. In ihren Worten soll, wenn sie es auch nicht direkt gesagt hatte, aber erkennbar gewesen sein, dass sie ihren Vater nicht so recht, Glauben schenken würde.
Warum zweifelte sie an den Schilderungen ihres Vaters? Hatte sie vielleicht andere Informationen und von wem?
Ihre Schulfreundin meinte noch, Katrin hätte an diesem Abend aber auch angedeutet, dass sie ständig Angstzustände habe und sich von einer unbekannten männlichen Person bedroht fühle.

Dieses Geheimnis schien sie aber für sich behalten zu wollen und sei weder an diesem Abend noch an späteren Tagen darauf konkreter eingegangen.

Was bewegte Katrin wirklich zu dieser Zeit?
Gab es vielleicht einen Zusammenhang mit dem Tod der Mutter und ihrer Angst vor einem unbekannten Mann?

Das Wochenende vom 14. zum 15. Januar 89 war das letzte Wochenende vor ihrem Verschwinden, wo Katrin bei ihrem Vater in Waren weilte. Am 16. Januar fuhr sie wie immer mit der jüngeren Silke mit dem Fahrrad zur Schule. Nach dem Unterricht nahm Katrin mit der Freundin Tina und anderen Schülern am Konfirmationsunterricht in Karbow teil und fuhr danach allein nach Hause. Am Tag darauf, am 17 Januar, einem Dienstag, fuhren Katrin und Silke wie immer gemeinsam zur Schule. In einer Schulpause wandte sich Katrin an ihre Klassenlehrerin mit der Bitte am Sonnabend den 28. Januar schulfrei zu bekommen, um wegen des Erwerbs eines Personalausweises nach Waren fahren zu können. Die Klassenlehrerin gab ihr Einverständnis. Nach dem Unterricht fuhr sie gemeinsam mit Tina mit dem Schulbus nach Kreien, in die Wohnung ihrer Schulfreundin, wo diese ihr Faschingskostüm zeigte. Um 16:30 Uhr benutzte Katrin den Linienbus nach Karbow, um von dort mit dem Fahrrad zurück nach Sandkrug zu gelangen.
Es war Mittwoch der 18.01. und beide Mädchen fuhren wie täglich zur gleichen Zeit gegen 07:15 Uhr von Sandkrug aus gemeinsam zur Schule. Nach dem Unterricht nahm Katrin an der AG „Junge Naturforscher" teil und im Anschluss besuchte sie einen DRK Lehrgang, den sie 1988 begonnen hatte. Wieder fuhr Katrin allein zurück nach Sandkrug. An diesem Mittwoch oder einen Tag später, es konnte nicht konkret nachvollzogen werden, trat Katrin an einen Schulfreund heran, um ihm etwas mitzuteilen. Sie meinte ihm zugewandt jedoch keinesfalls

aufgeregt: „*Ich habe gestern einen fremden Mann an der ‚Höhle' gesehen. Er war klein, hatte einen dicken Bauch und trug einen komischen Hut.*“

Die Quelle, die zur Person Staub berichtet hat, sprach davon, dass in der Höhle welche „hausen“ würden und Staub einmal aussah, als habe er draußen übernachtet. Nur er konnte von der Personenbeschreibung her nicht die Person gewesen sein, die Katrin beschrieben hatte.

Wer war aber dieser kleine Mann mit dickem Bauch und komischem Hut?

Was hatte er bei der Höhle der Jugendlichen zu suchen?

Schüler hatten sich bei der Schrott- Sandkuhle diese Höhle gebaut, bei der sie sich hin und wieder aufhielten. Am 19. Januar war, wie an jedem Donnerstag, der Kegelnachmittag. Bisher hatte Katrin regelmäßig teilgenommen. Doch an diesem Donnerstag entschied sie sich nicht teilzunehmen. Gegenüber ihrer Großmutter meinte sie, doch keinesfalls traurig: ‚*Oma, ich gehe heute nicht zum Kegeln. Die Anzeige der Kegelanlage in Karbow ist kaputt und deshalb erreiche ich nicht die benötigten Punkte.*“ Das aber soll, wie ich erfuhr, nicht ganz der Tatsache entsprochen haben. Ihren Schulfreundinnen gegenüber begründete sie ihre Nichtteilnahme nicht weiter.

Was aber war der tatsächliche Grund nicht zum Kegeln zu fahren?

An diesem Tag begab Katrin sich gegen 14:00 Uhr mit dem Fahrrad nach Hause und bat dann etwas später Silke, die gerade mit ihrer Oma im Wald war, ob sie mit zum Konsum nach Karbow kommt, um dort leere Flaschen abzugeben. Auf der anschließenden gemeinsamen Fahrt dorthin soll Katrin, nach Aussagen von Silke, seltsam gewesen sein. Sie habe sehr nachdrücklich darauf gedrängt, dass Silke am Samstag, den 21. Januar, was sonst an diesem Wochentag nicht üblich ist, doch mit ihr am Morgen gemeinsam mit dem Fahrrad zur Schule fahren soll.

Gegenüber Silke sagte sie in einem ernsten und auch fordernden Ton: „*Silke komm mal am Sonnabend mit, wenn einer kommt, so ist es besser, wenn einer da ist, der Hilfe holen kann.*" Als sie merkte, dass Silke dazu wenig Lust verspürte, meinte sie, nun bereits etwas energischer: „*Komm mal lieber mit, sonst bekommst du eine geballert.*" Diese Drohung soll ernst gemeint gewesen sein. Silke meinte, dass Katrin an diesem Tag anderes war, nicht mehr so lustig, sondern ernster und trauriger.
Ahnte Katrin da schon etwas?
Wusste sie vielleicht sogar, dass es an diesem Morgen zu einer Begegnung, welcher Art auch immer, kommen würde oder könnte?

Der letzte Tag vor ihrem Verschwinden war Freitag, der 20. Januar. Jede noch so kleine Begebenheit an diesem Tag war mir wichtig. Wie immer begab sich Katrin auch an diesem Tag gegen 07:10 Uhr mit dem Fahrrad zunächst bis zum Haus 1, um Silke abzuholen. Erst zu diesem Zeitpunkt, im Beisein von Katrin, soll Silke ihre Mutter gefragt haben, ob sie am nächsten Tag, am Sonnabend, mit Katrin zur Schule fahren darf. Auf dem gemeinsamen Weg zur Schule will Silke sie noch gefragt haben, ob sie das mit ihrer Mutter so richtiggemacht habe. Von Katrin sei aber nur ein kurzes und flüchtiges „Ja" gekommen.
Da am Nachmittag noch PA-Unterricht war, hatte Katrin an diesem Tag Arbeitsbekleidung mitgenommen. Gegen 14:00 Uhr sah ihre Oma, die gerade in Karbow weilte, ihre Enkelin Katrin, wie sie sich mit anderen Schülerinnen auf Höhe des Rates der Gemeinde bewegte. Sie schien der Oma recht fröhlich und aufgelockert. Es war 16:00 oder 16:15 Uhr, als Katrin zu Hause eintraf. Noch immer locker und gut aufgelegt, doch keinesfalls überdreht meinte sie zur Oma: „*Oma, ich habe heute eine ‚Eins' bekommen. Gemeinsam mit Herrn Seibt, der in der Werkstatt der LPG arbeitet, habe ich einen Tank aus- und wieder eingebaut.*

Das hat Spaß gemacht." Kurz danach traf sich Katrin noch mit Silke, um draußen zu spielen. Etwas später sahen beide Herrn Kiefer, der von der Arbeit kam. Sofort lief Silke zu ihm. Katrin hielt sich jedoch zurück und ging nicht auf ihn zu.

War Katrins Verhalten ungewöhnlich oder verhielt sie sich immer so bei Begegnungen mit Kiefer?

Als Katrin später wieder in der Wohnung war, erst da erzählte sie der Oma, wie nebenbei, dass sie auch am Sonnabend mit Silke gemeinsam zur Schule fahren würde. Einen Grund nannte sie nicht und auch die Oma hatte dazu keine Frage. Sie übergab ihrer Enkelin an diesem Tag noch einen Brief des Gesundheitsamtes bezüglich Ferienarbeit.

Silke berichtete, allerdings erst nach dem Verschwinden von Katrin, einem Ermittler, dass sie selbst am Freitag den 20.01. Angst vor einem Mann bekommen hätte, der ihr aufgefallen war. Den Vorfall schilderte sie in ihrer damals kindlichen Art so: *„Als ich nach dem Mittagessen nach Hause gefahren bin, sah ich einen Mann, der sich am Wald hinter der Sandkuhle aufgehalten hat. Ich begegnete den Hortkindern, die gemeinsam mit der Hortnerin zurück in Richtung Karbow gingen. Ich schaute dann den Hortkindern noch nach und drehte mich daher um. Dabei sah ich, wie ein Mann vom Weg, der auf den Hauptweg mündet, tritt und gleich wieder zurückgeht, wie als wenn er sich verstecken würde. Den Mann kann ich nicht beschreiben. Er hatte aber braune Sachen an. Ich war auch schon sehr weit entfernt. Es sah so aus, als würde er einen Buckel haben, genau weiß ich es aber nicht. Da er so komisch rausschaute, habe ich Angst bekommen.*"

Hat Silke über ihre Angst und ihre Feststellung vielleicht noch mit jemandem gesprochen?

Am Freitag traf gegen 18:00 Uhr Onkel Holger, wie jedes Wochenende, mit seinem PKW in Sandkrug ein. Er erzählte nach seiner Ankunft, dass Heinz am Sonnabend und Helge mit der

Familie am Sonntag nach Sandkrug kommen. Gemeinsam nahmen Katrin, die Oma und Holger gegen 18:00 Uhr das Abendbrot ein. Katrin schaute sich noch im Fernsehen die Sendung „Alf" und später mit Onkel Holger gemeinsam ein Fotoalbum an. Dabei hatten beide viel Spaß. Zwischen 21:00 und 21:30 Uhr begab Katrin sich zum Schlafen.
Was die Recherchen zur Vorgeschichte betraf, erfuhr ich, dass allgemein bekannt war, dass Katrin im September 1989 aus Karbow/Sandkrug wegziehen und zum Vater nach Waren gehen wird. Sie sollte nur noch die Jugendweihe erhalten und das 8. Schuljahr in ihrer gewohnten Umgebung beenden. Dass Katrin Angstzustände zeigte oder über derartige Dinge sprach, konnte nicht weiter untermauert werden. Nur einmal hätte Katrin von Angst gesprochen und das sei in Zusammenhang mit der Höhle in der ehemaligen Müll- bzw. Sandkuhle gewesen. Hier soll sie von Angst und von einem Mann mit Vollbart und Pudelmütze gesprochen haben. Ausgehend von dieser Personenbeschreibung konnte ich keinen Bezug zu Skizzen eines Mannes, die in Katrins Aufzeichnungen gefunden wurden, herstellen. Die skizzierte Person trug keinen Vollbart und auch keine Pudelmütze.

Aber trug Staub nicht einen Vollbart und eine Pudelmütze? Vielleicht sollte es aber auch den Mann darstellen, den sie an der Höhle gesehen und gegenüber einem Schüler als klein, mit einem dicken Bauch und einen „komischen Hut", beschrieben hatte. Natürlich könnten es auch Malereien sein, die aus anderen Interessen oder Vorstellungen heraus entstanden waren.
Nicht zu unterschätzen waren allerdings Veränderungen, die in den letzten Monaten in Katrin vorgegangen sein mussten. Von mehreren Quellen wurde berichtet, dass sie sich charaktermäßig verändert hatte und den Kontakt zu ihren Onkeln einschränkte oder einschränken musste. Bei Zusammenkünften mit ihren Onkeln hätte sie weniger als sonst zuvor erzählt. Auch der Anschein einer verstärkten Verschlossenheit hätte sich gezeigt, die jedoch nur gegenüber erwachsenen Personen deutlich geworden sei. Gegenüber ihren Schulfreundinnen konnte eine solche Einschätzung nicht getroffen und die beschriebene Verhaltensänderung nicht festgestellt werden.

Nach der ersten Herausarbeitung der Bewegungsprofile und Informationen zur Vorgeschichte war es an der Zeit, sich nun erst einmal den angelaufenen Suchmaßnahmen und den zum Vermisstenfall erfolgten kriminalistischen Ermittlungen zuzuwenden.

Teil 6

Kriminalistische Ermittlungen

Sicherheitsorgane der DDR – 1989 bis 1990

Nachdem alle Informationen zu den Bewegungsprofilen und der Vorgeschichte aus der Akte entnommen und meine bis dahin gewonnenen Ermittlungsergebnisse hierzu eingeflossen waren, richtete ich das Augenmerk auf die erfolgten kriminalistischen Ermittlungen. Um die nach dem Verschwinden der 13-jährigen Katrin, einen Tag später, am 22.01.89 begonnenen, bis in das Jahre 90 hineinreichenden, durch Kriminalpolizei und MfS erfolgten Befragungen und Vernehmungen richtig einordnen und bewerten zu können, war jedoch wieder ein Blick in die Historie, auf die in diesen Jahren bestehende Situation, insbesondere in den Sicherheitsorganen, notwendig.
Wie war die Situation 1989/90 in der Polizei und der Staatssicherheit und wie entwickelte sich diese in den Folgejahren?
1989 bearbeitete zum Beispiel die Hauptabteilung II des MfS, es war die Abteilung Spionageabwehr, über 250 Spionageverdachtsfälle. Verstärkte Aktivitäten fremder Geheimdienste, vorrangig der BRD und der USA, welche politische, wirtschaftliche und militärische Informationen in der DDR sammelten, trugen zu dieser Anzahl bei.
Dennoch stand mit der sich abzeichnenden politischen Wende in der DDR die gesamte Legitimation des MfS zur Disposition. Zudem zeigte die Linie II Ende 1989 erste Auflösungserscheinungen. Einzelne Mitarbeiter liefen zum BND oder KGB über. Einen letzten Bericht zur Arbeit der Spionageabwehr gab es

im Dezember 89. Doch schon lange hatte die Vernichtung von Akten nicht nur der Linie II, sondern auch anderer Abteilungen des MfS begonnen. Pläne für eine Reorganisation der Spionageabwehr scheiterten Mitte Januar 1990 mit dem Verzicht der damaligen „Modrow-Regierung", einen Verfassungsschutz zu gründen. Wie bekannt, besetzten Bürger die MfS-Zentrale in Berlin. Die sich deutlich abzeichnende Lage in der DDR, welche durch politische Umbrüche Anfang 1990 bereits gekennzeichnet war, führte mehr und mehr in eine Identitätskrise des MfS und erreichte auch alle Dienstzweige der Volkspolizei. Die Stimmung in diesen Bereichen war von Verunsicherung geprägt. Die gewohnten Strukturen verschwanden langsam und Sorge um berufliche Existenzen kamen auf. Zwischen Januar und Oktober 1990 beendeten viele Polizisten freiwillig ihr Dienstverhältnis. Es gab vielfältige Gründe und es lag nicht nur an einem vorgezogenen Ruhestand, sondern auch aufgrund politischer Einstellungen bzw. einer vielleicht früheren zu nahen Zusammenarbeit mit dem MfS. Einige Tausend wurden im Zuge der Überprüfung aus dem Dienst entlassen. Viele durften zunächst bleiben. Aber selbst noch im Oktober 1990 schwebte über sie das Damoklesschwert der Entlassung. Die Überprüfungen auf Zusammenarbeit mit der Staatssicherheit und ob sie sich in dieser Hinsicht vor 1990 schuldig gemacht hatten, gingen weiter. Ob sie Spitzeldienste ausgeführt oder in der Vergangenheit sich so verhalten haben, dass eine Übernahme ausgeschlossen war. Ein weiterer Grund bestand auch in der Nicht-Akzeptanz der Dienstgradabstufung nach einer möglichen Übernahme.

Im Fall „Katrin" galt es alle Aktivitäten der im Fall involvierten Mitarbeiter der Polizei und der Staatssicherheit, die von ihnen vorgenommenen Befragungen und Zeugenvernehmungen stets in Bezug zur damaligen politischen Lage, zur vorhandenen Situation zu setzen und eine Bewertung immer unter den zuvor genannten Aspekten der politischen und gesellschaftlichen

Veränderungen vorzunehmen. Es war für mich eine neue und erstmalige Erfahrung, nun die in der Akte dokumentierten Maßnahmen und Aktivitäten der damals ermittelnden Kriminalpolizei und der Staatssicherheit aus dieser Perspektive betrachten zu müssen. Dann, aus den vorliegenden Ermittlungsergebnissen, dem Verhalten bzw. den Motivationen der Ermittler eigene Schlüsse ziehen zu müssen. Das war nur möglich, weil selbst bei mir noch viele Ereignisse, Bilder und eigene Erlebnisse aus dieser Zeit präsent waren. Die in diesen Jahren verfügbaren kriminalistischen Mittel und Möglichkeiten waren mir aus eigener Tätigkeit bei den Sicherheitsorganen aus meiner damaligen Ermittlertätigkeit bekannt und daher abrufbereit. Das erleichterte entscheidend die nun vor mir liegende Bewertung der damaligen Arbeit der Kriminalisten. Was würden mir ihre Ermittlungsaktivitäten und die von ihnen erarbeiteten Ergebnisse für Erkenntnisse zum Verschwinden von Katrin bringen?

Erstmaßnahmen

Das erste Dokument, was ich in der Hand hielt, war ein Protokoll des VPKA Lübz vom 21.01. über eine vermisste Person. In diesem hieß es:
„Vermisst seit 07:10 Uhr – verließ am Sonnabend, mittels Fahrrades, Schultasche und Sportbeutel die Wohnung der Großmutter mit der Absicht zur ca. 1 km entfernte Schule nach Karbow zu fahren. Dort kam sie nicht an. Sie hat bisher den Wohnort nie ohne Hinterlassung ihres Aufenthaltsortes verlassen. Zur Großmutter, bei der sie bereits als kleines Kind wohnte und großgezogen wurde, sowie zu dem Vater besteht ein gutes Verhältnis, obwohl der Vater streng ist. In der Schule gibt es keine Konflikte. Sie gilt als eine der besten Schülerinnen und ist vorgesehen zum Besuch der erweiterten Oberschule. Die Überprüfung nächster

Angehöriger sowie Befragung von Mitschülern verlief ergebnislos. Es liegen zu Zeit keine Anhaltspunkte zu einem möglichen Aufenthalt vor."

Unterzeichnet war das Protokoll vom Hptm. der K Tollzin. Dieser hatte auch den K-Dienst der BDVP Schwerin über die Vermisstensache informiert.

Am Tag darauf, es war Sonntag, erfolgte durch den ODH des VPKA Lübz im obligatorisch festgelegten täglichen Informationsaustausch mit der SED-Kreisleitung, der Kreisdienststelle des MfS und dem Rat des Kreises eine erste Kurzdarstellung dieses Vermisstenfalles. Bereits gegen 07:00 Uhr traf die MUK der BDVP Schwerin mit dem Leiter, dem Major der K Anders sowie dem Hptm. der K Schön und dem Oltn der K Düsing in Sandkrug ein.

Die Dunkelheit der Nacht war noch nicht ganz gewichen. Ein schwarz-grauer Schleier über den Ereignisort und die sich langsam andeutende Dämmerung machten diesen Ort noch düsterer als am Tag zuvor. So als würde dieser Sonntag das Geheimnis um das Verschwinden des Mädchens nicht preisgeben wollen. Es dauerte nicht lange und Bewegung kam in diese Region. Großräumig angelegte Suchmaßnahmen begannen bei zunehmender Helligkeit in den Waldgebieten und um den Abgangsort der Vermissten. Schon nach kurzer Zeit wurde es durch die Anzahl der Suchkräfte der Polizei in der sonst so ruhigen und idyllischen Region lauter. Ein unregelmäßiges Knacken von auf dem Boden liegenden Ästen und Zweigen oder ein verstärkt lautes Rascheln des Unterholzes bzw. noch leicht vernehmbare Rufe bzw. Weisungen der Suchenden verrieten, wo sich die jeweiligen Suchgruppen befanden und welche Richtungen sie gerade einschlugen.

Die eingetroffenen drei Kriminalisten der MUK machten sich zunächst mit der Lage und Wegesituation vertraut. Vor dem Wohnhaus der Vermissten, dem Haus 2, befand sich eine

Weggabelung. In westlicher Richtung führte ein Hauptweg zur 1,5 km entfernten Ortschaft Karbow. Dieser Weg bog nach 110 m nach links ab. An dieser Abbiegung befand sich das Wohnhaus 1 der Familie Eichler. Diesen Weg fuhr die Vermisste täglich, um zur Schule zu kommen.

Die Bewohner Sandkrugs verfolgten die Suche, halfen da, wo sie konnten, und bangten zugleich um Katrin. Sie hofften auf ein Lebenszeichen von Katrin oder auf Hinweise, was geschehen war. Doch die Hoffnung, dass sie noch lebt, schwand am zweiten Tag ihres Verschwindens von Stunde zu Stunde.
In einem Bereich des Waldes wurde es gegen 12:30 Uhr auf einmal lauter als bisher. Etwas musste geschehen sein. Hatte man sie oder eine Spur gefunden? Es dauerte nicht lange und nur wenige Minuten später wurde dem Einsatzstab gemeldet, dass durch Suchkräfte des VPKA Lübz ein rotes Damenfahrrad im Wald mit Ästen bedeckt ca. 700 m nördlich des Wohnhauses der Vermissten festgestellt wurde. Durch den Leiter der MUK wurde die gesamte Suche sofort gestoppt und der Fundort weiträumig gesichert. Zum Zeitpunkt des Auffindens herrschten Temperaturen von 5 Grad Celsius. Von der vermissten Katrin gab es jedoch an diesem Tag keine Spur, nicht einmal einen Hinweis über ihren Verbleib. Katrin blieb verschwunden!
Die Suchaktionen wurden selbstverständlich am darauffolgenden Montag, dem 23.01., fortgeführt. Eine Mannschaft der 1. VP-Bereitschaft unterstützte an diesem Tag die Suche nach der

Vermissten. Gegen 10:30 Uhr wurden in Weiterführung dieser Suche durch Angehörige der VP-Bereitschaft die Schultasche und der Sportbeutel der Vermissten, ca. 250 m nordöstlich des Wohnhauses, im Wald verscharrt aufgefunden. Vom Fundort der Tasche war der Fundort des Fahrrades über einen offenen Kahlschlag mit Neuaufforstung hinweg sichtbar. Die Entfernung zwischen beiden Fundorten betrug ca. 450 m Luftlinie.
Auf einem Querweg lag in einer Entfernung von 145 Meter zum Hauptweg Sandkrug-Schlemmin ein 122 cm langes doppelt

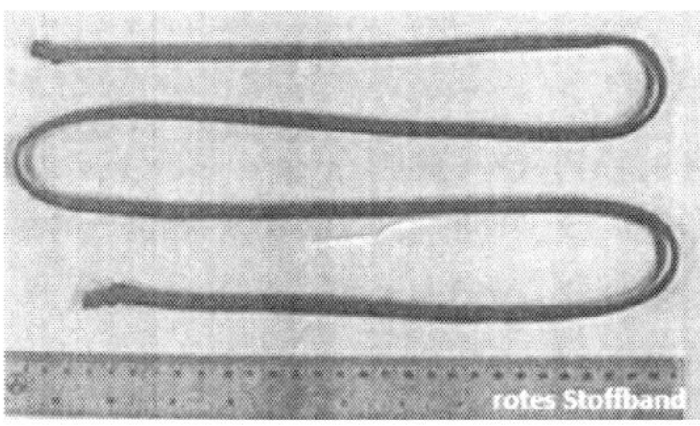

gelegtes und einseitig vernähtes, rotes Stoffband, wobei die Enden jeweils verknotet waren. Es lag in der Mitte des Weges auf dem Waldboden und wurde gesichert. Durch das Verstecken der Gegenstände hatten der oder die Täter, ob gewollt oder ungewollt, eine erste Spur, einen ersten Hinweis, was geschehen sein konnte, hinterlassen. Beide Verstecke ließen zudem eine „gewisse“ Handschrift erkennen. Das war für mich Grund genug, sich noch intensiver mit der Art des Abdeckens und des Versteckens der Gegenstände zu befassen.

<u>Fundort des Fahrrades:</u>

Das Fahrrad wurde 60 m tief im Wald gefunden. Der Wald war in diesem Bereich sehr lichte. An dieser Stelle befand sich ein ca. 2 m mal 2 m messender und 1 m hoher natürlicher Hügel.

An der gegenüberliegenden Seite des Hügels befanden sich am Hügel angeschichtet diverse trockene Äste und Zweige. Unter diesen war das Fahrrad sichtbar. Die Äste und Zweige lagen in 2 Büschen ausgehend vom Vorderrad über dem Fahrrad. Darüber lagen mehrere ungeordnete Äste und Zweige.

<u>Fundort der Schultasche und des Sportbeutels:</u>
Beide Gegenstände wurden in einer leichten Bodensenke gefunden. Diese war vollständig durch die Taschen ausgefüllt. Über den Taschen lag eine ca. 1 bis 2 cm starke Erdschicht, welche teilweise mit Laub vermischt war. Erst durch das Suchen mit Suchstangen wurde die oberste Tasche etwas im Boden bewegt und teilweise herausgezogen. Der Boden an dieser Stelle erschien den Suchkräften etwas aufgewühlt, was sie veranlasste, an dieser Stelle mit der Suchstange in den Boden zu stechen. Von den Taschen war zuvor nichts zu sehen. Die Schultasche war mit dem Schnappverschluss verschlossen. Erst nach der Schultasche wurde ein länglicher Sportbeutel aus blauen Jeansstoff mit langen Trägern sichtbar. Er lag direkt unter der Schultasche. Der Reißverschluss des Sportbeutels war ca. 15 cm geöffnet. Beide Gegenstände lagen in einer leichten Bodensenke von ca. 60 cm mal 55 cm. Die unterste Laub- und Humusschicht wurde offensichtlich durch den Verbringer entfernt und nach Hineinlegen der Taschen über diese geworfen. Zum üblichen Geländeniveau besaß die somit vertiefte Bodensenke eine Tiefe von 40 cm. Der Waldboden war in diesem Bereich sehr weich und leicht auszuheben. Zeichen von Grabespuren mit Geräten wurden nicht festgestellt.

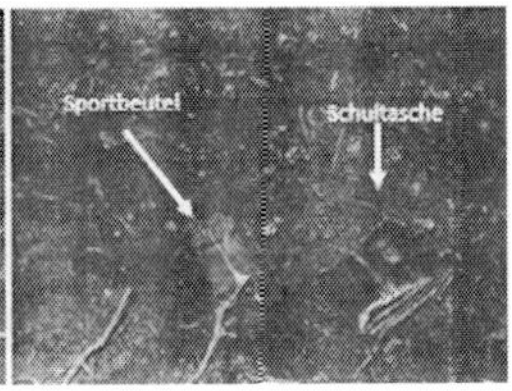

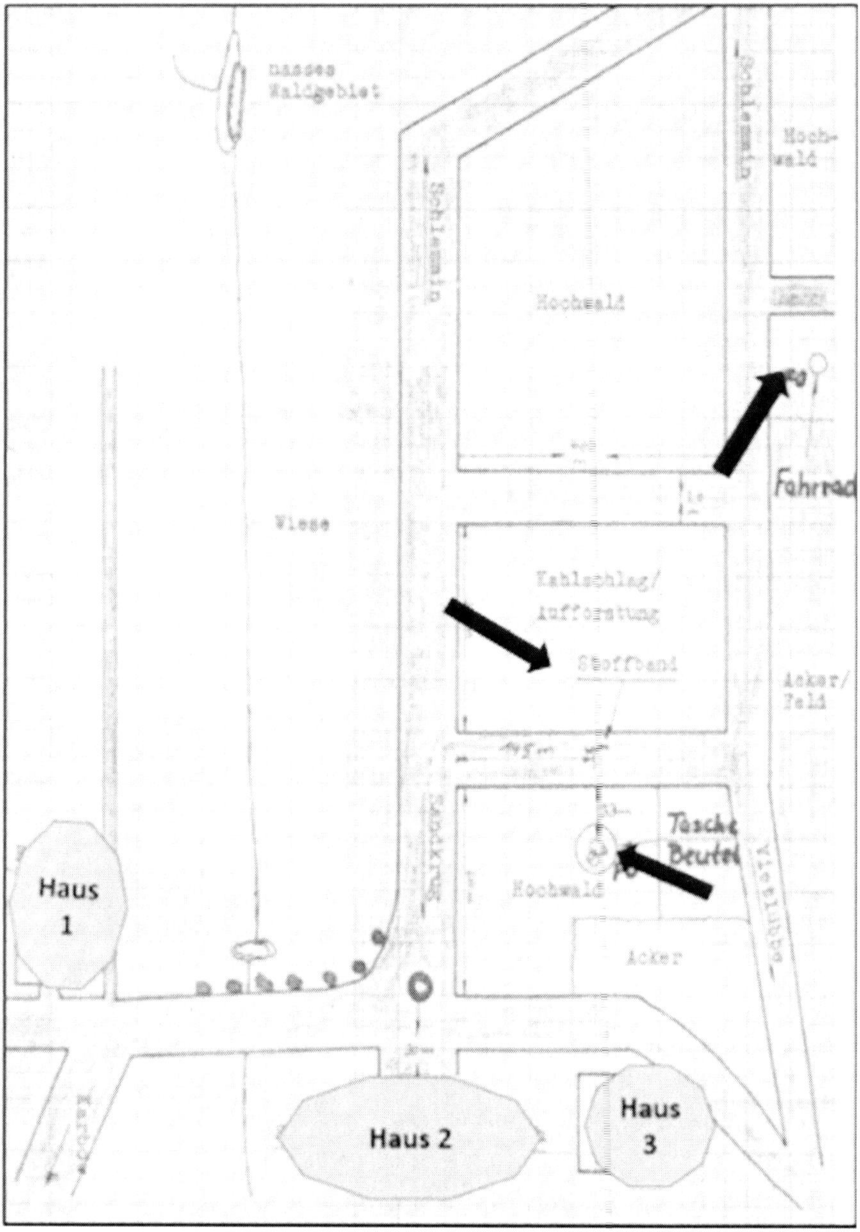
nasses
Waldgebiet
Schlemmin
Hoch-
wald
Hochwald
Fahrrad
Wiese
Kahlschlag/
Aufforstung
Stoffband
Acker/
Feld
Sandkrug
Tasche
Beutel
Hochwald
Acker
Haus
1
Haus 2
Haus
3

Trotz umfangreicher Absuche fand man keine Spuren eines Kampfes. Vom Fundort der Taschen war der Fundort des Fahrrades über einen offenen Kahlschlag über eine Neuaufforstung hinweg sichtbar. Die Entfernung zwischen beiden Fundorten betrug ca. 450 m Luftlinie. Die Lage beider Fundstellen sowie die Art des Abdeckens des Fahrrades und der Taschen ließen den Schluss zu, dass der oder die Täter über ausreichend Zeit verfügte/n, die Gegebenheiten sehr genau kannte/n und zuvor ausgewählt haben konnte/n. Das sah für mich aus, als wäre das gesamte Verschwinden der Schülerin, ihr mögliches Verbringen, das Verstecken ihrer Gegenstände als auch der anzunehmende Transport der Katrin selbst bis ins Detail geplant und mit hoher Wahrscheinlichkeit, nicht nur von einer Person, einem Einzeltäter, ausgeführt worden. Es konnte aber auch so gewesen sein, dass nur das Fahrrad unmittelbar nach der Tat versteckt wurde und die Schultasche, wie auch der Sportbeutel später, vielleicht sogar erst in der Nacht von Sonntag zum Montag dort abgelegt wurden. Die bei der Abdeckung des Fahrrades, aber besonders bei den Taschen vorgenommene Sorgfalt ließ meines Erachtens keinesfalls eine weibliche Person ausschließen, vielleicht sogar auf eine Mittäterin schließen, die über konkrete Kenntnisse der territorialen Lage und Bodenbeschaffenheit der Fundorte verfügte.

Was konnte hinter einer so geplanten Tat stecken?

Wer war in der Lage eine so exakte Voraufklärung und Durchführung zu organisieren?

War ein Einzeltäter zu dieser Tat samt der Logistik überhaupt in der Lage?

Einen Zufallstäter oder eine nicht aus der Region Karbow/Sandkrug und Umgebung stammende Person kam für mich kaum noch in Betracht.

Der dritte Tag nach dem Verschwinden der Katrin war angebrochen. Auf den Seiten der Regionalzeitungen Lübz, Parchim,

Güstrow und Hagenow erschienen Presseveröffentlichungen. Gleichlaufend wurden in den Orten Karbow, Kreien und Umgebung Aushänge verteilt, auf denen die Polizei sich an die Bürger der Region wandte und fragte, wer zum Vermisstsein der Katrin mögliche Angaben machen kann.
Noch am gleichen Tag, gegen 15:00 Uhr, wurde während der weiteren Suchmaßnahmen durch die eingesetzte VP-Bereitschaft am Ende der Vietlübber-Tannen auf dem Feldrand eine Schuhabdruckspur festgestellt. Diese wurde gesichert.

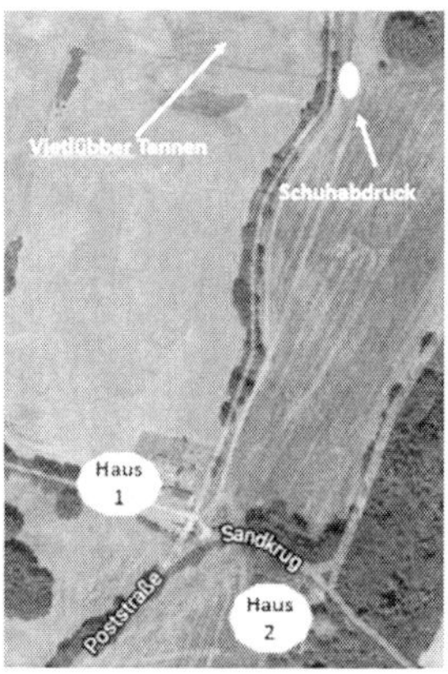

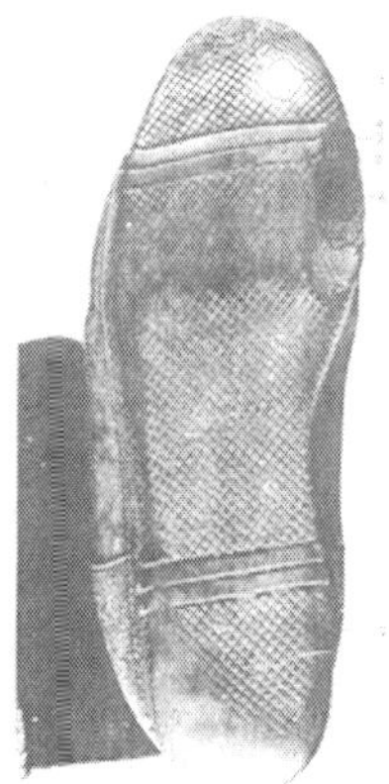

Die sofortige Überprüfung dieses Schuhabdruckes ergab eindeutig, dass die Halbschaftstiefel der Försterin Anja Chacker, wohnhaft in Schlemmin Forsthaus, als Verursacher festgestellt werden konnte. Für einen Moment stutzte ich. Försterin Chacker?
Das in Haus 3 zugezogene Paar arbeitete bzw. war nach ihren Angaben im Revier Karbow beim Revierförster Chacker angestellt.
War es nur Zufall, dass Kiefer bei Chacker tätig war und für die Zeit des Verschwindens der Katrin kein Alibi besaß und die gesicherte Schuhabdruckspur der Försterin Chacker zuzuordnen war?
Wer, wenn nicht die Försterin oder Kiefer verfügten über exakte Kenntnisse zur Bodenbeschaffenheit der Fundorte?

Abenteuerliche Gedanken gingen mir durch den Kopf, denn ein Ermittler muss auch mal um viele Ecken denken oder scheinbar Unmögliches in Betracht ziehen. Wie sorgsam die Gegenstände versteckt wurden, da hatte ich schon den Eindruck, als hätte eine Frau das Verstecken der Gegenstände vorgenommen.

Waren vielleicht beide sogar gemeinsam am Verschwinden der Katrin beteiligt?

Natürlich suchte ich in der Akte nach Dokumenten, die Auskunft darüber geben, wie die Försterin die von ihr hinterlassene Schuhabdruckspur begründet hatte. Doch in der Ermittlungsakte waren keine weiteren Ermittlungen, Befragungen oder Vernehmungen der Försterin Chacker dokumentiert.

Warum gab es dazu kein Dokument in der Akte?

Wurde sie, überhaupt nach ihrem Alibi befragt?

Hatte vielleicht die Staatssicherheit diesen Sachverhalt übernommen?

Waren diese Dokumente deshalb verschwunden?

In den darauffolgenden Tagen waren umfassende kriminal-technische Spurensicherungen am Fahrrad sowie an der Schultasche, dem Sportbeutel und deren Inhalt erfolgt. Parallel wurden, mit einem doch hohen Aufwand, Vergleichsspuren an den PKWs von Personen des Umfeldes der Vermissten gesichert. Man überließ nichts dem Zufall und die Gründlichkeit in der kriminalistischen Spurensuche/Spurensicherung bis hin zur Anfertigung von Geruchskonserven war zumindest in der Akte augenscheinlich und gewissenhaft dokumentiert. Unter den aufgeführten gesicherten Geruchskonserven befand sich auch der Name von Rose, der Person, die Vera Eichler als Fahrer des am Morgen des 21.01. festgestellt PKW-Trabant benannt hatte.

In einem Protokoll der BDVP Schwerin vom 26.01. über kriminaltechnische Tatortarbeit hieß es, dass zwei bei den Suchmaßnahmen gefundene Schnapsflaschen (ca. 50 m vom Fundort der Taschen) auf „Daty-Spuren“ (Fingerabdruckspuren) untersucht wurden, aber keine feststellbar waren. Genau zwei Schnapsflaschen wurden 1979 auch am Fundort ihrer toten Mutter gefunden.

Zufall oder beabsichtigte Spurenlegung?

Erst am 28.01., genau sieben Tage nach ihrem Verschwinden, suchte man in den Nachmittagsstunden nach Fingerabdrücken Katrins in deren Wohnbereich, um so Vergleichsspuren zu erhalten. Bereits genommene Bodenproben von Fahrzeugen und vom Schuh der Försterin Chacker wurden mit Bodenproben von den Fundorten der Gegenstände und den Bodenproben aus der gefundenen Tasche untersucht und verglichen. Da aber innerhalb der zurückliegenden Zeitspanne mindestens in zwei Fällen der Inhalt der Taschen für Besichtigungszwecke entnommen worden war, hatte sich auch die Beschaffenheit dieser Bodenspuren, konkret deren Körnung, so verändert, dass sie zum Vergleich mit den gesicherten Bodenproben nicht mehr brauchbar waren.

Was war mit den Bodenproben vom unmittelbaren Fundort?

Deren Körnung war doch noch nicht verändert.

Warum erfolgte hier kein Vergleich mit den Bodenproben vom Schuh der Försterin?

Nach allem, was in der Ermittlungsakte dokumentiert war, gelangte ich zu der Auffassung, dass uneingeschränkt alle zu dieser Zeit in der DDR vorhandenen kriminal-technischen wie auch kriminal-chemischen und biologischen Möglichkeiten bei der Untersuchung von Spurenmaterial ausgeschöpft wurden. Dennoch gab es, warum auch immer, keine verwertbaren Spuren.

Waren der oder die Täter so professionell, keine einzige Spur zu hinterlassen?

Jede Tat, jedes Verbrechen hinterlässt Spuren auch mit hoher Sicherheit in diesem Fall. Da war ich mir sicher. Sie können winzig und klein, kaum erkennbar oder auch völlig unauffällig sich den örtlichen Gegebenheiten angepasst haben, nur finden muss man sie. Der Blick dafür darf allerdings nicht fehlen. Mit sehr viel Aufwand unternahm man den Versuch, mehr zum in der Nähe aufgefundenen roten Stoffband zu erfahren. Es stand die Frage im Raum, ob dieses Stoffband einen Bezug zur Vermissten oder gar zum Geschehen haben kann. Katrins Vater und auch der Cousine Silke war dieses Stoffband nicht bekannt. Selbst Marie und Johann Eichler konnten dazu keine Angaben machen. Ein weiterer Versuch war die Befragung von Katrins Schulfreunden.

Letztendlich wurde es Verkäuferinnen in Textilverkaufsstellen in Lübz und Umgebung sowie in Schwerin vorgelegt, um zu erfahren, zu welchem Textil dieses Stoffband gehören könnte. Als letzte Möglichkeit wandte man sich an den VEB Strickwaren Oberlungwitz. Von dort gab es die Bestätigung, dass es sich bei dem roten Stoffband um eine Materialqualität handelt, die bis in das Jahr 1985 gefertigt wurde und Teil eines Bikinis war. Daraufhin wurden erneut die Angehörigen der Vermissten nach den Badetextilien der Katrin befragt und man scheute sich auch nicht, noch einmal im September 89 die jetzigen Schüler der nun 9. Klasse zum Bikini oder zu den Badesachen ihrer früheren Schülerin Katrin zu befragen. Aber auch diese Maßnahmen führten zu keinem Ergebnis. Das rote Stoffband blieb „geheimnisvoll".

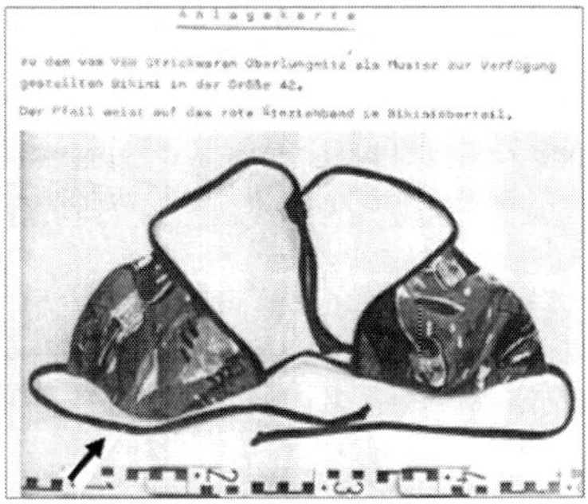
A n l a g e k a r t e

zu dem vom VEB Strickwaren Oberlungwitz als Muster zur Verfügung gestellten Bikini in der Größe 42.

Bezüglich eines in der Schultasche nicht gefundenen Briefes vom KKH Lübz, den die Oma ihrer Enkelin am Tag zuvor übergeben haben will, überprüfte ein Hptm Geber am 30.01. diesen Sachverhalt. Er befragte den ärztlichen Direktor und eine Oberin des KKH. Da zum Hptm. keine Dienststelle und auch nicht der Dienstgrad der Kriminalpolizei angegeben wurden, war davon auszugehen, dass es sich um einen Mitarbeiter des MfS, einen möglichen Zuständigen für das KKH, gehandelt haben muss. Seine Überprüfung ergab, dass im Rahmen des Lagers für Erholung und Arbeit, der Einsatz der Vermissten vom 20.02. bis 24.02.89 im Feierabendheim „Clara Zetkin" in Plau vorgesehen war. Am 20.01. soll die Sekretärin der Abteilung Gesundheitswesen beim Rat der Stadt Lübz von der Abteilung Volksbildung des Rates des Kreises Lübz telefonisch die Nachricht erhalten haben, dass Katrin nicht teilnehmen wird, weil sie zu diesem Zeitpunkt einen Ferienplatz mit den Eltern hat. Das war für mich nicht sofort nachvollziehbar. Aber zwei weitere Dokumente zum Sachverhalt „Brief" gaben mir mehr Informationen. Ein Oltn. der K hatte einen Tag später eine telefonische Rückfrage mit der betreffenden Kollegin der Abt. Volksbildung geführt. Sie gab an, in der Woche vor dem 21.01. durch ein Schreiben der POS Karbow davon Kenntnis erhalten zu haben, dass Katrin nicht am Lager teilnimmt. Da ihr aber bekannt war, dass Katrin teilnehmen wollte, hätte sie daraufhin noch am selben Tag mit der Stellvertretenden Direktorin Frau März gesprochen. Von dieser erhielt sie nur die Bestätigung, dass Katrin nicht mehr am Lager teilnehmen will. Den Grund hätte Frau März nicht genannt. Auf keinen Fall aber hatte, so die Kollegin von der Volksbildung, sie diese Information erst am 19. oder 20.01. von der Schule erhalten. Der Sachverhalt „Brief" war für mich immer noch nicht verständlicher geworden, sondern er warf Fragen auf.

Stand der Brief vielleicht in einem Zusammenhang mit dem Verschwinden?

Ein drittes Dokument mit Aussagen zum Sachverhalt „Brief" gab mir letztendlich Klarheit. Ein Hptm. der K hatte am 31.01. hierzu in der POS Karbow ermittelt. Nun erst brachten seine Ergebnisse Licht in die Sache. Bereits am 11.01. hatte Frau März bei der Volksbildung angerufen und nachgefragt, ob das Lager im Februar durchgeführt wird. Nach der erhaltenen Bestätigung

verständigte sie daraufhin auch die Schülerin Katrin, die im Feierabendheim zum Einsatz kommen wollte. Sie gab ihr den Termin bekannt und da soll Katrin bereits gesagt haben: „*Ich kann nicht zu dieser Zeit mit ins Lager gehen. Zu dieser Zeit bin ich mit meinem Vater im Winterurlaub.*“ Wenn auch etwas Enttäuschung, so Frau März, aus ihren Worten klang, war die Absage und Nichtteilnahme von Katrin eine ganz normale Sache, die sicher nur durch falsche Interpretation oder Dokumentation vorhergehender Aussagen widersprüchlich, kompliziert und im ersten Moment vielleicht relevant erschien.
Nach einem knappen Monat des Verschwindens der Katrin am 23.02. wurden dem Vater bereits durch das VPKA Lübz die Sporttasche und auch die braune Schultasche mit Inhalt übergeben. Nach dem Auffinden der Gegenstände war eine Spurensicherung an der Tasche und dem Sportbeutel vorgenommen worden. Zudem wurde festgehalten, welcher Inhalt aus der Schultasche fehlte. Verschwunden waren ein Hausaufgabenheft A5, der Brief mit dem Absender KKH Lübz, das Frühstücksbrot und ein Adressheft A6 mit diversen Anschriften. Wenige Tage später, genau genommen am 01.03., wurde ihm auch das aufgefundene Damenfahrrad seiner Tochter übergeben. An der Schultasche, dem Sportbeutel und auch dem Fahrrad konnten, so war die Auskunft, keine verwertbaren Spuren kriminal-technisch gesichert werden.

Im Mai 89 wurde die Öffentlichkeit der Region mit einem neuen Aushang nochmals auf das Schicksal der Katrin aufmerksam gemacht. Die Polizei bat erneut um Hinweise. Anscheinend versuchte man im August 89 mit weiteren, bisher nicht erfolgten kriminaltechnischen Mitteln an den aufgefundenen Gegenständen, nach Spuren zu suchen. Wie sonst war es zu erklären, dass ein handschriftliches Übergabeprotokoll, geschrieben von Marie Eichler am 01.08., sich in der Akte befand. Dieses Protokoll sagte aus, dass sie, wie mit der Kriminalpolizei und dem Vater abgesprochen, das Damenfahrrad, den Sportbeutel mit Inhalt und die Schultasche mit Inhalt an die BDVP Schwerin, an die MUK, den Major der K Anders, übergeben hat.

Befanden sich diese Gegenstände tatsächlich bei Eichlers?

Es war irgendwie unverantwortlich, nicht zu fassen!

Konnte man so sorglos und fahrlässig mit den aufgefundenen Gegenständen umgehen?

Es waren Spurenträger eines anzunehmenden Verbrechens und die ließ man einfach durch vielerlei Hände gehen. Sie wurden nicht als sogenannte Aservate behandelt und gesichert.

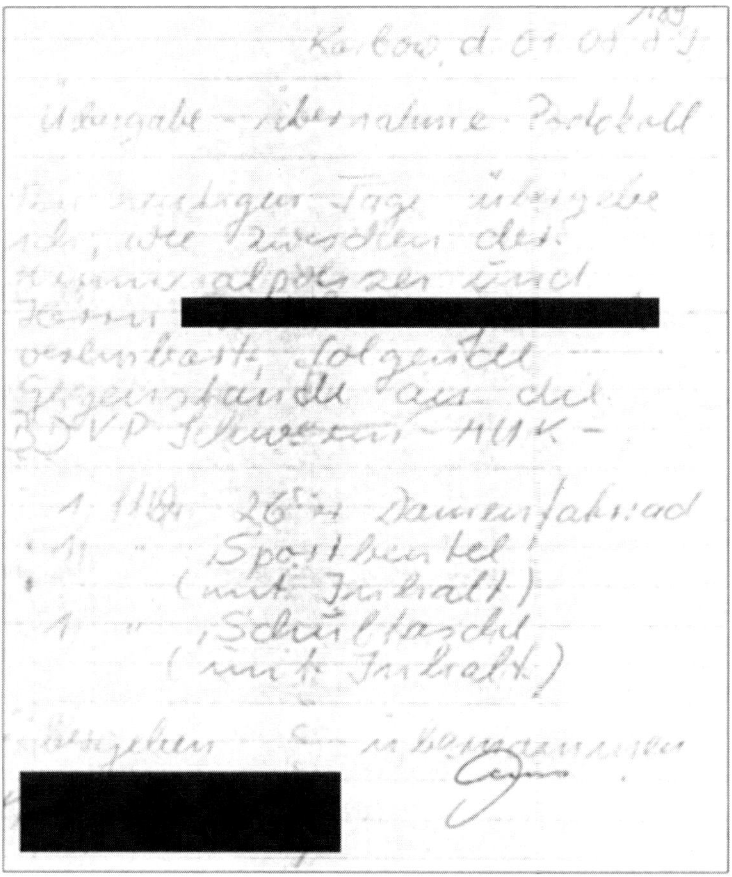

Übergabe - Übernahme Protokoll

Am heutigen Tag übergebe ich, wie zwischen der Kriminalpolizei und [geschwärzt] vereinbart, folgende Gegenstände an die BDVP Schwerin - MUK -

1 Stck. 26er Damenfahrrad
1 " Sportbeutel (mit Inhalt)
1 " Schultasche (mit Inhalt)

übergeben: übernommen

Was wollte man da nun noch für Spuren suchen oder kriminaltechnisch sichern?

Den Umgang mit diesen Fundsachen sah ich als einen, vielleicht sogar als den „größten" Fehler in diesem Vermisstenfall an. Selbst Jahre oder Jahrzehnte später hätte man mit immer moderneren kriminaltechnischen Mitteln und Methoden, bei sorgfältiger und vorschriftsmäßiger Behandlung der Aservate, sicher neue Erkenntnisse gewinnen können. Vielleicht sogar neue Spuren, die zum Täter oder zur Aufklärung, des Schicksals der Katrin hätten führen können. Diese Chance hatte man sich meines Erachtens bereits hier gründlich vergeben. Nach dieser bedauerlichen Erkenntnis wandte ich mich, schon etwas enttäuscht, einem weiteren Schwerpunkt zu.

Ein Großteil der Vermisstenakte bestand aus Protokollen von Befragungen und Vernehmungen von Personen. Diese damals erfolgten Befragungen und Vernehmungen von Zeugen fanden bewusst erst jetzt meine ungeteilte Aufmerksamkeit. Da mir die Bewegungsprofile bestimmter Personen, einige Informationen aus der Vorgeschichte und die eingeleiteten Maßnahmen sowie Ergebnisse der kriminalistischen Ermittlungen nunmehr bekannt waren, versprach ich mir eine bessere Einordnung aller dokumentierten Aussagen. Was würden mir die umfangreichen, in der Akte enthaltenen Befragungs- bzw. Vernehmungsprotokolle an Informationen geben? Würde ich hier vielleicht erste Hinweise erhalten, was mit Katrin geschehen sein kann?

Befragungen und Zeugenvernehmungen

Sehr deutlich war zu erkennen, dass sich alle Ermittlungen vorrangig auf das engste Umfeld der Vermissten und besonders auf die in Sandkrug wohnenden Personen konzentrierten. Sicher war davon auszugehen, dass Ermittlungen und somit auch Befragungen zu einem weiteren Personenkreis auch erfolgt waren. Nur diese Ergebnisse waren, wie so oft in anderen Fällen schon erlebt, in sogenannte Beiakten und kaum zugänglich. Wer aber neu in einem Fall ermitteln, ihn umfassend analysieren will, dem mussen auch der kleinste Hinweis und alle noch so unwichtigen Informationen, natürlich auch aus den oftmals umfangreichen Beiakten, zur Verfügung stehen. Den Inhalt der Beiakten zu einem Fall zu kennen, das blieb mir fast immer als Privatermittler verwehrt.

Aber warum?

Ein Privatermittler, ein Detektiv, kommt doch eigentlich nur dem Aufruf der Ermittlungsbehörde, die um Mithilfe bei der Aufklärung eines Verbrechens bittet, nach. Im Sinne der Aufklärung eines Verbrechens kann die Zurückhaltung von Beiakten daher in meinen Augen keine akzeptable Festlegung sein. Zudem gibt es der Ermittlungsbehörde, speziell der Kripo, wo in der Regel die Beiakten lagern, die Möglichkeit, eigene Fehler, unpassende nicht gewünschte Hinweise oder Anhaltspunkte, ohne Begründung, für die Aufarbeitung eines Verbrechens, zurückzuhalten. Aber das ist nur meine persönliche Meinung.

Kann eine solche Zurückhaltung von Beiakten vielleicht schon eine Strafvereitlung im Amt oder die Straftat einer Unterlassung in sich bergen?

Im Fall Katrin gab es mit Sicherheit eine Vielzahl solcher Beiakten. Ich konnte aber nur auf die mir in der vorliegende Ermittlungsakte dokumentierten Befragungen und Zeugenvernehmungen zugreifen. Personen aus dem engen Umfeld wurden im Laufe der Ermittlungen mehrfach befragt und vernommen. Es gab daher nicht wenige solcher Protokolle zum besagten Personenkreis. Nicht zu allen Befragungen bzw. Vernehmungen werde ich vollinhaltlich eingehen, sondern nur auf die mir darin wichtig und relevant erscheinenden einzelnen Aussagen. Um diese übersichtlich zu halten und die Feststellung möglicher

Widersprüche in den eigenen Aussagen oder im Vergleich zu anderen Aussagen zu erleichtern, wird es personenbezogen erfolgen und wenn erforderlich auf eine zeitliche Einordnung hingewiesen.

* * *

Vater – Rolf Jonast

Für ihn, der am späten Nachmittag des 21.01. durch Polizeiangehörige die Nachricht vom spurlosen Verschwinden seiner Tochter erhielt, brach an diesem Tag die Welt zusammen. Er war keines klaren Gedankens mehr fähig, als er sich auf den Weg nach Sandkrug begab. Was war geschehen? Warum meine Tochter? Vielleicht nur ein Unfall und sie ist verletzt, zum Gehen nicht fähig?
Diese und ähnliche Fragen quälten ihn während der Fahrt und nach Ankunft in Sandkrug weiter. Schreckliche Stunden, tagelange Ungewissheit, über Wochen und Monate hinweg, standen ihm bevor. Das Auffinden des Fahrrades sowie der Schultasche und des Sportbeutels, nicht unweit von ihrem Zuhause, ließen ihn Schlimmes vermuten. Der Kontakt zur Polizei und die zu seiner Person sich mehrfach anschließenden Befragungen und Zeugenvernehmungen machten seine Situation keinesfalls erträglicher.
Am Tag des Auffindens der Schultasche und des Sportbeutels wurde er durch den Oltn. der K Düsing als Zeuge vernommen. Neben der Schilderung seines Tagesablaufes am Tag des Verschwindens seiner Tochter wurden ihm die gefundenen Gegenstände, die Schultasche und der Sportbeutel mit Inhalt vorgelegt und übergeben. „Übergeben“, genau so war es in der Zeugenvernehmung dokumentiert. Das „Vorlegen“ konnte ich

akzeptieren, aber doch nicht eine „Übergabe", um ihn, wie es hieß, selbst feststellen zu lassen, was inhaltlich fehlen würde.

Wo blieb da der kriminalistische Grundsatz gewissenhafter Spurensicherung?

Diese Gegenstände, sie waren die wichtigsten Spurenträger im Fall und ihre Auswertung für die weiteren Ermittlungen von besonderer Bedeutung. Ein leichtes Kopfschütteln war beim Lesen von einer solchen „Übergabe" meine Reaktion.

Der Vater bestätigte, dass die Gegenstände seiner Tochter gehören, und stellte fest, dass das Hausaufgabenheft, ein kleines blaues A6 Heft mit Anschriften, der Brief des KKH Lübz und ihr Frühstücksbrot fehlten. Ein solches Vorgehen der Kriminalisten sollte der Vater tatsächlich alle Gegenstände eigenhändig berührt haben, musste ich erst einmal verdauen, dennoch hinterließ diese Tatsache nach dem Kopfschütteln noch für kurze Zeit Magenschmerzen.

Vier Tage später wartete auf den Vater bereits eine dreistündige Zeugenvernehmung durch einen Hauptmann der K, der viele Fragen an ihn hatte. Fragen wie zum Beispiel, wann und unter welchen Umständen Katrin zur Großmutter kam, ob sie Kenntnis vom Tod ihrer Mutter hat und wie die eigene Familiensituation ist. Weiter wurde er gefragt, wie er seine Tochter einschätzt, welche Hobbys sie hat und welche Entwicklung für sie vorgesehen war. Fragen, die durchaus Berechtigung hatten und im Rahmen der Ermittlungen für die Kriminalpolizei von Bedeutung waren. Auch wurde ihm erneut die Frage zu seinem Tagesablauf am 21.01. gestellt. Es schlossen sich Fragen, zur Bekleidung seiner Tochter, den fehlenden Sachen aus der Schultasche und zu den Freunden seiner Tochter daran an. Eine Frage bezog sich auf die Sache mit dem anstehenden Erhalt des Personalausweises seiner Tochter. Dazu meinte er: „*Die Aushändigung des Personalausweises stand bei Katrin bevor. Da sie in Waren polizeilich gemeldet ist und beim Empfang auch unterschreiben muss, haben wir darüber gesprochen, dass sie dann am besten einmal an einem Sonnabend mit nach Waren kommt. Sie sagte noch, dass sie das gut finden würde, weil dann an einem Sonnabend bestimmte Stunden in der Schule ausfallen würden, die sie nicht so gern mag. Katrin hat von sich aus schon in der Schule mit der Lehrerin gesprochen, dass sie an einem Sonnabend nicht zur Schule kommen wird, wegen dieser Angelegenheit, obwohl noch kein konkreter Zeitpunkt zwischen uns vereinbart worden ist." Er machte eine kurze Pause, um seinen Gedanken, seinen aus dieser Sache gezogenen eigenen Schluss, so noch deutlicher zu machen, und ergänzte: „Auch wegen dieser Vorabsprache bei der Lehrerin kam es dazu, dass man in der Schule dem Fehlen der Katrin keine Bedeutung beigemessen hat."*

Wenn aber mit dem Vater noch kein konkreter Termin vereinbart war, warum hatte Katrin sich dann aber für Sonnabend, den 28. Januar, bei der Lehrerin bereits um schulfrei bemüht? Ahnte sie vielleicht, dass an einem der Sonnabende etwas passieren kann?

Sollte Silke deshalb auch schon am Sonnabend zuvor mit ihr zur Schule fahren?

Eine weitere Befragung des Vaters, die aber nun wieder von einem ganz anderen Hptm. der K erfolgte, war am 10. Februar. Zum wiederholten Mal musste er seinen Tagesablauf am 21.01. schildern. Sehr konkret wurde er zur Übernachtungssituation befragt, wenn seine Brüder Holger, Heinz und er sich am Wochenende in Sandkrug aufhielten. Eine der letzten Fragen war die, wie er die Intimsphäre seiner Tochter beurteilen und ob sie sich zur Nachtruhe in seiner oder in der Anwesenheit seiner Brüder entkleiden würde. Hier gab er an, dass seine Tochter sich in seiner und in Gegenwart seiner Brüder nicht mehr so frei entkleidet habe.

Diese beiden Befragungen/Vernehmungen des Vaters waren natürlich nicht die einzigen. Viele solcher musste er über sich ergehen lassen, immer mit der Tatsache verbunden, dass man selbst ihn lange Zeit zum Kreis der Verdächtigen zählte. Auffälligkeiten oder Äußerungen, die von besonderer Relevanz sein konnten oder einen möglichen Verdacht erhärten würden, fand ich in allen Vernehmungen des Vaters allerdings selbst nicht.

* * *

Großmutter – Erna Jonast

Für die Großmutter war Katrin wie eine eigene Tochter. Sie erlebte, wie Katrin heranwuchs, sich langsam zu einem erwachsenen und klugen Mädchen mit eigenen klaren Vorstellungen entwickelte. Für sie waren die Tage nach dem Verschwinden ihrer Enkelin mit die unerträglichsten in ihrem bisherigen, nicht immer leichten Leben. In den ersten Tagen nach dem Verschwinden von Katrin war sie kaum ansprechbar, saß in ihrer Wohnung, starrte vor sich hin und nahm die Außenwelt und alles, was drum herum geschah, nur schleierhaft wahr. Als sich ihr psychischer und gesundheitlicher Zustand langsam stabilisiert hatte, wurde sie Ende Januar als Zeugin durch einen Ltn. der K vernommen. Er bat sie zunächst zu schildern, seit wann sie in Sandkrug lebt und wer zu ihrer Familie und zur Verwandtschaft gehört. Dann richteten sich seine Fragen nach ihrem Verhältnis zu ihrer Enkelin und zu dem zwischen Vater und der Katrin. Als sie zum Verhältnis ihrer Enkelin zu anderen Verwandten in Sandkrug befragt und anschließend die dort wohnenden Personen Kiefer, Rink und Sabitz einschätzen sollte, rannen bereits wieder Tränen über ihre Wangen. Sie kämpfte mit ihren Gefühlen. Es war zu spüren, welche Anstrengung es sie kostete, als sie meinte nichts Negatives berichten zu können. Katrin und Silke seien auch in

der Wohnung von Kiefer und Rink gewesen. Dort hätten sie sich Strickhefte angesehen.
Warum schien ihr dieses wichtig zu berichten?
Waren Strickhefte für beide Mädchen wirklich so interessant?
Weitere Fragen an sie waren die nach dem Entwicklungsstand der Katrin und nach deren besonderen Interessen. Natürlich war auch der Tagesablauf am 21.01. ein Schwerpunkt ihrer Vernehmung. Eine letzte Frage war die nach ihrer Vermutung zu den Umständen des Verschwindens ihrer Enkelin. Stockend und erneut unter Tränen, die sie nicht unterdrücken konnte und erste mit einem großen Taschentuch wegwischte, meinte sie schluchzend: „*Ich habe keine Vorstellungen. Wenn ich aber davon ausgehe, dass Katrin noch nie weggeblieben ist, ohne dass ich es vorher wusste, dann glaube und befürchte ich schon, dass hier eine Straftat passiert ist.*"
Diese zweieinhalbstündige Zeugenvernehmung kostete sie sehr viel Kraft. Sie war blass und erschöpft, aber innerlich froh, als diese Vernehmung ein Ende fand.
Es verblieben nur wenige Tage nach dieser kräftezehrenden Vernehmung, als ein Hptm. Abes von der Untersuchungsabteilung der BVfS Schwerin sie am 02. Februar in Sandkrug aufsuchte. Er befragte die Großmutter, was ich etwas sonderlich fand, ausschließlich zu den Umständen der Mitnahme des Frühstücksbrotes durch die Vermisste.
Was war mit dem Frühstücksbrot so wichtig, dass ein Mitarbeiter des MfS sie zwölf Tage nach dem Verschwinden wirklich nur dazu befragte?
Hatte das MfS andere Vermutungen oder gar Hinweise zum Verschwinden von Katrin?
Weitere acht Tage waren nach dem Besuch des Hptm. Abes vergangen, als sie durch den ihr bekannten Oltn. der K. Düsing und den ihr zwischenzeitlich auch bekannten Hptm. K. Schön erneut als Zeugin vernommen wurde. Die beiden hatten Fragen nach

den Abläufen sowohl am 20. als auch wieder zum 21. Januar. Erna Jonast wurde gebeten Angaben zu machen, wann ihr Sohn Holger, der zu Besuch war, am 21.01. aufgestanden, gefrühstückt und welche Tätigkeit er danach verrichtet hat. Krampfhaft versuchte sie sich zu erinnern und ihre Hände begannen zu zittern. Es schien ihr nicht zu gelingen. Mit einer entschuldigenden, aber auch gleichzeitig ängstlich erscheinenden Geste meinte sie leise: „*Ich kann keine genaue Uhrzeit angeben, wann Holger aufgestanden ist und das Schlafzimmer verlassen hat. Ich nehme nur an, dass es nach 10:00 Uhr gewesen sein muss. Ich habe ihm auch selbst kein Frühstück zubereitet, er isst sowieso immer allein.*" Sie machte eine kurze Pause, als würde sie noch einmal den Morgen des Tages nachvollziehen. Doch dann klangen ihre nächsten Worte hilflos: „*Ich kann eigentlich gar nicht genau sagen, wann ich ihn erstmals am Sonnabendvormittag gesehen habe.*"

Hatte sie mit dieser Aussage ihren Sohn Holger in den Kreis der Verdächtigen gerückt?

Oder hatten die Ermittler ihn zuvor bereits diesem Kreis zugeordnet?

War die Befragung deshalb so konkret nur auf ihn bezogen?

Der gleiche Oltn. der K suchte etwas später nochmals die Großmutter auf. Sie sollte nur demonstrieren, welchen Standort sie eingenommen hatte, als ihre Enkeltochter am Tag ihres Verschwindens mit ihrem Fahrrad das Haus verließ.

Gab es vielleicht Unklarheiten, wie und ob Katrin überhaupt das Haus verlassen hat?

In den Tagen nach dem Verschwinden der Katrin war es ganz natürlich, dass sich alle Ermittlungen besonders auf das engste Umfeld konzentrierten. Dazu gehörten selbstverständlich die Brüder ihres Vaters, Katrins Onkel Holger, Heinz und Helge.

* * *

Onkel – Holger Jonast

Er, ein in Schwerin wohnhafter Alleinstehender, im VEB Plastmaschinenwerk Schwerin als Baumaschinist Tätige, der am Tag des Verschwindens in Sandkrug bei seiner Mutter weilte, wurde am 26. Januar als Zeuge vernommen. Die Vernehmung erfolgte durch einen bisher nicht bekannten Hptm. der K. Zu Beginn wurde er zu seinen Verbindungen nach Sandkrug befragt. Hier gab er an, in der Regel jedes Wochenende dort zu sein. Auf die Frage, wie er seine Nichte einschätze, meinte er unter anderem: *„Sie ist meiner Meinung altersgemäß entwickelt und verhält sich auch so. Manchmal will sie vielleicht auch schon eine ‚Dame' sein. Dann steht sie länger vor dem Spiegel, kämmt und schminkt sich. Auch bestimmte Spray-Sorten verwendet sie.*" Selbstverständlich bezog sich eine Frage auf den Vorabend, auf den 20.01 und auf den Folgetag, den Tag des Verschwindens. Nach Angaben zum Verhältnis seiner Nichte zu Kiefer und Sabitz gefragt, meinte er, dazu keine konkreten Aussagen machen zu können. Er wisse nur, dass sie Kontakte zu Kiefer und dessen Partnerin hatte und auch in deren Wohnung ging. Dorthin hätte sie oft Zeitung und Post gebracht. Das mit der Post und der Zeitung hatte die Oma nicht erwähnt, ihr schien es mit den Strickheften irgendwie wichtiger zu sein.

Oder wollte die Oma mit den Strickheften auf etwas hindeuten? Gab es, vielleicht doch etwas anderes, wenn beide Mädchen sich in der Wohnung von Kiefer und Rink aufhielten?

Ein anderes Dokument vom 31.01. belegt, dass ein Mitarbeiter der BVfS Schwerin Ermittlungen im Arbeitsbereich des Holger geführt hatte. Weder Name noch Dienstgrad dieses Mitarbeiters waren angegeben. Zehn Tage später führte der Mitarbeiter des MfS, der Hptm. Abes, mit ihm eine Zeugenvernehmung durch. Es wurde ihm angetragen, seine Aussagen aus der Vernehmung vom 26.01. zu den Tagen 20.01. und 21.01. noch einmal zu präzisieren. Holger schilderte nun etwas ausführlicher den Verlauf des Abends vom 20.01., was sich aber mit seinen vorherigen Aussagen deckte. Auf die Frage, wie sich sein Verhältnis zur Katrin entwickelte, meinte er: *„Das ist schwer zu sagen. Ich möchte kurz sagen, es war normal. Wir hatten nie Streit oder anderweitige Auseinandersetzungen. Wir kamen gut miteinander aus. Es war aber nicht so, dass es nun ein richtiges Vertrauensverhältnis gewesen ist. Mit privaten Problemen oder Ähnlichem hat sich Katrin nie an mich gewandt. Es war auch kein solches Verhältnis, dass Katrin sich z. B. ohne Scham vor uns bewegt hätte. Das war aber wohl völlig normal.“* Die ersten Ermittlungen sowie Befragungen des Holger schienen ihn, warum auch immer, mehr in den Fokus der Ermittler gebracht zu haben. Einen Monat später wurde er als Verdächtiger durch die Kriminalpolizei Schwerin, einem Hptm. der K und den bereits bekannten Mitarbeiter des MfS Hptm. Abes vernommen.

Warum das auffällige Interesse des MfS an Holger Jonast?

Es wurde ihm der Vorhalt gemacht, dass es inzwischen eine Reihe von Verdachtsmomenten gegen ihn gibt, die darauf hindeuten, er hätte was mit der Sache zu tun. Begründet wurde dieses vorrangig damit, dass er allein leben und ein sexuelles Motiv haben würde. Diesen Vorwurf fand ich schon etwas anmaßend, ohne auch nur einen einzigen konkreten Hinweis als Vorhalt benennen zu können. Zudem, so hieß es weiter, hätte das Untersuchungsorgan immer wieder „Momente“ festgestellt, die auf das Grundstück der Oma hinzielen. Er sei am Abend des 20.01. im Wohnhaus gewesen, habe dort übernachtet und sich den ganzen Morgen im Haus bzw. in der erweiterten Umgebung aufgehalten. Nur er als auch die Oma, seine Mutter, waren im Haus, als Katrin sich für den Schulweg fertig machte.

Welche Momente sollen es gewesen sein?

Ich fand in den Unterlagen keinen von diesen sogenannten „Momenten“.

Warum wurde man nicht konkreter?
Ein weiterer Vorhalt war, dass Dinge festgestellt worden seien, die direkt auf das Grundstück seiner Mutter am Sandkrug hindeuten.
Welche Dinge waren gemeint?
Auch dazu gab es ihm gegenüber, keine Erläuterung. Holger, dem diese Vorhaltungen erstmalig trafen, konnte sich in dieser Situation nur vorstellen, dass etwas am Fenster des Hauses gefunden wurde, und versuchte zu erklären, dass es in der Nacht vom 22. zum 23.01. gewesen sei, als Katrins Vater durchs Schlafzimmerfenster gestiegen war, er und sein Bruder Heinz dann hinterher waren. Dazu meinte er, völlig gelöst: „*Vielleicht hat mein Bruder beim Rausklettern aus dem Fenster irgendwelche Spuren verursacht, so dass sie nun denken, dass einer von uns was mit dem Verschwinden zu tun hat.*" Seine Vernehmung hatte um 15:00 Uhr begonnen und wurde um 16:30 Uhr unterbrochen, da eine Hausdurchsuchung bei dem Befragten in seiner Schweriner Wohnung vorgenommen wurde. Ein bei einer solchen Maßnahme verpflichtendes Protokoll oder auch nur ein Aktenvermerk zum Ergebnis dieser Durchsuchung befand sich jedoch nicht in der Akte.
Gab es, überhaupt dazu ein Dokument oder gab es dieses in einer Beiakte?
Wurde die Hausdurchsuchung, aus welchen Gründen auch immer, vielleicht durch das MfS initiiert?
Dann wäre klar, dass hierzu keine Dokumente in der Akte zu finden waren.
Neun Monate später, am 22.11., wurde Holger, diesmal von einem OSL der K, nun jedoch wieder als Zeuge vernommen. Begründet wurde es damit, dass sich nach seiner letzten Befragung zwischen den Aussagen seiner Familienangehörigen und seinen Aussagen zu zeitlichen Abläufen am 21.01. Widersprüchlichkeiten ergeben hätten. Diesmal wurde er besonders danach befragt,

ob es nach dem Verschwinden der Katrin Veränderungen bzw. Konflikte in den sozialen Beziehungen untereinander geben würde. Daraufhin meinte er, dass seine Mutter gewisse Schuldgefühle zeige und ihr Verhältnis zu Katrins Vater nicht mehr das „Alte" sei. Aber auch sein Bruder, der Vater von Katrin, würde sich Vorwürfe machen, sie nicht früher nach Waren geholt zu haben. Dann war da noch die Frage, ob die Oma vielleicht ihm gegenüber einmal einen Verdacht geäußert hätte. Sie, so meinte er, habe ihm gegenüber keinem Verdacht geäußert. Nach kurzem Überlegen berichtete er aber: *„Mir ist allerdings bekannt, dass mein Bruder Rolf, der Vater von Katrin, einen Verdacht gegen den Opa Eichler hat. Sicherlich resultiert dies aus dessen Vorstrafe. Eine Begründung für diesen Verdacht hat er aber auch nicht. Auffällig war uns, dass seit dem Verschwinden der Katrin der Opa Eichler ca. 2 bis 3 Wochen nur noch in Begleitung seiner Familienangehörigen gesehen wurde. Allein außerhalb des Grundstückes haben wir ihn nicht feststellen können. Es sieht so aus, als wenn er von seinen Leuten ‚bewacht' wird."* Als er noch einmal zum Ablauf des 21.01. befragt wurde, meinte er unter anderem: *„Ich glaube, es war so gegen 13:00 Uhr, als ich durch die geöffnete Haustür Stimmen im Wald hörte. Ich sah zur Tür hinaus und stellte fest, dass sich Johann Eichler mit seiner Enkelin Silke am Waldrand vor unserem Grundstück aufhielt. Was sie dort machten, in welche Richtung sie sich bewegten bzw. wo sie herkamen, kann ich nicht sagen. Wie gesagt, ich erfasste dies nur mit einem Blick und dann war es für mich erledigt. Silke war um diese Zeit auch mehrmals bei uns und fragte, ob Katrin schon aus der Schule zurück sei. Eine zeitliche Einordnung, ob Silke vor oder nach meiner Beobachtung bei uns war, kann ich nicht vornehmen."*

War der Aufenthalt von Johann und Silke zu dieser Zeit in der Nähe des Grundstücks Haus 2 nur Zufall, Neugierde oder ahnten sie was?

In dieser Zeugenvernehmung wurde Holger, was ungewöhnlich ist, als Zeuge der Vorhalt gemacht, dass seine Mutter sich nicht erinnern kann, ihn in den Morgenstunden des 21.01. bis etwa gegen 10:00 Uhr, irgendwo im oder außerhalb des Grundstückes wahrgenommen zu haben. Das sei unter anderem ein Verdachtsmoment, der zu der Befragung am 16.02. geführt habe. Darauf reagierte Holger nun schon etwas genervt: „*Was soll ich dazu sagen. Geht es jetzt wieder los? Ich bin unschuldig. Ich habe mit der Sache nichts zu tun. Warum meine Mutter das sagt, weiß ich nicht. Wenn ich jetzt nachdenke, muss ich gestehen, dass ich mich auch nicht erinnern kann, wo konkret und zu welchem Zeitpunkt ich meine Mutter bewusst gesehen habe.*“

Mehrere Monate waren vergangen, man schrieb schon das Jahr 1990, als am 20. Juni Holger erneut durch den Hptm. des MfS Abes, der nun allerdings den Dienstgrad KOK trug, zum Abend des 21.01. und zur Person Kiefer befragt wurde.

17 Monate nach dem Verschwinden von Katrin hatte es den Anschein, dass Abes nach der sogenannten „Wende“ wohl übernommen wurde und sich in die neue Polizeistruktur integriert hatte.

* * *

Onkel – Heinz Jonast

Natürlich musste auch er sich mehreren Befragungen und Vernehmungen unterziehen. Er war wie sein Bruder Holger alleinstehend, wohnte in einer Einraumwohnung in Lübz und war dort als Verkaufsstellenleiter tätig. Wie Holger kam auch er fast jedes Wochenende mit seinem Moped nach Sandkrug. Heinz wurde am 31.01.89 durch einen Hptm. d. K. als Zeuge unter anderem zum Verhältnis zu seinen Brüdern, zu seinen Aufenthalt am 21.01. und zum Verhältnis zur Katrin vernommen. Als er gefragt wurde, wie er das Verhältnis zu ihr einschätzen würde, meinte er, ohne lange zu überlegen, dass er zu ihr ein gutes Verhältnis hatte und sie gern zu ihm nach Lübz kam. Sie sei auch in den letzten Sommerferien eine Woche bei ihm gewesen und schilderte dazu: *„Ich hatte zwar selbst keinen Urlaub, aber Katrin befand sich am Tage bei mir im Geschäft, zusammen mit meinen Kolleginnen. In der Nacht hat sie bei mir in der Wohnung übernachtet. Das war keine Besonderheit. Wenn Katrin allein bei mir in Lübz war, dann geschah es auch mit Einverständnis und Wissen ihres Vaters und meiner Mutter."*

Katrin allein mit ihrem Onkel eine Woche in einer Einraumwohnung?

Ich musste an die vielen Erwähnungen zum Onkel Heinz in den Briefen von Katrin denken. An seine vielen Geschenke, die er Katrin machte.

Da können schon andere Gedanken aufkommen, oder?

In einer viel späteren Vernehmung, erst im Juni 1990, die durch einen Kriminalrat Anders und dem KOK, Düsing vom Bezirkskriminalamt/MUK erfolgte, wurde Heinz zum Tagesablauf 21.01. befragt. Wie erkennbar, war aus dem Major der K. Anders nun ein Kriminalrat und aus dem Oltn. der K natürlich ein KOK geworden. Auch die Bezeichnung der Dienststelle zeigte, dass sich die Strukturen in der Polizei bereits zu diesem Zeitpunkt gewandelt hatten. Nicht der Tagesablauf, sondern eine andere Frage schien für die Vernehmer noch wichtiger gewesen zu sein. Es war die nach seinen Gedanken hinsichtlich des Verschwindens von Katrin. Dazu äußerte er sich klar und irgendwie überzeugt: *„Ich hoffe bzw. denke, dass Katrin noch lebt. Ich kann mir nicht vorstellen, dass sie überfallen und umgebracht worden sein kann."*

Wollte er mit diesen Gedanken nur etwas Schreckliches verdrängen?

Ihm war bekannt, dass außer Schul- sowie Sporttasche und Fahrrad nichts weiter gefunden wurde. Mit den Worten: „*Ich denke unter Umständen an ihre Handschuhe oder sonst irgendwelche persönlichen Gegenstände (Schmuck), die sie beim Überfall hätte verlieren können. Dann habe ich von meinem Bruder erfahren, dass ihr Frühstücksbrot und ihr Schultagebuch nicht bei den gefundenen Sachen sind*“, versuchte er seine nun gerade geäußerten Gedanken zu untermauern.

* * *

Onkel – Helge Jonast

Seit dem Verschwinden der Katrin standen insbesondere die Söhne der Großmutter mit ihren engsten Verbindungen nach Sandkrug und damit zur Katrin im Fokus der Ermittler. Intensiv wurden alle befragt bzw. vernommen. So auch der Onkel Helge, der mit seiner Frau und seiner Tochter in Parchim wohnte und dort als Meister im VEB Hydraulik Nord tätig war. Er wurde am 28.01. durch einen Hptm. der K als Zeuge vernommen und gab an, nicht so häufig wie seine anderen Brüder nach Sandkrug zu fahren. Als er zum Verhältnis der Brüder untereinander gefragt wurde, meinte er, dass dieses gut sei. Zum Charakter von Katrins Vater ergänzte er nach kurzen Überlegungen: „*Ich möchte hinzufügen, dass mein Bruder Rolf in seinem Charakter doch anders ist als wir anderen Geschwister. In seinem Wesen nach ist er verschlossen, er spricht nicht viel, auch selbst dann nicht, wenn wir mal alle zusammen sind. Es ist nicht etwas Besonderes. Diese Charaktereigenschaft erstreckt sich über sein bisheriges Gesamtleben.*“ Als Helge nach zweckdienlichen Angaben zum Verschwinden der Katrin befragt wurde, machte er eine kleine Pause und meinte dann: „*In diesem Zusammenhang möchte ich erklären, dass mir vom Hörensagen bekannt geworden ist, dass Katrin gegenwärtig in den Wintermonaten ständig ein Messer bei sich gehabt haben soll. Ich kann aber wirklich nicht sagen, von wem ich dieses erfahren habe und aus welchem Grunde sie das Messer mitgeführt haben soll. Von dieser Sache soll ein Mädchen, vermutlich eine Mitschülerin von Katrin, in der Schule Karbow erzählt haben. Es könnte sein, dass ich von diesem Sachverhalt am Sonntag, dem 22.01., durch die Mutter der Freundin von Katrin informiert wurde.*"

Konnte er sich wirklich nicht erinnern oder wollte er aus welchem Grund auch immer keine Quelle nennen?

Es waren doch eigentlich erst sieben Tage seit dem Verschwinden von Katrin vergangen und da müsste doch noch eine gewisse Erinnerung vorhanden gewesen sein, gerade bei Informationen, die mit Katrins Verschwinden hätten zu tun haben können. Am gleichen Tag wurde auch seine Ehefrau Resi, die als Stomatologische Fachschwester im Betriebsambulatorium des gleichen Betriebes, in welchem ihr Mann arbeitete, tätig war, vernommen. Ein Ltn. der K. stellte ihr die Fragen. Ihre Antworten enthielten keine relevanten bzw. interessanten Hinweise, die mir wichtig erschienen. Sie bezogen sich auf die Persönlichkeit der Vermissten und auf das Verhältnis nach Sandkrug. Auf die Frage, wie das Verhältnis der Katrin zu den Onkeln war, berichtete sie: „*Ich kann nur sagen, dass ich den Eindruck hatte, dass Katrin immer im Mittelpunkt gestanden hat. Sie war immer diejenige, um die sich alle besonders gekümmert haben. Insbesondere gilt dieses auch für ihren Onkel Holger, der sich viel um die Katrin gekümmert hat.*"

Das kam aber bisher in den Aussagen der anderen, aber auch in den Vernehmungen des Holger selbst keinesfalls so deutlich zum Tragen. Da hatte er es eher heruntergespielt. Nach ihren Vorstellungen befragt, was passiert sein kann, war von ihr zu hören: „*Ich kann mir nur vorstellen, dass irgendwas Schlimmes vorgefallen sein muss. Katrin wäre nie allein weggeblieben. Dazu war sie ein zu ordentliches Mädchen. Es kann nur ein Verbrechen vorliegen. Eine andere Erklärung habe ich für ihr Verschwinden nicht.*"

Im Zuge der Vernehmung ihrer Eltern wurde auch die Tochter Dörte, die zu dieser Zeit noch bei der HO Lehrling war und zur Verkäuferin ausgebildet wurde, vernommen. Zu ihrer Cousine Katrin befragt, berichtete sie von der engen brieflichen Verbindung. Auch auf sie kam man im Juni 1990 noch einmal zu. Vom KOK, dem ehemaligen Oltn. der K., erfolgte eine Befragung in der Wohnung. Dabei ging es um eine Übernachtung, die in der Vergangenheit beim Onkel Heinz erfolgt war. Dazu machte sie folgende Angaben: „*Ich war damals 12 Jahre alt, da habe ich in zwei Fällen beim Onkel in Lübz zusammen mit Katrin geschlafen. Ich wollte damals verreisen, ins Ferienlager und hatte durch die Übernachtung einen günstigeren Verkehrsanschluss. Wir beide schliefen mit dem Onkel auf einer Doppelliege, da der Onkel nur ein Zimmer besaß. Wir Mädchen schliefen in dem einen Bett der Liege, der Onkel nutzte das zweite Bett. Während des Schlafens kam es zu keinen sexuell motivierten Handlungen des Onkels.*"

* * *

Im November 1989 gab es besonders viele sich noch einmal wiederholende Befragungen bzw. Vernehmungen von Familienangehörigen, die jedoch wenig oder keine neuen relevanten Informationen brachten. Eine Befragung schien mir jedoch etwas besonders. Am 20.11. und 21.11.89 wurden die Großmutter und Katrins Vater befragt. Durchgeführt wurde die Befragung diesmal von einem OSL Lüders und einem Dr. Dr. von der Sektion Kriminalistik der Humboldt Uni Berlin, der als sachkundiger Berater zu den Beziehungen in der Familie, zu möglichen Konfliktfeldern der Katrin und zu den Persönlichkeitsstrukturen der hauptsächlichen Beziehungspersonen, wie auch zum Persönlichkeitsbild der Vermissten, am Gespräch teilnahm. Im Ergebnis dieser Befragung wurde festgestellt, dass sich bei den Befragten keine Hinweise, die als Erklärungsansatz für das Verschwinden der Katrin dienen konnten, ergaben. Die Lebenssituation der Familie Jonast in Sandkrug würde sich ohne Konfliktfelder darstellen, so dass weder eine Stütze für eigenwillige Verhaltensweisen noch für Suizidalität bei Katrin gefunden werden konnten. Es sei auch davon auszugehen, so hieß es weiter, dass die Oma aufklärungsdienliche Tatsachen und Umstände, die gegebenenfalls ihre Söhne belasten könnten, im Interesse des Schicksals ihrer Enkeltochter nicht verheimlichen würde. Die alles entscheidende Aussage war, dass alle gewonnenen Informationen durch die Befragten keine begründeten Anhaltspunkte für den Zusammenhang eines der Familienmitglieder Jonast mit dem Verschwinden der Katrin ergaben. Damit schienen zumindest diese Personen aus dem Kreis der Verdächtigen zu fallen. Aber es gab noch weitere Personen, die in Sandkrug wohnten und zum engeren Umfeld der vermissten Karin zählten.

* * *

Onkel und Tante – Johann und Marie Eichler

Selbstverständlich waren auch umfassende Befragungen und Vernehmungen zu den Personen, die im Haus 1 in Sandkrug wohnten, erfolgt. Ein Schwerpunkt waren die Befragungs- bzw. Vernehmungsaktivitäten zu Marie Eichler und deren Ehemann Johann. Bereits einen Tag nach Katrins Verschwinden wurde Marie durch den an diesem Tag sehr aktiven Oltn der K. Düsing zum Morgen des 21.01. befragt.
Sie schilderte unter anderem, wann sie ihre Schwiegertochter Vera und ihre Enkelin Silke geweckt hat, und gab weiter an,

dass sie in den Morgenstunden keine Geräusche oder Schreie usw. vernommen hätte. Vorbeifahrenden Fahrzeuge hätte sie auch nicht festgestellt, da sie sich hauptsächlich im Wohnhaus aufgehalten habe.

Ihr Mann, Johann, wurde am gleichen Tag durch den Oltn der K. zum Vormittag des 21.01. befragt.

Er gab an, gegen 07:10 aufgestanden zu sein, seine Toilette verrichtet und sich gegen 07:30 Uhr in die Wohnküche begeben zu haben. Seine Ehefrau sei am 21.01. bereits gegen 05:00 Uhr aufgestanden und habe das Schlafzimmer verlassen. Sie selbst gab am gleichen Tag bei ihrer Befragung jedoch an, erst um 06:30 Uhr aufgestanden zu sein. Nach 08:00 Uhr will Johann bis 11:00 Uhr im Garten gewesen sein, der sich am Grundstück Haus 2 befindet. Die Katrin hätte er nicht gesehen. Selbst andere Personen oder Fahrzeugbewegung seien ihm vom Garten aus in dieser Zeit nicht aufgefallen.

Was mir aber auffiel, die Aussagen von Marie und Johann glichen sich zu Beginn schon sehr. Johann meinte: *„Ich habe in der Nacht vom 20.01. zum 21.01. in unserem Schlafzimmer mit meiner Ehefrau geschlafen. Unser Schlafzimmer befindet sich an der rechten Giebelseite des Gebäudes. Ich liege direkt am Fenster. Das Fenster bleibt in der Nacht immer geschlossen, da es für mich zu kalt ist. Weiterhin war das Fenster zugezogen.“* Als Marie schildern sollte, wie der 21.01. verlief, begann sie so: *„Ich habe in der Nacht vom 20.01. zum 21.01. im Schlafzimmer mit meinem Ehemann geschlafen. Unser gemeinsames Schlafzimmer liegt an der rechten Giebelseite des Hauses. Es besitzt ein Fenster, welches nachts verschlossen ist, da es sonst zu kalt wird. Es wird nachts prinzipiell mit einer Gardine verdunkelt.“*

War es nur Zufall?

Oder ein Zeichen, dass man sich zuvor abgesprochen hatte?

Das wollte und konnte ich so auf keinen Fall ganz ausschließen.

Sieben Tage später, am 29.01., es war die erste offizielle Vernehmung von Marie, meinte sie zum Tagesablauf am 21.01: *„Hierzu muss ich sagen, dass Silke am Nachmittag des 20.01. mir unter vier Augen erzählt hat, dass Katrin von ihr gefordert hat, dass sie am Sonnabend mit ihr zur Schule hinfahren soll und Silke sonst eine ‚knalle', wenn sie nicht mitfährt. Silke muss diese Drohung ernst genommen haben. Ich habe sie beruhigt und erklärt, dass Katrin sie bestimmt nicht hauen würde. Warum Katrin unbedingt mit Silke fahren wollte, ist mir nicht bekannt."*

Warum war es für sie wichtig zu betonen, dass dieses Gespräch unter vier Augen erfolgt war?

Hatte sie tatsächlich keinem anderen aus der Familie davon erzählt?

Immerhin war Katrins Forderung an Silke schon außergewöhnlich, etwas Nichtalltägliches. Da konnte ich mir nicht vorstellen, dass sie anderen Familienmitgliedern, ihren Mann Johann, ihren Sohn Kurt oder auch Schwiegertochter Vera dieses nicht erzählt haben will.

Am 15. August waren Johann und Marie noch einmal ins VPKA Lübz bestellt worden. Für Johann wurde es unangenehm, als er an diesem Tag nun als Verdächtiger durch Hptm der K Wetzel und Major der K Anders vernommen wurde. Ihm wurde der Vorhalt gemacht, dass er am 21.01. nach 07:00 Uhr das Haus verlassen habe und zudem mit einer Tötungsstraftat Vanessa Bock in Wilsen 1953 zu tun hätte. Darauf reagierte er schon etwas knurrend und leicht zornig, so als wäre ihm dieses schon mehrfach vorgehalten worden. Er schaute dabei abwechselnd den einen und dann den anderen Vernehmer an. Nach einem sehr kurzen Schweigen meinte er dann aber in einer völlig unaufgeregten erscheinenden Tonart: *„Ich möchte noch einmal sagen, ich würde es nie fertigbringen, einen Menschen zu töten. Ich habe das in Wilsen nicht gemacht und mit Katrin auch nicht."* Man konfrontierte ihn daraufhin mit einem weiteren Vorhalt. Eine Person aus seiner unmittelbaren Umgebung hätte gesagt, dass er das Mädchen aus Wilsen 1953 getötet haben soll. Dazu sollte er sich nun äußern. Kurz, aber doch energisch und schon lauter als zuvor entglitt ihm der Satz: „*Ich weiß nicht, wer so etwas sagen kann.*" Als ihm mitgeteilt wurde, dieses hätte sein eigener Vater zu einer anderen Person gesagt, meint er jetzt stark aufbrausend, wobei sich sein Gesicht rötete und seine Stirn sich dabei in Falten legte: „*Das glaube ich nie. Ich glaube das nicht, dass mein Vater solche Äußerungen über mich gemacht hat. Da wollen mir wohl irgendwelche Leute eins auswischen.*"

Diese Vernehmung, so mein Eindruck beim Lesen des Protokolls, wurde dem Anschein nach wohl sehr druckvoll von den Vernehmern geführt und schien mir sogar ein wenig grenzwertig. Auch seine Frau Marie wurde an diesem Tag, im August 89 noch einmal vernommen. Ihr wurde mitgeteilt, dass nach der letzten Befragung ihres Mannes sich Verdachtsmomente ergeben hätten, dass er etwas mit dem Verschwinden der Katrin zu tun hat. Sie tat überrascht, fasste sich aber sehr schnell und meinte dazu: „*Mein Mann wurde 1954 von der Polizei verhaftet. Erst später erfuhr ich, dass er kleine Jungs u a. auch Kinder der Familie Jonast sexuell missbraucht hatte … Damals wollte ich mich auch schon scheiden lassen, doch ich war schwanger und mein Mann versicherte mir bei Besuchen, dass er derartige Handlungen nie wieder begeht. Erst Jahre später gab es wieder Probleme. Er soll sich wieder an Jungs vergriffen haben. Ich glaube, er erhielt eine Bewährungsstrafe.*"

Was war das mit den ‚Jungs' der Familie Jonast, an denen er sich vergangen haben soll?

Waren die Söhne von Erna, Katrins Onkels oder gar ihr Vater gemeint?

Gab es seit dieser Sache vielleicht unterschwellig doch noch Spannungen zwischen Jonast und Eichlers?

Die Frage nach dem Verhältnis ihres Mannes Johann zu Katrin versuchte sie, so ließ sie es zumindest nach außen hin erscheinen, aus tiefster Überzeugung zu beantworten: „*Um Katrin hat er sich nicht weiter gekümmert. Er hat sie auch nicht irgendwie beachtet. Mir ist auch nie aufgefallen, dass er sich für ‚dieses' Mädchen interessierte. Auch um Silke kümmert er sich nicht weiter und in sexueller Hinsicht zeigt er absolut an Silke kein Interesse.*"

War ihre Antwort nicht sehr absolut, so als hätte er sich nie um seine Enkelin Silke gekümmert?

Aber gab es da nicht schon andere Hinweise?

Katrin fühlte sich von ihm beobachtet, wenn sie die Außentoilette aufsuchte und Bemerkungen zu ihren schönen Beinen soll er auch gemacht haben. Hinzu kam, dass Silke der Katrin erzählt habe, dass er beim Fernsehen seine Hand in ihren Schritt gelegt hätte. Da war irgendwie ein totaler Widerspruch zu den Aussagen seiner Frau Marie. Es folgte noch eine andere Frage an Marie, die sich auf das Jahr 1953 bezog. Da soll es Verdachtsmomente gegeben haben, dass ihr Mann mit einer Tötungsstraftat an einem Schulmädchen aus Wilsen etwas zu tun haben soll. Ihr wurde die Frage gestellt, ob sie darüber etwas wisse. Ohne auch nur lange zu überlegen, meinte sie: „*Weder ich noch mein Mann wurden damals befragt. Der Gedanke, dass mein Mann damit etwas zu tun haben kann, kam mir noch nicht, da er ja damals noch nicht inhaftiert und seine Handlungen an den kleinen Jungen noch nicht aufgedeckt waren. Erst nach seiner Inhaftierung erzählte er mir einmal bei einem Besuch, dass man ihm jetzt diesen Mord ‚anhängen' will … Ich fragte ihn, ob er mit dem Mord etwas zu tun hat. Er versicherte mir, dass er damit nichts zu tun hat, er will auch nicht in dieser Gegend gewesen sein. Nach seiner Entlassung haben wir nie wieder darüber gesprochen. Wenn ich gefragt werde, wie sein Verhältnis damals zu seinem Vater war, so möchte ich dieses als gut einschätzen.*"

Im Mai 1990 wurden fast alle Personen aus dem engen Umfeld der Katrin erneut befragt bzw. vernommen. Marie und Johann Eichler waren auch unter diesen. Kriminalrat Anders trat noch einmal an Johann heran, um ihn unter anderem nach seinen Gedankengängen, was mit Katrin wohl passiert sein kann, zu befragen. Keinesfalls nachtragend oder noch von Zorn geprägt, meinte Johann zu seinem Gegenüber: „*Ich habe oft den Gedanken, als wenn Katrin von jemandem lebend oder umgebracht wegtransportiert worden ist, der ein Auto hat. Ich kann diesen Gedanken aber nicht weiter erklären und gehe nur davon aus, dass ihre Sachen alle gefunden wurden und sie selbst nicht.*" Man versuchte auch in dieser Befragung, ihn aus der Reserve zu locken, und teilte ihm nun mit, dass der durch das Untersuchungsorgan zum Einsatz gebrachte Suchhund zumindest auf den Bereich seines Grundstückes in Sandkrug Haus 1 verwiesen hat. Darauf reagierte er recht gelassen und meinte: „*Ich glaube das zwar alles, bin mir trotzdem sicher, dass mit dem Verschwinden von Katrin weder ich noch irgendein Familienmitglied unserer Familie etwas zu tun hat.*" Seine Frau Marie wurde im Mai 90 durch den KHK Wetzel vom Bezirkskriminalamt Schwerin, der MUK, befragt. Sie wurde mit dem Vorhalt konfrontiert, dass ein Zeuge einen Verdacht gegen ihren Mann geäußert habe und er mit dem Tod der Vanessa Bock 1953 und daher auch für eine Straftat an Katrin in Frage kommen könnte. Ihr wurde erklärt, dass es zwischen dem Vater ihres Mannes und dem Vater des jetzigen Zeugen ein Gespräch gegeben haben soll, wo der Vater ihres Mannes geäußert habe, dass er wüsste, wer die Vanessa umgebracht hätte. Es wäre sein Sohn Johann gewesen. Ohne lange abzuwarten, der Kriminalist konnte noch gerade seinen letzten Satz beenden, meinte sie in einer kämpferisch gezeigten Manier: „*Wenn mein Mann mit der Sache Vanessa Bock etwas zu tun gehabt hätte, dann hätte er sich irgendwann im Laufe der Jahre mir anvertraut. Ich hätte das auch an seinem Verhalten gemerkt. Genauso ist es auch im Fall der Katrin.*“ Eine allerletzte Frage an sie war die nach ihrer Meinung zum Verschwinden von Katrin. Sich selbst Fragen stellend meinte sie: „*Mir ist das alles ein Rätsel. Warum hat die Katrin zur Silke gesagt, dass sie an diesem bewussten Sonnabend mit ihr gemeinsam zur Schule fahren soll? Sonst fuhr die Katrin doch immer allein. Warum wollte sie am Sonnabend nicht allein fahren? Ich kann auch nicht sagen, was passiert ist, und kann mich daher auch nicht eindeutig festlegen. In einem Punkt weiß ich aber mit Sicherheit, dass mein Mann nichts damit zu tun hat. Mehr kann ich nicht sagen.*“

* * *

Kurt und Vera Eichler

Im Haus von Marie und Johann Eichler wohnte noch ein Sohn von ihnen mit seiner Familie. Das war ihr Sohn Kurt mit seiner Frau Vera und der Tochter Silke. Auch diese Familie wurde am Tag nach dem Verschwinden zum Tagesablauf befragt.

Zwei Tage nach der Erstbefragung wurde Kurt dann durch Hptm. Abes von der Untersuchungsabteilung der BVfS aufgesucht und erneut befragt. Neben der Wiederholung seiner Aussage zum Sonnabendmorgen wurde er überraschend zu einem Hinweis „Küster“, einer Person mit Pudelmütze, befragt. Zu diesem Küster hatte die Frau Rink aus Haus 3, einen Tag zuvor, einem Mitarbeiter des MfS berichtet und mitgeteilt, dass sie diesen oftmals begegnet sei, wenn sie vor ihrem Schwangerenurlaub zur Arbeit fuhr. Nun gerade mal einen Tag später wurde er von einem Mitarbeiter des MfS aufgesucht und zu diesem Küster befragt.

Was aber war für die Staatssicherheit so interessant oder auch wichtig an dem Küster?

Zum Küster-Hinweis konnte Kurt jedoch keine Informationen geben. Ihm war nur eine Person mit Pudelmütze bekannt und das war ein ihm bekannter Lehrling. Von da an schien die Person Küster laut Akte auf einmal nicht weiter aktuell bzw. für die Ermittlungen uninteressant zu sein. Niemand anderes war noch weiter nach der Person Küster gefragt worden. Zumindest gab es dazu keine weiteren Informationen in der Ermittlungsakte.
Wurde vielleicht dieser Hinweis nur vom MfS bearbeitet?
Es schien zudem, als wurde noch eine andere Ermittlungsschiene gefahren. Denn im Februar 89 wurde Kurt in seiner Zeugenvernehmung gefragt, wer von seinen Arbeitskollegen etwas von den beiden Mädchen, von Silke und Katrin, wissen könnte.
Nahm man an, dass aus diesem Kreis der Täter kam?
Ihm wurden weitere Fragen zum Lehrling gestellt zum Ablauf des Tages, an dem Katrin verschwand. In der Schilderung meinte er: *„Um 11:30 Uhr holte ich meine Tochter von der Schule ab."* Seine Frau Vera wurde im Zuge der ersten Befragung einen Tag nach dem Verschwinden auch zum Ablauf des Tages befragt. Bei ihrer Befragung lag der Schwerpunkt aber mehr auf dem Morgen des Tages. Da schilderte sie: *„Oft, noch bevor Katrin bei uns eingetroffen ist, wird die Hauseingangstür aufgeschlossen und das Hoflicht, welches über der Tür ist, eingeschaltet. Kam Katrin, so ist sie immer selbständig, ohne zu klopfen, eine Klingel haben wir nicht, in das Haus gekommen und gleich in die Küche gegangen, wo Silke sich immer aufhielt."* In einer Befragung im August 89, wo sie nochmals zum bewussten Tagesablauf befragt wurde, überraschte sie mit einer anderen Aussage und gab zu Protokoll: *„Gegen 11:00 Uhr wurde zu Mittag gegessen und ich selbst holte dann gegen 11:30 Uhr meine Tochter Silke von der Schule ab."*
Hatte nun ihr Mann oder sie selbst die Tochter von der Schule abgeholt?
Wie konnte man zu einem Tag, der allen im Gedächtnis bleiben muss, so unterschiedliche Aussagen machen?

Ein handgeschriebenes Protokoll, datiert mit 22.01., dokumentierte eine erste Befragung der damals noch jungen Silke, im Beisein ihrer Mutter. In diesem Protokoll hieß es, dass Silke am Morgen des 21.01. ihre Oma gefragt hat, ob Katrin schon gekommen ist.

Hatte nicht die Mutter Vera ausgesagt, dass sie ihre Schwiegermutter danach gefragt hatte?

Da schien es Unklarheiten, gar Widersprüche in den Aussagen zu geben.

Drei Tage nach dem Verschwinden wurde Silke durch Oltn. der K Düsing diesmal im Beisein einer Kinderpsychologin nach dem Verhältnis zu Katrin befragt. In diesem Zusammenhang erzählte Silke in ihrer noch teilweisen kindlichen Art, wie das Verhältnis zu Kiefer war: „*Manchmal haben wir auch den Harry und seine Frau Kerstin besucht. Katrin und ich, wir mögen Harry, weil er immer so lustig ist und Späße macht. Wir haben auch Harry im Wald besucht, wo er Zapfen gepflückt hat. Dann haben wir ihm zugesehen und uns unterhalten. So fragte er uns nach unseren Zensuren. Manchmal hat er auch mitgespielt, z. B. ist er mit uns um die Wette gelaufen. Ich glaube, dass Harry uns auch gerne hat, da er immer so freundlich zu uns ist. Er lächelt immer so und hat uns auch schon umarmt. Er hat uns auch noch nie aufgefordert mit ihm mitzugehen Mich schaut er auch immer so freundlich an. Ich glaube, er mag uns beide gern, wobei er mich anders anschaut als Katrin. Katrin will schon immer erwachsen sein und ist dann manchmal ganz komisch.*“

Konnte man aus der kindlichen Schilderung Rückschlüsse auf das Verhältnis von Kiefer zu Katrin ziehen?

War das vielleicht anders als zu Silke?

Ich war mir da nicht so sicher, aber ausschließen wollte ich dieses nicht. Noch einmal sollte Silke schildern, wie es am 19.01. war, und sie erzählte: „*Mir ist aufgefallen, dass Katrin am Donnerstag ganz anders war, nicht mehr so lustig, sondern irgendwie traurig und ernst. Meine Oma entschloss sich am Nachmittag in den Wald zu gehen, um Zapfen zu sammeln. Sie fragte mich, ob ich mitkommen würde. Wir waren im Wald vorm Haus, wo Katrin wohnt, als Katrin zu uns kam. Da fragte sie mich, ob ich mit nach Karbow komme, um im Konsum einzukaufen. Sie war schon etwas seltsam. Ich hatte keine Lust, aber meine Oma sagte, dass ich ruhig fahren soll. Wir sind dann nebeneinander gefahren. Wir waren so in Höhe der Sandkuhle, als Katrin sagt: ‚Silke, komm mal am Sonnabend mit, wenn einer kommt, so ist es besser, wenn einer da ist, der Hilfe holen kann.' Sie hat dann wohl gemerkt, dass ich nicht so richtig wollte, und da sagte sie plötzlich: ‚Komm mal lieber mit, sonst bekommst du eine geballert.' Dabei war sie ernst und ich habe es auch ernst verstanden. Aus Angst habe ich zugesagt. Ich weiß nicht, wie ich das sagen soll, Katrin war irgendwie anders. Sie hat nicht so viel geredet, war, irgendwie ängstlich. Ihre Stimme war auch leise. Am Freitag holte sie mich wieder ab. Als sie früh bei mir war, fiel mir ein, dass ich ja meine Mutter wegen Sonnabend fragen wollte. Katrin saß auf dem Sofa, als ich meine Mutti fragte. Mutti sagte, ja wenn du willst. Ich erzählte nicht, dass Katrin Angst hat.*" Bei der Frage, wie es am Morgen des 21.01. war, sagte sie unter anderem: „*Ich wartete auf Katrin. Da sie nicht erschien, fragte meine Mutti die Oma, ob Katrin schon da war. Oma sagte nein.*" Nun war es also wieder die Mutter, die gefragt hat.

Anfang Februar wurde Silke noch einmal befragt, mit wem sie an den Tagen vom 18.01. bis zum Tag von Katrins Verschwinden gespielt hat. Das war aber ohne Ergebnis, daran konnte sie sich nicht so recht erinnern und sie schien, warum auch immer, recht unsicher.

* * *

Monika Roth

Die Personen aus Haus 3, in welchem eine weitere Schwester von Katrins Oma, die Monika Roth und die neu zugezogenen Kiefer und Rink wohnten, wurden natürlich bei den Befragungen und Vernehmungen nicht vergessen. Wie alle anderen wurde auch Monika Roth durch einen Oltn. der K, zum Vormittag des 21.01 befragt. Hier gab sie an, nach 08:00 Uhr aufgestanden zu sein. Interessant war für mich, dass sie drei Tage später, wie konnte es anders sein, durch den sehr rührigen Hptm Abes von der BVfS Schwerin aufgesucht und zu den Lebensgewohnheiten des neuen Mitbewohners Kiefer und sicher nur als Ablenkung auch noch einmal zu den Abläufen am Vormittag des bewussten Tages befragt wurde. Nur einen Tag später musste sie gegenüber einem anderen Hptm. der K als Zeugin zu den Bewohnern des Hauses zu Kiefer und Rink aussagen.

Hatten MfS und Kriminalpolizei sich bei diesen Ermittlungen nicht abgestimmt? Oder hatte der Hptm. Abes einen ganz anderen Auftrag?

Zu Kiefer und Rink berichtete Monika Roth: „*Wie mir bekannt ist, kommen beide aus Görlitz. Sie sind aber nicht verheiratet. Herr Kiefer soll von Beruf Zapfenpflücker sein und er arbeitet in der Forst. Ich kann über die genannten Bürger nichts Schlechtes nachsagen. Sie sollen in eine christliche Partei eingetreten sein. Beide sind hilfsbereit.*“ Zu ihrer Auffassung, was am 21.01. passiert ist, meinte sie: „*In unserer Verwandtschaft wird angenommen, dass Katrin durch jemanden entführt worden ist, als sie sich auf dem Weg zur Schule befand. Dies ist auch meine persönliche Meinung.*“ Weitere Befragungen oder Vernehmungen, so wie es anderen Verwandten ergangen war, die schien es bei ihr nicht gegeben zu haben. Das war schon auffällig.

Hielt da jemand seine Hand über sie?

* * *

Harry Kiefer

Natürlich wurde auch der Mitbewohner in Haus 3, der Forstfacharbeiter des Staatlichen Forstwirtschaftsbetriebes Güstrow, der im Revier Karbow tätig war, Harry Kiefer, am Tag nach dem Verschwinden durch Oltn. der K. Düsing, zum Vormittag des 21.01. befragt. Er gab an, um 08:10 Uhr aufgestanden zu sein, im Haus Hausarbeiten verrichtet zu haben, Mittag vorbereitet und bis zum Mittag auf dem Hof Holz gehackt zu haben.

Warum hatte er aber an diesem Tag nicht schon erwähnt gegen 06:30 Uhr auf Toilette gewesen, dann aber wieder erst um 07:00 Uhr eingeschlafen zu sein?

War er vielleicht außer Haus?

Eine erste Zeugenvernehmung von ihm erfolgte laut Aktenlage am 25.01. und wurde durch einen Hptm Sutter geführt. Da am Dienstgrad nicht zu erkennen und eine Dienststelle auch nicht angegeben war, konnte man wohl mit „Sicherheit" davon ausgehen, dass es sich um einen Mitarbeiter des MfS handelte. Kiefer wurde die Frage gestellt, wie und auf welchem Weg er zur Arbeitsstelle fährt. Hier gab er unter anderem an: „*Was den Zustand meines Fahrrades anbelangt, so klappern dessen Schutzbleche sehr stark. Das vordere Schutzblech ist lediglich mit Draht befestigt. Die Klingel klingelt auch mit, wenn es holprig ist. Es ist deutlich zu hören, wenn ich komme.*" Gefragt nach seiner Bekleidung beschrieb er diese: „*Teilweise habe ich eine blaue Pudelmütze mit rot-weißen Streifen auf. Diese Mütze besitzt seit längerer Zeit keine Bommel mehr. In der letzten Woche hatte ich diese Mütze nicht auf. Ich habe sie jedoch immer in meinem Rucksack.*" Zur Frage, wann er sich morgens immer zur Arbeit begibt, meinte er: „*Ich fahre zwischen 07:15 Uhr und 07:30 Uhr los, mehr zu um 07:30 Uhr.*" Wann die beiden Mädchen zur Schule fahren, gab er nebenbei zu verstehen, habe er bisher nicht gewusst. Erst jetzt habe er dieses in den Gesprächen erfahren, nachdem Katrin vermisst wird. Da habe er erfahren, dass sie morgens immer gegen 07:10 Uhr losgefahren sein soll. Eine Frage an Kiefer war, welche Angaben er zum Verhältnis der Einwohner des Bereiches Sandkrug machen kann. Das war eigentlich eine typische Frage, die nur ein Mitarbeiter des MfS so stellen konnte. Hierzu berichtete er: „*In dem Haus, wo wir wohnen, ist noch die Frau Roth wohnhaft. Zu ihr hatten wir ebenfalls schnell Kontakt und sie hat uns geholfen, wo sie konnte. Insbesondere haben wir einen guten Kontakt zur Familie des Kurt Eichler. Mit dessen Familie verkehren wir auch privat. So sind wir gegenseitig beieinander zu Besuch. Wir haben im Sommer auch zusammen gegrillt. Über die Silke kamen wir auch in Kontakt zur Katrin, da diese mit der Silke befreundet ist.*"

Noch einmal wurde es interessant, als er sich zum Verhältnis zu den Kindern äußerte: „*Ich möchte sagen, dass es gut bis sehr gut war, insbesondere zu Silke. Diese war viel aufgeschlossener und lebhafter als die Katrin … Natürlich haben ich und meine Freundin auch mit den Kindern gespielt, herumgetollt und unsere Späße gemacht. Insbesondere Silke ist da sehr kontaktfreudig. So kam sie auch ohne weiteres auf meinen Schoß, bei der Katrin war da schon mehr Abstand dazwischen. Die Kinder zeigten sich zufrieden, dass jemand mit ihnen herumgetobt hat … Für mich ist dieses Verhältnis zu den beiden ein kameradschaftliches … Was die Katrin anbelangt, so würde ich aus meiner Sicht einschätzen, dass sie nicht mit fremden Personen freiwillig mitgehen würde. Sie zeigte sich ja sogar mir gegenüber sehr zurückhaltend und wir haben beide auch nicht viel miteinander gesprochen … Ich kann sagen, dass ich direkt zusammen fast nur mit der Silke gespielt habe, in diesen Fällen war die Katrin fast nie dabei, da dies bei den Eichlers zu Hause war.*“

Seine Aussagen ließen schon einen ersten Gedanken aufkommen, dass es zwischen ihm und dem Verschwinden vielleicht doch einen Zusammenhang geben könnte. Silke war fast neun Jahre alt und hat auf seinem Schoß gesessen.

War da vielleicht mehr und Katrin hat das bemerkt oder etwas geahnt?

Das könnte Katrins Verhalten ihm gegenüber begründen. Aber da war noch etwas. Es gab ein Protokoll vom 01.02.89, wo es um die Prüfung zu einem Sachverhalt „Personenkontrollkarte“ vom 31.01. ging. Worum es sich da auch immer konkret handelte, ich konnte die Sache nicht so richtig einordnen. Dieses Protokoll hatte ein K.-Omstr. gefertigt. Kiefer hatte gegenüber der Polizei wohl angegeben, dass er in der vergangenen Woche, also in der Woche von Montag den 23. bis Freitag den 27.01., einmal durch Angehörige der Kriminalpolizei von der Arbeitsstelle zum Zwecke der Befragung abgeholt wurde. Das konnte dann aber nur der Sutter, der Mitarbeiter des MfS, gewesen sein. Darum hätte Kiefer sein Fahrrad an diesem Tag auf der Arbeitsstelle zurückgelassen. Am 25.01. sei er dann mit dem Fahrrad seiner „Frau“ von Sandkrug zur Arbeit gefahren.

Ich schlussfolgerte daraus, dass er dann am 24.01. von seiner Arbeitsstelle von der Kriminalpolizei abgeholt worden sein muss. Nun, so gab Kiefer weiter an, hatte er beide Fahrräder der Familie auf seiner Arbeitsstelle. Da er nicht mit beiden Rädern nach Hause fahren konnte, hätte er sein Fahrrad in einem Unterkunftswagen im Bereich Blockkoppel, wo auch immer das war, abgestellt. Das alles schien mir irgendwie interessant, aber die Sache war etwas kompliziert und ich sortierte sie daher noch einmal. Am 25.01., so war in der Akte dokumentiert, wurde er durch den vermutlichen Mitarbeiter des MfS Sutter vernommen. Das könnte sein, dass er dazu von seiner Arbeitsstelle abgeholt worden war. Das würde dann aber bedeutet, dass er am 26.01. und nicht bereits am 25.01., wie von ihm angegeben, mit dem Fahrrad seiner „Frau“ zur Arbeit hätte fahren müssen und auch am Freitag den 27.01. Erst für den 31.01., es war dann schon der Dienstag der Folgewoche, will er mit seinen Arbeitskollegen abgesprochen haben, dass er zu Fuß bis nach Schlemmin zum Forsthof kommen würde, um dort in den B1000 zuzusteigen. Daher sei er am 31.01. zu Fuß von Sandkrug nach Schlemmin gegangen, um am Nachmittag sein Fahrrad mit nach Hause zu nehmen. Er müsste also auch am Montag den 30.01. erneut mit dem Fahrrad seiner Partnerin zur Arbeit gefahren sein. Da er aber am 25.01. bereits mit dem Fahrrad der „Frau“ zur Arbeit gefahren sein will, die dokumentierte Zeugenvernehmung mit Sutter aber erst am 25.01. von 13:40 Uhr bis 18:00 Uhr war und von einer anderen Befragung durch die Kriminalpolizei nach dem 22.01. bis zum 25.01. kein Dokument in der Akte vorhanden war, konnte etwas nicht stimmen.

Was war das überhaupt für eine Sache mit den zwei Fahrrädern?

Steckte vielleicht mehr dahinter?

Warum hielt er sein Fahrrad eine ganze Woche von zu Hause fern?

Gab es nicht schon früher eine Möglichkeit, als erst am 31.01. sein Fahrrad wieder nach Hause zu bekommen?

Wo war der Standort des Unterkunftswagens, wo die Blockkoppel?

Das hätte mich schon interessiert, wo der Unterkunftswagen konkret am Tag des Verschwindens stand.

Wollte er dadurch nur eine kriminaltechnische Untersuchung seines Fahrrades umgehen?

Wann aber will er sonst von der Kripo zur Befragung von der Arbeitsstelle abgeholt worden sein?

War hier vielleicht schon wieder ein Dokument verschwunden?

Wie bei viele Bewohnern aus Sandkrug wurde auch er mehrmals an unterschiedlichen Tagen aufgefordert seinen Tagesablauf am 21.01. zu schildern. In einer Vernehmung im Februar 89 durch zwei Hauptmänner der K der BDVP Schwerin wurde er dahingehend befragt, ob er zu seinen bisherigen Angaben im Vermisstenfall noch irgendwelche Ergänzungen machen möchte. Seine Reaktionen bei dieser Vernehmung waren für mich schon interessant, denn auf die Frage der Kriminalisten antwortete er: „*Was ich dazu sagen konnte, habe ich schon in meiner Vernehmung am 25.01. angegeben, auch in meiner heutigen Vernehmung, die auf Tonband aufgezeichnet wurde, habe ich mich dazu, zu den mir gestellten Fragen, ausführlich geäußert. Ich habe mich auch nochmals ausführlich dazu geäußert, in welchem Verhältnis ich zu der Katrin stand und auch welche Beziehungen es zwischen ihr und mir sowie ihrer Freundin Silke und auch anderen Personen in Sandkrug gab. Um nicht noch einmal alles zu wiederholen, berufe ich mich hier auf die Tonbandaufzeichnung.*“ Als ihm mitgeteilt wurde, dass er für die Zeit von 06:00 Uhr bis 09:00 Uhr kein bestätigtes Alibi hat, zum Kreis der Verdächtigen zählt und nun wissen wollte, was er dazu zu sagen hat, meinte er unter anderem: „*Ich habe zum Ablauf für den genannten Tag in der Tonbandaufzeichnung ausführlich geschildert, wie der Ablauf war und auch, wann ich wie von der Vermisstensache erfahren habe und in welcher Form ich mich auch an der dann stattgefundenen Suche, wo und mit wem beteiligt habe. Ich habe in meiner Vernehmung auf Tonband auch geschildert, wie ich von dem Auffinden des Fahrrades und des Turnbeutels erfahren habe. Ich möchte mich daher auch auf die Vernehmung und Aufzeichnung des Tonbandes beziehen.*“

Warum vermied er, erneut die Fragen zu beantworten, und verwies auf zurückliegende Tonbandaufzeichnungen?
Wollte er so vermeiden sich in Widersprüche zu verzetteln?

Nun, da er kein Alibi hatte, sollte er sich dazu äußern, ob er etwas mit dem Verschwinden der Katrin zu tun hat. Seine Reaktion darauf: „*Ich betone nochmals, dass ich in dieser Hinsicht eine saubere Weste habe und dazu nichts weiter sagen kann, als ich bisher schon in der Tonbandaufzeichnung sagte. Wenn ich, wie ich selbst einsehe, theoretisch nicht als Tatverdächtiger ausgeschlossen werden kann, so muss ich nochmals sagen, dass ich mit dem Verschwinden nichts zu tun habe. Ich kann sie selbstverständlich auch verstehen und weiß, dass alle Möglichkeiten genutzt werden, um diese Sache zu klären. Für mich kann es nur gut sein, wenn diese Sache so schnell wie möglich geklärt wird, damit endlich die Verdächtigung gegen mich nicht mehr besteht. Ich werde trotzdem auch in der folgenden Zeit, entsprechend meinen Möglichkeiten, mitwirken, dass diese Vermisstensache geklärt wird. Ich meine damit, dass ich alle Hinweise in dieser Hinsicht weiterleiten werde, um so meinen Beitrag zu leisten.*“
Eine letzte Sache war dann noch interessant. Er wurde danach gefragt, warum er am 19.01. früher als sonst zur Arbeit gefahren sei. In diesem Zusammenhang sprach er auch von seinem klappernden Fahrrad und meinte: „*Ich weiß, dass Martin Sabitz mich fragte, ob ich an dem besagten Tag in Richtung Schlemmin nach 07:00 Uhr gefahren bin. Wie ich mich erinnere, habe ich Martin Sabitz gesagt, dass ich dies gewesen sein kann, weil ich ja um diese Zeit auch in diese Richtung gefahren bin.*“ Sabitz aber hatte dazu eine ganz andere Aussage getroffen.
Während einer ergänzenden Befragung durch Major Anders und Hptm der K Wetzel im Oktober 89 schilderte Kiefer: „*Am Freitag, dem 20.01. kam ich am späten Nachmittag gegen 16:30 Uhr von der Arbeit aus Richtung Schlemmin. Es war kurz vorm Dunkelwerden. Als ich kurz vor Sandkrug war, bemerkte ich links von mir auf der bewaldeten Anhöhe Silke und Katrin. Silke kam den Berg gleich runtergestürzt; als sie mich sah, fing sie gleich an ‚loszuplappern'. Soweit ich mich erinnere, erzählte sie davon,*

dass die beiden Mädels Futter für Eichhörnchen ausgelegt hätten. Katrin kam erst gar nicht zu mir heran, sondern ich sah, dass sie von der Anhöhe aus in Richtung des Wohnhauses ihrer Oma ging. Zuletzt sah ich sie, als sie sich am Gartenzaun befand. Ich kann das nicht deuten, warum Katrin nicht auch zu mir kam. Damals habe ich darin aber keine Besonderheit gesehen."

Hatte Katrin da vielleicht schon ein „etwas" gestörtes Verhältnis zu Kiefer? Warum berichtete er von dieser Begegnung und dass Katrin nicht zu ihm kam erst im Oktober 89?

Erneut zu seinem Verhältnis nach Katrin befragt meinte er: *„Katrin ist bedeutend zurückhaltender, als Silke es war. … Ich hatte auch nie das Gefühl, dass Katrin mich bewunderte oder vielleicht insgeheim gern hatte. Sie war ziemlich zurückhaltend."*

Wollte er damit zum Ausdruck bringen, dass Katrin wenig Interesse an einem Kontakt zu ihm hatte?

Er mit ihrem Verschwinden nichts zu tun haben kann?

Interessant war seine Antwort auf eine andere Frage. Bei der Frage, in welchen Bereichen des Waldes er sich auskennt, gab er an: *„In dem Waldstück, wo jetzt später das Fahrrad gefunden wurde, habe ich zwei Tage einen Weg freigehackt. In dem Waldstück, wo später die Tasche gefunden wurde, habe ich Zapfen gepflückt."* Nach seiner Meinung zum Verschwinden der Katrin befragt, meinte er: *„Meine Verlobte hat in vielen Dingen Recht behalten und so eine Vorahnung gehabt. Deswegen könne man Katrins Vater auch nicht einfach ausschließen. Es waren bereits zwei Kriminalisten aus Berlin bei ihm und seiner Verlobten und haben die gleichen Fragen gestellt. Er selbst kann sich überhaupt nicht erklären, was sich zugetragen hat. Da sie nicht gefunden wurde, könnte nach seiner Meinung ein Verbrechen, eventuell eine Vergewaltigung, vorliegen und der Täter müsste das Mädel mit einem Fahrzeug entführt haben. Aber das sind alles nur Vermutungen. Durch die Berliner ‚Genossen' wurde meiner Verlobten* *auch eine rote Silastikschnur vorgelegt. Ich war selbst nicht dabei. Beide konnten nicht sagen, wohin diese gehört.“*

Was war das mit den zwei Berliner „Genossen“?

Wo waren dazu die Befragungsprotokolle?

Wenn er selbst von Genossen sprach, sagt das nicht schon etwas aus?

* * *

Kerstin Rink

Die Forstarbeiterin und Verlobte von Kiefer hielt sich seit dem 19.01. im Kreiskrankenhaus Lübz zur Entbindung auf. Kiefer war seit diesem Tag allein in Sandkrug.

War es Zufall, dass Katrin genau an diesem Tag, am 19.01., nicht zum Kegeln wollte und Silke versprechen musste, am Sonnabend mit ihr zur Schule zu fahren?

War es Zufall, dass Katrin am 20.01. nicht wie Silke zu Kiefer lief?

Frau Rink will erstmalig von einer neu eingelieferten Patientin erfahren haben, dass im Gebiet ihres Ortes ein Mädchen vermisst wird und deren Fahrrad bereits gefunden worden sein soll. Nähere Angaben konnte sie in der dokumentierten Befragung, die am 23.01. durch den Hptm. Sutter von der Untersuchungsabteilung des MfS, im Krankenhaus erfolgt war, nicht tätigen. Gegenüber Hptm Sutter machte sie aber die Aussage: *„Mein Lebensgefährte hat mich am 21.01. zusammen mit dem Onkel der Katrin, dem Holger, besucht. Beide waren während der Besuchszeit von 15:00 bis 16:00 Uhr bei mir. Während unserer Gespräche wurde weder der Name Katrin erwähnt, noch war die Rede davon, dass jemand vermisst wird. Sie waren mit dem PKW-Trabant von Holger gekommen. Im Verhalten von beiden ist mir nichts*

Ungewöhnliches aufgefallen. Beide verhielten sich völlig normal, so wie ich es gewohnt war." Gefragt nach dem Kontakt zwischen Katrin und ihrem Lebensgefährten Kiefer meinte sie: „*Katrin ist kaum mit ihm zusammengekommen. Wenn sich beide in der Vergangenheit trafen, so wurden zwischen beiden höchstens die Worte ‚Guten Tag' und ‚wie geht's' gewechselt. Mehr als diesen Wortwechsel habe ich nicht mitbekommen und auch nichts Gegenteiliges aus den Erzählungen anderer Personen gehört.*" Silke hatte dazu jedoch ganz andere Aussagen gemacht. Er sei mit ihr und Katrin um die Wette gelaufen, wäre lustig gewesen und hätte Späße gemacht, nach Zensuren gefragt und auch beide umarmt.

Hatte Kiefer wirklich nur die Distanz zu Katrin, wie sie von seiner Verlobten beschrieben wurde?

Oder hatte er ihr seine Neigung zu beiden Mädchen verheimlicht?

Wollte seine Partnerin ihn auch nur nicht belasten?

Als Frau Rink nach Personen befragt wurde, die ihr morgens auf dem Weg zur Arbeit begegnet sind, bevor sie seit dem 17.11. ihren Schwangerenurlaub antrat, zählte sie neben den ihr bekannten Küster Dirk, der auch im Forstwirtschaftsbetrieb tätig ist, noch den Förster und einen blauen B 1000 auf, der ihr in einigen Fällen begegnet sei. Dieser soll Eigentum der LPG gewesen sein. In einer Zeugenvernehmung durch einen Hptm. der K im Februar berichtete Kerstin Rink: „*Während meines Aufenthaltes im Krankenhaus in Lübz wurde ich am Montag den 23.01. durch einen Herrn in Zivil aufgesucht. Hier habe ich erfahren, dass Katrin gesucht wird. Der ‚Genosse' von der Kriminalpolizei war in der Zeit zwischen 14:00 und 15:00 Uhr im Krankenhaus. Der Genosse hat mich dann auch zu dem Verschwinden der Katrin befragt.*" Dieser Genosse war der Mitarbeiter des MfS Sutter und nicht von der Kriminalpolizei.

Tat sie nur so, um den Kontakt zum MfS nicht deutlich werden zu lassen, oder hatte sich Sutter als Kriminalpolizei ausgegeben?

Vom Hptm. der K kam in der Folge die Frage, wann und wer sie im Krankenhaus besucht hat. Es wurde interessant. Zunächst bestätigte sie den Besuch von Kiefer und Holger Jonast am 21.01. Von der Sache mit Katrin will sie erst am 23.01. erfahren haben. Sie sagte wörtlich: „*Von dieser Sache habe ich erst am Montag, den 23.01., durch den ‚Genossen' der Kriminalpolizei erfahren, der mich dort befragte. Am Montag den 23.01. war Harry von 15:30 Uhr bis 16:00 Uhr im Krankenhaus und hat mich besucht.*"

Das war schon, irgendwie auffällig, die Sache mit dem „Genossen", oder?

Wieso sprachen beide, sie und auch Kiefer, von „Genossen" und nicht einfach von der Polizei oder Kriminalpolizei?

Was lief hier zwischen dem Mitarbeiter des MfS Sutter und Kiefer sowie Rink?

Kiefer sprach von zwei Kriminalisten aus Berlin, die Rink von einem „Genossen", der sie im Krankenhaus zu einer Zeit zwischen 14:00 Uhr und 15:00 Uhr aufgesucht hatte. Kiefer soll sie, so ihre Aussage, an diesem Tag, von 15:30 Uhr bis 16:00 Uhr besucht haben.

Wie war Kiefer eigentlich am 23.01. zum Krankenhaus gekommen?

Diese Frage blieb offen und führte aber zu einer neuen Frage.

War Kiefer vielleicht mit dem „Genossen" zum Krankenhaus gefahren worden?

Das würde in der Sache mit den zwei Fahrrädern vielleicht einer Erklärung näherkommen.

Oder war er an diesem Tag nur mit dem „Genossen" im Krankenhaus zusammengetroffen?

Warum konnte sie die Zeit von Kiefers Besuch so genau angeben, aber nicht die vom „Genossen" in Zivil?

Aber auch weitere Aussagen von Kerstin Rink gaben mir Denkanstöße und warfen zugleich Fragen auf. Denn sie äußerste sich so: „*Harry hat mir von sich aus nichts gesagt, dass die Katrin weg ist. Weil er nichts davon sagte, erzählte ich Harry, dass bei mir jemand war und sich nach Katrin erkundigt hat.*" Dieser Jemand war nach meiner Auffassung sicher der Sutter. Weiter meinte sie: „*Jetzt sagte mir Harry, dass er mir nichts sagen wollte, weil er mich vor der Entbindung nicht beunruhigen wollte. Dann sagte er mir, dass Katrin nicht nach Hause gekommen sei ... Er sagte auch, dass die Leute und auch er nach Katrin gesucht haben. Sie wurde aber nicht gefunden. Er sagte auch, dass viele Leute von der Volkspolizei da sind und suchen. Er sagte mir noch, wo sie das Fahrrad gefunden haben ... Ich merkte Harry an, dass er irgendwie mitgenommen war. Dieses merkte ich an seinem Verhalten. Er war anders als sonst. Er war ruhiger und sagte, dass er sich Sorgen macht, was mit Katrin ist. Er sprach davon, dass sie jemand aufgelauert haben könnte und die Katrin dann mit dem Auto mitgenommen hat. Er sagte mir auch, dass er durch die Kriminalpolizei zu dem Verschwinden der Katrin befragt wurde und auch welche in der Wohnung sich umgesehen haben.*"

Hatte er ihr tatsächlich nur nichts erzählt, weil sie kurz vor der Entbindung stand?

Gab es vielleicht auch andere Gründe?

Warum war Harry so mitgenommen und warum war er anders als sonst?

War es nur eine Wohnungsbesichtigung oder eine Durchsuchung?

Aber auch dazu gab es keinen Aktenvermerk in dieser mir zur Verfügung stehenden Akte. Als sie in einer weiteren Zeugenvernehmung am 06. Februar nach dem Verhältnis ihres Freundes zu Katrin und Silke gefragt wurde, meinte sie: „*Wenn ich zu dem Verhältnis meines Freundes Harry zu der Katrin und der Silke was sagen soll, so muss ich sagen, dass Silke ihm ans Herz gewachsen war. Die Silke hat auch so eine liebe Art, die man nur mit einer gewissen Gegenliebe beantworten kann. Die Katrin dagegen war, wie Harry sich ausdrückte, ein ruhiges, stilles und hilfsbereites*

Mädchen und eine große Hilfe für die Oma . . Auf Grund des ruhigen und zurückhaltenden Verhaltens der Katrin wusste der Harry immer nicht, woran er bei ihr war ... Ansonsten hat Harry sich gegenüber der Katrin und auch der Silke nach meinem Wissen immer so verhalten, wie es einer macht, der Kinder gut leiden kann und die Kinder auch irgendwelche Neigungen zu so einem Menschen entgegenbringen." Im November, am 29.11., wurde sie noch einmal durch Oltn der K Düsing befragt. Der Grund war der, dass sie sich dahingehend geäußert hatte, dass der Vater von Katrin etwas mit der Vermisstensache zu tun haben könnte. In der Befragung zeigte sich jedoch, dass ihre Vermutung nur subjektiv begründet war. Sie vertrat die Meinung, weil der Vater seine Brüder verdächtigt, diese aber sich mehr um das Mädchen gekümmert haben, dass der Vater nur durch sein Verhalten von seiner Schuld ablenken will. Dann meinte sie noch: „*Nach meiner Meinung kommt nur als Täter eine nahe Kontaktperson der Katrin in Frage. Es ist mir unwahrscheinlich, dass sich hier in Sandkrug fremde Personen aufhalten. Ich schließe aber die in Sandkrug wohnenden männlichen Personen vom Gefühl her aus, nur den Vater nicht.*"

Wollte sie damit vom Verdacht gegen ihren Freund ablenken?
Sie hatte wohl mitbekommen, dass es gewagt war, davon zu sprechen, dass sie in Sandkrug wohnende Männer ausschließt, etwas mit der Tat zu tun zu haben. Um diese Äußerung anders aussehen zu lassen, meinte sie noch schnell: „*Es ist mir durchaus verständlich, dass mein Freund verdächtigt wurde, da ich nicht anwesend war und er somit auch kein Alibi besitzt. Ich bin mir aber sicher, dass er nichts mit der Sache zu tun hat.*"

* * *

Nicht vergessen wurde der Mitbewohner im Haus der Großmutter von Katrin. Auch er gehörte zu den Personen, die bereits am Sonntag, einen Tag nach dem Verschwinden, zum Tagesablauf 21.01 durch einem Oltn. der K befragt wurden. Seine Eltern und sein Bruder aus Lübz weilten vom 20.01. bis 23.01. bei ihm zu Besuch. Seine Befragung brachte bereits an diesem Tag schon einen nicht unwichtigen Hinweis, denn er berichtete: „*Am Mittwoch oder Donnerstag, 18. oder 19.01., gegen 07:10 Uhr habe ich einen Radfahrer gesehen, der von Haus 2 weg in Richtung Schlemmin fuhr. Erkennen konnte ich nur das Vorderlicht und Rücklicht. Ich bekam weiter mit, dass das Rad stark ‚klapperte'. Der Radfahrer hatte es meiner Meinung nach sehr eilig. Es kann sich nach meiner Meinung nicht um einen Nachbarn gehandelt haben, sonst hätte man das Klappern eher hören müssen.*"
Seine Aussage nahm man an diesem Tag erst einmal so hin und erst drei Tage später wurde er hierzu konkreter befragt. Zu seiner Feststellung hatte er eine Faustskizze angefertigt.

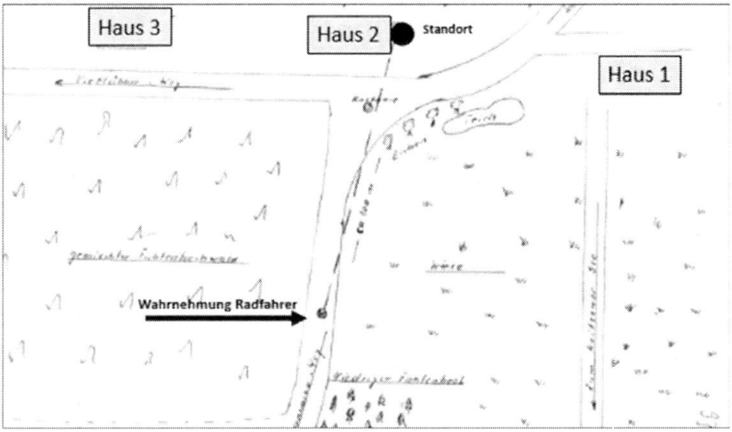

Er schilderte noch einmal, was er an einen der Tage zwischen 007:00 Uhr und 07:10 Uhr festgestellt hatte: „*Um die Zeit begab*

ich mich vor meine Haustür von der Giebelseite aus gesehen. Ich habe hier meine kleine Notdurft verrichtet. Es war draußen dunkel und man konnte nichts sehen. Plötzlich vernahm ich im Schlemminer Weg ein Klappern, ähnlich einem Schutzblech oder einem Gepäckträger von einem Fahrrad. Gesehen habe ich keine Person oder gar mehrere Personen. Dieses Klappern dauerte auch nur einen kurzen Moment. Danach sah ich den Scheinwerfer einer Fahrradlampe und jemand fuhr mit einem Rad in Richtung Schlemmin … Ich schätze die Entfernung von meinem Standpunkt aus auf ungefähr 100 Meter, als ich das Klappern wahrnahm. Ich habe keine Person gesehen, die aus den Richtungen Karbow oder Vietlübber Weg gekommen ist. Möchte aber beurteilen, dass diese Person, die ich nicht gesehen habe, doch in eiligem Tempo dann mit Licht davongefahren ist. Das Licht konnte ich bis zur nächsten Kurve verfolgen, dann war es weg." Zum Sachverhalt selbst meinte er weiter: „*Am Tag, wo die Vermisstensache Katrin bekannt wurde, habe ich mich mit Kurt Eichler zum Harry Kiefer begeben und wir fragten ihn, ob er am Mittwoch oder Donnerstag nach 07:00 Uhr mit dem Rad den Schlemminer Weg entlanggefahren ist. Kiefer antwortete uns gegenüber, dass er dieses nicht gewesen sei, denn er fahre nicht so früh zur Arbeit. Er erklärte, dass er täglich so gegen 07:25 oder 07:30 Uhr von zu Hause wegfährt. Wenn er mit dem Rad fährt, fährt er auch in der Dunkelheit grundsätzlich ohne Licht.*" Das war von Kiefer schon eine eindeutige, für mich aber auch auffällige Begründung bzw. Absage, nicht dieser Radfahrer gewesen zu sein. Hinweisen muss ich aber, dass Kiefer in seiner Zeugenvernehmung am 25.01. auf die Frage nach den Gewohnheiten beim Verlassen seines Wohnhauses folgende Aussage gemacht hat: „*Meist fahre ich ohne Licht oder ich mache es erst später an. Meistens erst nach der Kurve … Wenn ich konkret nach dem 19.01. gefragt werde, so sagte ich bereits, dass ich an diesem Tag früher losgefahren bin als sonst üblich … Das müsste also gegen 07:15 gewesen sein. Auf alle Fälle wieder ohne Licht. Wann ich es angemacht habe, kann ich heute nicht mehr sagen.*“ In seiner späteren Vernehmung am 16. Februar, da räumte Kiefer nach seinen Erinnerungen aber ein, dieser von Sabitz festgestellte Radfahrer gewesen zu sein. Das war schon auffällig.

Wurde vielleicht schon in der Woche, in den Tagen vor dem Verschwinden der Katrin, ihr Haus in den Morgenstunden zu der Zeit, wo sie sich auf den Weg zur Schule begab, observiert bzw. beobachtet?

Vielleicht sogar von Kiefer?

Hatte Katrin es an diesen Tagen bereits bemerkt?

War das vielleicht der Grund, Silke am 19.01. zu sagen, sie soll am Sonnabend mit ihr zur Schule fahren?

* * *

Rita Klein – Partnerin von Katrins Vater

Acht Tage nach dem Verschwinden von Katrin wurde auch die Partnerin von Katrins Vater als Zeugin vernommen. Ihr wurden unter anderem Fragen zur Beziehung zum Vater, was sie über die erste Ehe von ihm wisse und wie sein Verhältnis zu Katrin war, gestellt. Auch Fragen, ob es schon einmal Streit oder Auseinandersetzungen zwischen dem Vater und Katrin gab bzw. wann und wo sie Katrin letztmalig gesehen habe. Eine weitere Befragung gab es Ende April. Das Ziel dieser Befragung bestand darin, unter Vorgabe eines potenziellen Suizids der Vermissten möglichst viele Informationen von ihr über Katrins Vater zu erhalten, ohne dass dieses vordergründig sichtbar werden sollte. Auf sie prasselte eine Menge von Fragen ein. Dazu zählten solche Fragen wie: Ist Katrins Vater ein resoluter Mensch? Wie verbrachte Katrin ihre Ferien? Kennen Sie die Badesachen von Katrin? Wie schätzen Sie Katrin ein? Machte sich der Vater bezüglich seiner

Tochter Vorwürfe? Neben diesen vielen Fragen wurde auch die Frage gestellt, ob sie an einer Selbsttötung von Katrin glaube. Ihre Antwort darauf: „*Ich nicht. Wenn Herr Jonast das anfangs glaubte, so deshalb, weil er irgendwie die Meinung vertrat, dass das in der Familie liegen könnte, so wie bei ihrer Mutter, die ja auch Selbstmord begangen hat. Ich selbst kannte diese Frau nicht. Er ist aber der Meinung, dass Katrin in vielen Dingen nach ihrer Mutter kommt. Das hat er geglaubt, weil Katrin in bestimmter Hinsicht die gleichen Auffassungen vom Leben hatte wie ihre Mutter. Sie wollte, wie sie auch, viel unternehmen und dem Leben nur die schönsten Seiten abgewinnen.*" Eine andere interessante Frage war die nach einer Erklärung für das Verschwinden von Katrin. Hierzu meinte sie: „*Ich habe die innere Überzeugung, dass sich Katrin mit irgendeinem Geheimnis herumschleppte, das sie wirklich keinem anvertrauen konnte, weil es ja darum geht, dass Katrin der Silke erzählt hat, sie könne nicht mehr allein am Samstag zur Schule fahren, und dass etwas passieren könnte.*"

* * *

Schülerin Tina Bleck

Eine enge Schulfreundin von Katrin, die in Kreien wohnte, wurde ebenfalls bereits am Tag nach dem Verschwinden durch einen K.-Omstr. befragt, wann sie Katrin zuletzt gesehen hat. Tina gab an, Katrin am 20.01. gegen 14:00 Uhr zuletzt gesehen zu haben. Im Rahmen ihrer Befragung berichtet sie: „*Es war vor zwei Jahren gewesen, als im Dorf das Gerücht herumging, dass sich ein Angehöriger der Sowjetarmee hier herumtreibt. Da Katrin Angst vor einer Begegnung mit dieser Person hatte, nahm sie von zu Hause dann immer ein Messer mit. Meiner Meinung nach hat sie dieses aber dann gelassen.*" Dann berichtete sie, was ihr der

Mitschüler Volker Reichel am 21.01. erzählt hatte: „*Volker sagte mir, dass er und andere Junge, hier über eine Höhle verfügen, die auch Katrin kennt. Dass Katrin ihm am Dienstag oder Mittwoch, am 17.01. oder 18.01., dieser Woche erzählt hätte, dass sie an dieser Höhle einen kleinen, dicken Mann mit Stoppelbart gesehen hat.*" Es wäre, natürlich gut gewesen, wenn der Zeitpunkt, wann Katrin diesen Mann gesehen hat, sich präziser dargestellt hätte. Bei einer erneuten Befragung am 27.01. zu den Tagesabläufen 16.01. bis 21.01. berichtete Katrins Schulfreundin unter anderem: „*Einige Tage vor unserem Kegelnachmittag am 19.01. hatten zwei Schülerinnen am Erwachsenenkegeln teilgenommen. Dabei fiel eine Kegelbahn aus technischen Gründen aus. In den Tagen danach erzählten sie, dass man nur noch auf einer Bahn kegeln kann, was bedeutet, dass die Sportfreunde seltener drankommen. Man kann somit nicht die gewünschte Wurfzahl von 100 Würfen erreichen.*" Ihr wurde die Ausrede von Katrin mitgeteilt, worauf sie meinte: „*Diese Erklärung ist durchaus plausibel.*"
Ein Hptm. Filzer hatte in einen Aktenvermerk vom 28.01. Informationen über die Verbindung der Vermissten zur Tina Bleck dokumentiert. In diesem hieß es: --- Beide waren/sind Freundinnen – Übernachtung der Vermissten bei Tina Bleck nur am 10.01.89, wo ein Teil der Klasse mit einem Kulturprogramm in Kreien auftrat – Lehrer Roche von der POS Karbow erzählte am 24.01. im Gemeindebüro, dass die Vermisste an diesem Abend nicht nach Hause gefahren ist, weil sie angeblich Angst hatte. --- Dann gab es noch eine Kurzeinschätzung von knapp sieben Zeilen zur Tina Bleck. Da auch hier zum Unterzeichnenden nur der Dienstgrad Hptm. und nicht Hptm. der K und auch erneut keine Dienststelle angegeben wurde, konnte man davon ausgehen, dass auch hier ein Mitarbeiter des MfS oder gar ein IM diese Kurzeinschätzung fertigte.

* * *

Schüler Volker Reichel

Er wohnte in Karbow und teilte sich mit Katrin eine Schulbank. Auch er wurde einen Tag nach dem Verschwinden zur bewussten Höhle befragt. Dazu meinte er: „*Mit meinem Freund Denny Brecht habe ich im vergangenen Sommer am alten Müllplatz eine Höhle aus Brettern gebaut, wo wir uns oft aufhalten ... Katrin war auch schon ca. 10-mal dort. Wir sind aber unregelmäßig dort gewesen und dann meistens drei bis sechs Schüler. Die von außerhalb sind dann immer mit dem Bus um 16:30 Uhr von Karbow nach Hause gefahren.*“ Noch einmal berichtete er, was Katrin zum Mann, den sie an der Höhle gesehen hat, erzählte: „*Es muss meiner Meinung am Mittwoch den 18.01. oder am Donnerstag den 19.01. gewesen sein, als Katrin mir im Unterricht erzählte, dass sie am Vortag einen fremden Mann gesehen hat, der von unserer Höhle kam. Wenn sie mit dem Fahrrad den Landweg zur Schule entlangfährt, kommt sie an dieser Höhle vorbei und man kann sie auch vom Weg aus sehen, da dort eine weiße Plane rübergedeckt ist. Sie meinte sinngemäß zu mir, dass ihr dieser Mann nicht geheuer vorkam. Warum, erklärte sie mir aber nicht. Sie sagte mir dieses auch in keiner Weise ängstlich, sondern nur so als Mitteilung, da mir ja diese Höhle gehört. Sie kannte diesen Mann nicht und hatte ihn noch nie gesehen. Sie sagte mir, dass dieser Mann klein, ein bisschen dick war und einen Stoppelbart hatte ... Sie meinte auch, dass er nicht so alt gewesen ist. Näheres zum Alter oder zur Beschreibung sagte sie nicht. Mir fällt noch ein, dass sie von einem ‚komischen Hut‘ sprach. Diesen hat sie mir aber nicht näher beschrieben. Sie sagte mir zwar nicht, wann sie die Person gesehen hat, aber meiner Meinung nach bezog sich ihre Mitteilung auf den Nachmittag des Vortages, also auf den Dienstag oder Mittwoch (17.01. oder 18.01.) Wenn sie ihn auf den Weg zur Schule gesehen hätte, dann hätte sie es mir schon eher erzählt.*“

Katrin konnte diesen Mann also eigentlich nur in den Nachmittagsstunden zwischen 16:00 Uhr und 17:00 Uhr, an einen dieser Tage festgestellt bzw. begegnet sein.
Wie sie diesen Mann selbst beschrieben hat, das war schon konkret. Wenn sie selbst den Stoppelbart erkannt hat, konnte der Abstand/die Entfernung zu diesem Mann nicht sehr groß gewesen sein. Was den komischen Hut betraf, da fiel mir gleich wieder die Zeichnung des Mannes in Katrins Unterlagen ein. Aber eine andere Frage tauchte sofort automatisch bei mir auf.
Warum wurde die „Höhle" der Jugendlichen nicht fototechnisch dokumentiert, dort keine Spuren gesichert oder überhaupt in die Ermittlungen einbezogen?
Sie schien doch, selbst für bestimmte erwachsene Personen, auch eine wichtige Rolle zu spielen, oder?

* * *

Katrins Lehrerin

Die Ermittler befragten natürlich auch Katrins Lehrerin, die in Kreien wohnte, zu ihrer Schülerin. Diese berichtete: „*Ich kann mich erinnern, dass sie am Dienstag, den 17.01., an mich herangetreten ist und mich fragte, ob sie am Sonnabend den 28.01. schulfrei bekommen könnte, da sie mit ihrem Vater nach Waren wegen einer Regelung hinsichtlich ihres zu bekommendem Personalausweis fahren wollte … Als sie am 21.01. nicht zur Schule erschien, nahm ich zunächst an, dass sie sich im Datum geirrt hat … Ich glaube nicht, dass sie von zu Hause weggelaufen ist. Ich befürchte, dass hier ein Verbrechen geschehen ist.*" Im März wurde sie noch einmal aufgesucht und zum Hausaufgabenheft der Katrin befragt. Man erfuhr, dass die Lehrerin die Hausaufgabenhefte am 03.01. eingesammelt und kontrolliert hat. Katrins Heft war sehr sauber und sie erhielt für die Führung des Heftes eine 1 (Ordnungszensur). Die Lehrerin teilte weiter mit: „*Katrin hatte in ihrem Hausaufgabenheft eine Karteikarte, wo sie selbständig ihre Zensuren eintrug. Auf der Rückseite der Karteikarte trug ich eine Notiz ein, dass das Heft sauber geführt wurde.*“

* * *

Fritz Feldner

Wie gründlich die Ermittlungen zum Umfeld der Vermissten geführt wurden, zeigte mir die Tatsache, dass acht Tage nach dem Verschwinden sogar die Person Feldner befragt wurde. Er hatte 1979 in den letzten Tagen und Wochen vor dem Tod von Katrins Mutter mit dieser zusammengelebt. Nach wie vor wohnte er in Waren und arbeitete als Küchenhilfe im Hotel am Bahnhof. Gegenüber dem Mitarbeiter der K machte er folgende Angaben: „*Ich kann mich nicht mehr an das Jahr erinnern, ob es 1978 oder 1979 gewesen ist, dass Frau Jonast verschwunden ist und danach tot aufgefunden wurde. Es trifft aber zu, dass ich die letzte Zeit bei ihr gelebt hatte. Es waren ungefähr drei Wochen. Ich selbst war zwar schon verheiratet, hatte aber Probleme in der Ehe. Bei einem Aufenthalt in einer Gaststätte in Waren hatte ich Frau Jonast kennengelernt und wir waren dann die besagte Zeit zusammen. Während dieser Zeit haben wir sehr viel Alkohol getrunken. Ihr Selbstmord hing mit dem geschiedenen Ehemann zusammen. Obwohl sie geschieden waren, wohnten beide noch in der gemeinsamen Wohnung und es gab häufig Streitigkeiten auch wegen des Kindes. An Einzelheiten kann ich mich allerdings nicht mehr erinnern. Ich habe mitbekommen, dass die Tochter zur Großmutter gekommen ist, weiß aber nicht, wo das war. Ich habe die Tochter Katrin danach nicht mehr gesehen und auch nicht ihren*

Vater … Von der Vermisstensache haben ich und meine Frau aus der Zeitung Kenntnis erhalten, aber nicht den Zusammenhang zur Familie Jonast hergestellt, die wir kannten.“ Sein Alibi zum Tag, an dem Katrin verschwand, wurde durch die Ehefrau bestätigt.

Nachdem ich mich mit den Befragungen und Vernehmungen intensiv beschäftigt hatte, fehlten mir hier allerdings Fragen an Personen aus Katrins Umfeld nach deren Bewegungsprofil für die Abend- und Nachtstunden vom 21.01. zum 22.01 und vom 22.01. zum 23.01. Warum?
Die Frage nach dem „Warum“ ist natürlich berechtigt. Ich fand es schon von Bedeutung, denn das Fahrrad wurde erst am 22.01. um 12:30 Uhr entdeckt und die Schultasche mit Beutel sogar erst am 23.01. um 10:30 Uhr.
Wie war das Bewegungsbild der Personen in der Zeit am 21.01., als die Suche am Abend abgebrochen wurde, bis zum anderen Morgen, als die Suchmaßnahmen offiziell begannen?
Erst dann wurde das Fahrrad entdeckt.
War es vielleicht bis dahin woanders untergestellt?
Wie waren die Bewegungen in der Nacht vom 22.01. bis zum Morgen des 23.01., als erneut die Suche begann?
Ein komischer Gedanke, aber erst am Vormittag des 23.01. fand man die Schultasche und den Sportbeutel. Die Möglichkeit bestand zumindest theoretisch, dass beide Abend- und Nachtstunden vom Täter genutzt wurden, um erst dann die jeweiligen Gegenstände zu verstecken. Etwas anderes vermisste ich allerdings noch. Es waren nicht alle Personen aus dem nahen Umfeld der Vermissten befragt worden. Unsicher, ob ich auch nichts übersehen hatte, ging noch einmal mein Blick durch alle Befragungsprotokolle und Zeugenvernehmungen. Dann erst war klar, ich hatte nichts übersehen, denn die Befragung oder Vernehmung eines weiteren Sohnes von Marie und Johann Eichler, die vom Sohn Dirk Eichler und seiner Frau Erika fehlten. Er

war in Plau wohnhaft und als Kranfahrer bei der ZBO Lübz, Sitz Retzow beschäftigt.

Warum wurden er und seine Familie nicht befragt bzw. vernommen?

Wurde es schlichtweg vergessen oder gab es andere Gründe?

Waren diese Vernehmungen vielleicht in einer anderen Akte bzw. verschwunden?

Letztendlich war das Fazit, welches ich aus den Befragungen und Vernehmungen zog, relativ ernüchternd. Es wurden bzw. konnten damals keine konkreten Hinweise erarbeitet werden. Zweifel blieben in Richtung der Bewohner des Hauses 1, wo es Erinnerungslücken gab und widersprüchliche Aussagen erkennbar wurden.

Was die Person Kiefer, der zudem kein Alibi besaß, betraf, da schien es mir durchaus bedeutenden Klärungsbedarf zu geben. Er rückte näher in den Kreis der Verdächtigen und ihn schloss ich keinesfalls zu dieser Zeit aus. Interessant waren für mich auch die Personen, zu denen Mitarbeiter des MfS ihre Aktivitäten ausrichteten. Das betraf wieder Kiefer, aber auch seine Partnerin Rink. Natürlich sah ich die Person Staub sowohl als möglichen Tatverdächtigen, aber auch als eine Schlüsselfigur in Sachen Staatssicherheit. Überprüfungen insbesondere dieser Personen sowie weiterer Personen aus dem engen Umfeld der Katrin in der Stasi-Unterlagen-Behörde könnten vielleicht zu weiteren Informationen zum Verschwinden der Katrin führen. Zudem konnte man zu diesem Zeitpunkt noch nicht ganz ausschließen, dass Katrins Mutter noch lebt. Immerhin gab es Zweifel an der Identität der Frauenleiche 1979.

War es, wirklich Katrins Mutter?

War Katrins Verschwinden vielleicht doch eine Rückholaktion der noch lebenden Mutter?

Hatte vielleicht Staub oder das MfS hier seine Hand im Spiel?

Fragen, die nach wie vor eine Berechtigung hatten.
Ein Monat war nach Katrins Verschwinden vergangen, aber es gab immer noch keine Spur oder einen ersten Hinweis über ihr Schicksal. Doch dann geschah etwas, was den Fall in eine ganz andere Richtung lenkte.

Unerwartetes Geständnis

Es war am 24.02.89, an diesem Tag wurde es hektisch in der Region um den Ort Karbow. Wie ein Lauffeuer hatte sich die Nachricht verbreitet, dass ein damals 24-jähriger Mann aus Karbow wegen eines an einem Mädchen begangenen, versuchten Sexualdelikts inhaftiert worden war.
Hatte der vielleicht auch etwas mit dem Verschwinden der Katrin zu tun?
Was die Tat selbst betraf, das war natürlich aus der Akte zum Vermisstenfall Katrin nicht zu entnehmen. Natürlich wäre es gut gewesen, etwas mehr über das Alter des Opfers sowie über die genauen Umstände seiner Tat zu erfahren. Dann hätte man vielleicht erste Rückschlüsse auf einen möglichen Zusammenhang zum Verschwinden der Katrin schließen können. Aber das war schier unmöglich und irgendwie bedauerte ich diesen Umstand. Die Entfernung vom damaligen Wohnhaus des Verdächtigen hin zum Haus, in dem Katrin mit der Oma wohnte, bzw. bis zum Schulweg, den sie immer nahm, war nicht groß. Es waren annähernd geschätzte zwei, im Höchstfall drei Kilometer. Man konnte also davon ausgehen, dass auch er zu den Personen gehörte, die sich in der Region in und um Sandkrug sehr gut auskannten. Wenige Tage nach dem Bekanntwerden der Inhaftierung geschah etwas, was wohl keiner erwartet hatte. Der inhaftierte junge Mann, der eines Sexualdeliktes Beschuldigte, ein Holger Knust, legte ca. vierzehn Tage später, am 10.03., also nach etwas

mehr als 6 Wochen nach dem Verschwinden von Katrin, ein „unerwartetes" Geständnis ab. Er gestand die Schülerin Katrin am Sonnabend, den 21.01. sexuell missbraucht und danach getötet sowie im Erdreich des nahegelegenen Waldes verscharrt zu haben. Wie dieses Geständnis zustande kam, blieb in der Akte unbeantwortet. Aufgefallen und auch etwas verwundert war ich, dass nur Kiefer und auch erst sieben Monate später, am 19.10., zu diesem Holger Knust befragt wurde. Da der Knust allerdings schon sehr früh ein Geständnis in Richtung Katrin abgelegt hatte, blieb mir die lange Zeitspanne bis zur Befragung von Kiefer unverständlich.

Warum wurden nicht schon seit März, seit seinem Geständnis, weitere Personen aus Katrins Umfeld, zur Person Knust oder zu möglichen Kontakten zu ihm befragt?

Vielleicht war Knust ja in der Nähe oder in Sandkrug bereits vor dem Verschwinden von Katrin aufgefallen oder in anderen Zusammenhängen bekannt geworden.

Kiefer machte im Oktober 89 nur die Aussage, dass er den Knust kenne, aber unter den Namen „Goldmann". Er hätte ihn aber nur wiederholt am Dorfkonsum in Karbow beim Biertrinken gesehen. Bei der Nennung „Dorfkonsum" kam mir der Gedanke, dass Katrin, wenn sie den Konsum aufsuchte, vielleicht da in den Fokus von Knust gelangt sein könnte.

Wenn die Person Knust für die Ermittler nun auch in der Sache Katrin von Interesse war, warum aber wurde Kiefer nicht intensiver zu ihm befragt?

Kiefer war zu dieser Zeit 25 Jahre alt, also im gleichen Alter wie Knust und wenn er diesen sogar unter den Namen „Goldmann", den Geburtsnamen von Knust, kannte, aber selbst erst ein knappes halbes Jahr, in der Region Karbow, in Sandkrug wohnte, wirft das für mich unwillkürlich Fragen auf.

Kiefer wohnte seit Sommer 88 in Sandkrug und kannte den Geburtsnamen von Knust?

Wenn ich jemanden am Konsum Biertrinken sehe, dann kenne ich doch noch lange nicht seinen Namen und schon gar nicht dessen Geburtsnamen. Kiefer hatte sicher mehr Informationen zu Knust.

Was war Kiefer vielleicht auch nur vom Hörensagen zu Knust noch bekannt?

Gab es vielleicht zwischen beiden persönliche Kontakte und welcher Art waren diese?

Verblieben möglicherweise noch andere Informationen, die Kiefer zur Person Knust gab, in dessen Akte?

Nach der mir vorliegenden Aktenlage wurde Kiefer aber anscheinend nicht weiter befragt. Trotz aller Bemühungen, so hieß es in einem Dokument aus der Akte Katrin, verweigerte Knust den Verbringungsort der Leiche konkret zu benennen oder zu zeigen. Daher bestanden zu dieser Zeit noch „gewisse" Zweifel an der Täterschaft.

Hatte man ihn nicht zu Einzelheiten des Tatverlaufs in der Sache Katrin befragt?

Ich dachte da an Einzelheiten der Verbringung der Gegenstände (Fahrrad und Schultasche) usw. Umfangreiche Vergleichsspuren wurden damals schon an der Person Knust selbst sowie an anderen Gegenständen aus dem Umfeld des Verdächtigen gesichert, um sie mit Spuren, gesichert im Vermisstenfall Katrin, abzugleichen. Aufgeführt waren unter anderem:

„Prenabandabzüge von seinem Fahrrad – Bodenspuren an einem grünen Spaten im Schweinestall – Bodenspur vom Blatt einer Schaufel aus dem Schweinestall – zwei Messer, eines gesichert im Schweinestall und ein anderes in der Wohnung – ein Paar grün-ocker gemusterte Fausthandschuhe aus der Wohnung – eine graue Arbeitsjacke – eine rotbraun-beige gemusterte Pudelmütze – eine blaue Wattejacke und – eine graue gesteppte Wattejacke."

Als Knust wegen des Verdachts eines Sexualdeliktes inhaftiert wurde, erfolgten unter anderem Ermittlungen zu einer bei ihm beschlagnahmten Damenarmbanduhr Marke „Slawa“, silberfarben mit rechteckigem Gehäuse. Sie ähnelte sehr der Uhr, die von der vermissten Katrin am Tag ihres Verschwindens getragen wurde.

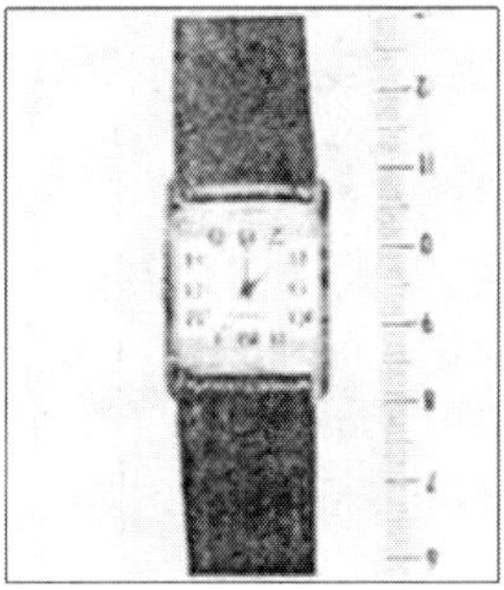

Damenarmbanduhr – sowjetische Produktion,
Typ „Slawa“
Rechteckiges Gehäuse,
silberfarben,
graues Lederarmband,
Mit im Uhrendeckel eingravierten
Reparaturzeichen HK 6177[illegible]12

Geriet Knust da bereits in Verdacht etwas mit dem Verschwinden von Katrin zu tun zu haben?
Hatte man vielleicht daraufhin einen gewissen Druck ausgeübt und wurde vielleicht so sein späteres Geständnis erzwungen?
Dem Uhrmacher aus Waren, der Katrins Uhr am 13. Dezember 88 zur Reparatur angenommen hatte, stellte aber fest, dass das Reparaturzeichen der bei Knust gefundenen Uhr nicht seines war und es damit auch nicht die Uhr von Katrin sein konnte. Noch am gleichen Tag hatte man einem anderen Uhrmacher in Lübz die beschlagnahmte Uhr vorgelegt. Es stellte sich anhand des bei dieser Uhr vorgefundenen Reparaturkennzeichens HK 2905 A heraus, dass Knust diese Uhr am 05.10.88 zur Reparatur gebracht und sie am 03.11.88 wieder abgeholt hatte. Die Sache mit der Uhr und der möglichen Verbindung zu Katrin hatte sich somit in Luft aufgelöst und ihn nicht weiter belastet.
Aber welchem Mädchen oder welcher Frau gehörte diese bei ihm beschlagnahmte Damenarmbanduhr?
Warum trug er nicht mehr seinen Geburtsnamen?

Fragen und die Antworten waren sicher nur in seiner Ermittlungsakte zu finden. Ein im Mai erstellter kriminaltechnischer Auswertungsbericht über serologische Untersuchung zum Verdächtigen Knust erbrachte nur wenige Treffer. Zunächst war eine Typisierung der jeweiligen Blutgruppen erfolgt, um entsprechende Grundlagen zu haben. Die Blutgruppeneigenschaft von Knust war Blutgruppe 0 und Katrin war Trägerin der Blutgruppe A. Interessant war nun, dass an der sichergestellten grauen gesteppten Wattejacke des Verdächtigen am rechten Ärmel, oberhalb des Bündchens menschliches Blut in Form von an der Gewebeoberfläche anhaftenden kleinsten Partikeln nachgewiesen wurde. Für dieses Spurenmaterial gelang der Nachweis der Blutgruppeneigenschaft A. Als Verursacher dieser Eigenschaft kam die Geschädigte Katrin in Frage, so war es auch konkret dokumentiert. An der gleichen Wattejacke waren weitere sieben Bereiche feststellbar, die eine positive Blutvorprobereaktion zeigten. In keinem Fall konnte jedoch Blut nachgewiesen werden. Es hieß, dass in Wertung dieser Befunde damit die Vermutung nahe liege, dass es sich bei den genannten Bereichen ebenfalls um menschliche Blutspuren handelte, für die auf Grund von möglichen Reinigungs- bzw. Abbauprozesse Substanzveränderungen erfolgten und der Blutnachweis nicht mehr möglich war.

Am gesicherten linken, grün-ocker-melierten Fausthandschuh des Verdächtigen wurden an der Handrückenseite menschliches Blut, eine minimale Verkrustung an der Gewebeoberfläche, festgestellt. Für das Spurenmaterial gelang der Nachweis der Blutgruppeneigenschaften A und H. Die Geschädigte Katrin konnte als Verursacher der für den Verdächtigen körperfremden A-Eigenschaften daher nicht ausgeschlossen werden. Eine weitere Überraschung brachte ein im September 89 erfolgter kriminaltechnischer Auswertungsbericht der DVP Schwerin, der MUK über Textilfaseruntersuchungen. Mit den Prenabandabzügen vom Fahrrad von Knust bzw. an seiner vorliegenden Bekleidung waren Textilfasern bzw. textile Fremdfasern gesichert worden. An der blauen Arbeitshose war eine rote Baumwollfaser nachweisbar, die mit dem Textilfaserbestandteil der Materialprobe, der von der Katrin vermutlich getragenen Cordhose übereinstimmte und im Milieu der Geschädigten gesichert worden war. Auf Grund der geringen Anzahl, nur eine rote Baumwollfaser der nachgewiesenen, mit entsprechendem Vergleichsmaterial übereinstimmenden Spurenfaser, und der Tatsache, dass es sich bei dem vorhandenen Vergleichsmaterial nicht um den echten spurenverursachenden textilen Gegenstand handelte, waren klare Aussagen zum Spurenverursacher daher nicht möglich. Was die Bodenspuren, die von Gerätschaften von Knust gesichert worden waren, betraf, da lagen der Akte keine Untersuchungsergebnisse bei. Dagegen war im Auswertungsbericht dokumentiert, dass es sich bei den am Erdboden im Bereich der Kastanie vor dem Wohnhaus der Katrin gesicherten blutverdächtigen Substanzen hier um Schweineblut handelte.

Knust und Schweinestall, konnte man da vielleicht einen Zusammenhang herstellen?

Wie hieß es in einem Artikel einer Zeitung, die von einem Mann hinter der Kastanie berichtet hatte: „In der Schule hatte Katrin von einem Mann erzählt, der sich zu Hause hinter einer Kastanie versteckte. Hat er was mit ihrem Verschwinden zu tun?" Aber über Erzählungen zu der Sache mit dem Mann und der Kastanie, wovon Katrin in der Schule berichtet haben soll, fand sich in der Akte keine einzige Information.

Karin: Der Mann hinter der Kastanie

Karin ███ (13), aus Karbow, 1,63 Meter, schlank, blondes Kurzhaar, blaugraue Augen. Verschwunden: seit ... 1. 89 ...

Stelle. In der Schule hatte Karin von einem Mann erzählt, der sich zu Hause hinter einer Kastanie versteckte. Hat er was mit ihrem Verschwinden zu tun? Warum-

... Oma, bei ... hinter einem ... Schulmappe und Turnbeutel liegen an anderer Stelle. In der Schule hatte Karin von einem Mann erzählt, der sich zu Hause hinter einer Kastanie versteckte. Hat er was mit ihrem Verschwinden zu tun? Warum fehlten in ihrer Schultasche das Tagebuch und ein mysteriöser Brief, den Karin zwei Tage vorher erhalten hatte?

Dieses unerwartete Geständnis von Knust warf schon viele Fragen auf.

Was für eine Person war er?

Wie wurde das von ihm versuchte Sexualdelikt an einem anderen Mädchen bekannt?

Was war da geschehen?

Wann und wie konnte die vermisste Katrin in den Fokus von ihm geraten sein?

Diese und noch viele andere Fragen blieben unbeantwortet. Damit musste ich, wenn auch etwas zerknirscht, leben.

Könnten die damals in der Sache Knust gesicherten Spuren mit heutigen, moderneren kriminal-technischen Untersuchungen vielleicht eindeutigere Ergebnisse bringen?

Dazu müssen aber damals entsprechende und richtige Asservate von beiden Fällen gesichert worden und noch vorhanden sein. Was sich für mich im Fall Katrin schon sehr problematisch darstellte.

10 000 Mark Kopfgeld 10 000 Mark Kopfgeld Wer kennt den Mörder meiner Tochter? Vielleicht hilft dieser Bericht in SUPER ILLU.	**Besitzer:** Super Illu Super Illu Guter Rat Do., 25. Oktober 1990 (Veröffentlicht) Super Illu Ausgabe /1990 – (Artikel)

Karin: Der Mann hinter der Kastanie

Karin ■■■ (13), aus Karbow, 1,63 Meter, schlank, blondes Kurzhaar, blaugraue Augen. Verschwunden: seit 21. 1. 89 Trug lila Bundjacke, rote Cordhose, rote Schlauchmütze (selbstgestrickt), weiße Schuhe. Samstag, 7.15 Uhr, fährt Karin mit ihrem Fahrrad in die 2 km entfernte Schule. 150 Meter weiter, im Ortsteil Karbow- Sandkrug, wohnt Kusine S■■■ (10). Karin kommt nie bei ihrer Kusine an. Am nächsten Tag findet die Polizei das Fahrrad. 1 Kilometer vom Haus der Oma, bei der Karin wohnte. Unter einem Reisighaufen. Schulmappe und Turnbeutel liegen an anderer Stelle. In der Schule hatte Karin von einem Mann erzählt, der sich zu Hause hinter einer Kastanie versteckte. Hat er was mit ihrem Verschwinden zu tun? Warum fehlten in ihrer Schultasche das Tagebuch und ein mysteriöser Brief, den Karin zwei Tage vorher erhalten hatte?

6 Kinder vermißt: Hinweise bitte an SUPER ILLU und Ihre Polizei

Günter ■■■: Seit über 4 Jahren auf Mörderjagd

Eine andere Sache beschäftigte mich weiterhin. Ein Artikel zum Fall Katrin soll in der „Super Illu" am 25.10.90 veröffentlicht worden sein.
Da in der Ermittlungsakte diese Veröffentlichung erwähnt wurde und sich aufgrund dieser, eine Zeugin gemeldet hatte, die über eine Sache berichtete, die Katrin erzählt haben soll, war mir schon wichtig auch diesen Artikel zu kennen.
Ich bat die Redaktion der „Super Illu" um Übersendung dieser Veröffentlichung und erfuhr so, dass der Fall Katrin hier neben mehreren Fällen vermisster/getöteter Jugendlicher aufgeführt worden war.
10 000 Mark Kopfgeld lobte der Vater einer 1986 getöteten Svenja (18) aus Leipzig aus. Aber zurück zum Fall Katrin.
Am 29.10.90 erhielt die Polizei Kenntnis von einer Reaktion auf diese Veröffentlichung. Während eines Ferienaufenthaltes in der damaligen CSSR hatte eine Zeugin und deren Tochter Kontakt zur Katrin, die dort mit ihrem Vater Urlaub machte. Da hätte es ein Gespräch zwischen ihrer 12-jährigen Tochter mit der Katrin gegeben und Katrin hätte erwähnt, dass ihr Fahrrad öfter auf einem Baum hing.
Die Zeugin wurde daraufhin zum Sachverhalt in das für ihren Wohnort zuständige Kreiskriminalamt bestellt, dazu vernommen und machte hierzu folgende Aussage: *„Nähere Einzelheiten kann ich dazu leider nicht benennen. Katrin hat uns damals diesen Fakt erzählt und wir fanden es schon alle recht komisch und lachten auch darüber, dass jemand das Fahrrad auf einen Baum gehangen hat. Sie hat uns aber dazu keinerlei Einzelheiten mitgeteilt, z. B. wann und wo das Fahrrad gehangen hat, womit und ob es befestigt wurde und wie hoch es hing. Katrin hatte auch keinerlei Verdacht auf einzelne Personen, sondern sie sagte lediglich. ‚Da macht sich irgendjemand einen Jux und hängt mein Fahrrad öfters auf den Baum.' Ich weiß nicht mehr, ob Katrin auch anderen Personen von dieser Besonderheit erzählt hat."* Das mit dem Fahrrad mag

eine ganz banale Geschichte gewesen sein, dennoch warf auch diese Sache wieder Fragen auf.

Warum wurde nur die Mutter und nicht auch die damals 12-jährige Tochter dazu befragt?

Warum wurde nicht Katrins Großmutter, der Vater oder ihre Mitschüler bzw. Silke zum Sachverhalt „Fahrrad auf dem Baum“ befragt?

Wenn dieser Personenkreis von der Sache keine Kenntnis hat, dann würde sich gleich die nächste Frage stellen.

Warum hat Katrin diese doch recht ungewöhnliche Sache ihrem engsten Umfeld verschwiegen?

Zumal es nach Aussage der Zeugin „öfters“ erfolgt sein soll. Außerdem konnte sich diese Sache nur in unmittelbarer Nähe ihres Wohnhauses, auf der Wegstrecke nach Karbow oder in der Nähe des Abstellplatzes ihres Fahrrades vor der Post in Karbow der Sandkuhle oder bei der Höhle ereignet haben.

Wer aber hatte da ein Interesse an Katrin und wer testete ihre Verhaltensweisen und Reaktionen in diesem Zusammenhang?

Natürlich kann es auch nur ein Jux von einem anderen Schüler, der Katrin necken wollte, gewesen sein und Katrin wollte dieses ihrer Oma oder dem Vater nur nicht „auf die Nase binden“. Da es aber keine Befragungen zu dieser Sache im engen Umfeld von Katrin gab, blieb in dieser Sache alles nur Spekulation.

Nach einem Jahr – Vater noch im Fokus?

Fast ein Jahr war vergangen, aber noch immer gab es keine Spur, keine Hinweise, was mit Katrin geschehen war. Am 12.01.90 erfolgte durch die Kriminalpolizei der BDVP Schwerin daraufhin eine Analyse zum Ermittlungsverfahren wegen des Verdachts des Mordes gegen UNBEKANNT. Noch einmal wurden die wesentlichsten Ermittlungsergebnisse aus den Befragungen und

Vernehmungen, die daraus gewonnenen Erkenntnisse und die offengebliebenen Fragen in einem Dokument aufgeführt. Es hieß: „Die Möglichkeit eines zufällig vorbeikommenden Täters erscheint aufgrund der örtlichen und zeitlichen Bedingungen fragwürdig. Da die Vermisste zwischen den beiden ca. 150 Meter entfernt liegenden Häusern verschwand, bleibt die Frage: Wusste der Täter, dass Katrin an diesem Sonnabend ausnahmsweise Silke zur Schule abholt, so dass er die Vermisste noch vor Haus 1 ‚abfing'?" Da wäre nach meiner Erkenntnis der Personenkreis nicht sehr groß. Es blieben nur Katrins Oma, Onkel Holger und die Eichlers von Haus 1. Zu klären wäre gewesen, wer von diesen Personen vielleicht noch einer anderen Person davon erzählt hat. Am Donnerstag, am 19.01., hatte Katrin die Silke aufgefordert, am Sonnabend mit ihr zur Schule zu fahren. Am Morgen des 20.01. hat Silke erst im Beisein von Katrin ihre Mutter gefragt, ob sie mit Katrin am nächsten Tag, am Sonnabend, zur Schule fahren darf. Erst dann, am Nachmittag des 20.01., hat Katrin es ihrer Oma erzählt und auch Silke mit ihrer Oma darüber gesprochen. Da wäre also nur zu klären gewesen, wer von diesen Personen, wann und mit welcher anderen Person am 20.01. Kontakt hatte und darüber vielleicht gesprochen hat. Von den zeitlichen Voraussetzungen hatte dazu Silkes Mutter Vera die besten Möglichkeiten. Sie wird sicher ihrem Ehemann Kurt am 20.01. davon erzählt haben. Zudem haben beide sich am 20.01. arbeitsbedingt von Sandkrug entfernt und Kontakte zu anderen Personen bzw. Kollegen gehabt. Ihnen vielleicht sogar davon erzählt. Möglich wäre auch, dass Katrins Tante Monika am späten Nachmittag davon erfahren haben kann und durch sie eventuell auch Harry Kiefer. Alles war in dieser Konstellation möglich, doch es blieb Spekulation. Hinweise darauf gab es bei den erfolgten Ermittlungen nicht.

Warum hat man in dieser Richtung keine konkret ausgerichteten Befragungen vorgenommen?

In der Analyse hieß es weiter: „Geht man davon aus, dass Katrin nicht ohne weiteres mit einer fremden Person in der Dunkelheit mitgeht, liegt die Vermutung nahe, dass es sich bei dem möglichen Täter um eine ihr vertraute Person handelt." Selbst da blieb der Personenkreis für mich recht klein. Ich dachte z. B. an Harry Kiefer, an Johann, an Kurt und auch an Dirk Eichler. Ein anderer Gedanke wurde in folgendem Satz deutlich: „Anderseits wären bei einer Gewaltanwendung ihre Schreie sicher zu hören gewesen. Unter einem Vorwand muss der Täter Katrin vom Weg abgebracht haben." Diese Auffassung teilte ich nicht ganz. Bei einer Gewalttat, einem überraschenden Überfall, muss es nicht immer zwangsläufig Schreie des Opfers geben. Ein solcher Moment kann auch zu einer Schockstarre des Opfers führen. Was das Verbringen und Verstecken der Gegenstände betraf, stellte man sich in der Analyse natürlich Fragen: Hat der Täter die Sachen unmittelbar nach der Tat oder später verbracht? Hat er annähernd gewusst, wie viel Zeit ihm blieb, bis Katrin vermisst wird? Die Entfernung der Fundorte zum Haus 2 betrug Luftlinie einmal 250 und einmal 700 Meter. Nach Auskunft der Metrologen setzte die bürgerliche Dämmerung gegen 07:46 Uhr ein. Der Täter musste zu dieser Zeit bereits damit rechnen, gesehen zu werden. Er umgeht aber diesen Umstand durch seine guten Ortskenntnisse. Entweder verzichtet er gänzlich auf die Nutzung von Wegen oder aber betrat zu dieser Zeit wenig befahrene. Dadurch wird es ihm möglich, die Sachen zielgerichtet und in relativ großer Entfernung voneinander (450 Meter) zu verbringen. Hat er keine Aufenthaltsberechtigung in der Gegend, so wird er sich unter Berücksichtigung der fortgeschrittenen Zeit nach der Tat vom Fahrrad und gleichzeitig vom Haus 2 weiter wegbewegt haben. Dabei muss diese Richtung mit der seines eigentlichen Zieles nicht übereinstimmen. Er schlägt einen Bogen, um nicht noch einmal in die relative Nähe des Abgangsortes zu gelangen. Wenn der Täter über die ihm zur Verfügung stehende

Zeit informiert war, so wird er die Vermisste weiter weg von den zuvor in relativer Nähe des Abgangsortes sicher abgestellten Sachen und dem Fahrrad gebracht haben. Taschen und Fahrrad konnte er später – bei entsprechender Umsicht – immer noch unbemerkt verbringen. Nutzte der mögliche Täter ein Kfz?
Zu den fehlenden Gegenständen hieß es: „Der Täter hat das Schulbrot verzehrt oder Katrin sollte es mitnehmen, da sie eine längere Fahrt vorhatten. Was den Brief betraf, der könnte unter dem Vorwand, ihn in der Schule noch abgeben zu wollen, mitgenommen, damit verbunden das Hausaufgabenheft, worden sein. Das Hausaufgabenheft und Anschriftenheft wurden entfernt, da der Täter möglicherweise befürchtete, dass Katrin über in der Vergangenheit liegende Ereignisse Aufzeichnungen vornahm, aus welchen ein Schluss auf seine Person möglich wäre.“ Das alles waren sicher keine falschen Gedanken und durchaus mögliche Erklärungen. Dennoch, der letzte Gedanke mit den fehlenden Gegenständen, der war schon weit hergeholt. Aber es gab sicher noch andere Erklärungen, bei tiefgründigerer Analyse. In der hier vorliegenden Analyse hieß es noch: „Bei einem Tötungsverbrechen muss davon ausgegangen werden, dass der Täter mit relativer Besonnenheit und Überlegung handelte. Weitere vorgenommene umfangreiche Kaschierungen lenkten glaubhaft von seiner Person ab. Hinweise für einen Suizid hätten nicht vorgelegen. Was die Möglichkeit eines lebendigen Aufenthaltes anderen Ortes betrifft, so kann dieses nicht generell, aber doch weitgehend ausgeschlossen werden. In einem solchen Fall hätte Katrin selbst oder eine ihr zur Seite gestandene Person/Täter die bisher gefundenen Gegenstände verbracht haben müssen.“ Dem konnte ich nur zustimmen.
Letztendlich kam man zu dem Schluss: „Die durch diese Analyse deutlich gewordene Situation und unter Beachtung der Aussagen der nächsten Beziehungspersonen, die nicht über ein Alibi

verfügen, sind die Personen, Vater, Holger und Heinz Jonast, näher zu betrachten."

Was aber war mit Kiefer, mit Staub, mit Knust, ja selbst mit Januschke, der sich gegen 09:30 Uhr/10:00 Uhr in der Nähe des Hauses 2 aufhielt? Wollte man diese nicht einbeziehen? Für mich hätten diese Personen keinesfalls unbeachtet bleiben dürfen. Zu ihnen galt es doch noch viele Dinge zu klären.

Das Positive aber war, dass aus dieser Analyse heraus die Ermittler eine Fristverlängerung des EV bis zum 30.05.90 beim Generalstaatsanwalt der DDR in Berlin beantragten. Sie begründeten dieses damit, dass die Analyse der konkreten Umstände des Verschwindens zwingend von einem Tötungsverbrechen ausgeht und zu der Hypothese führt, dass der Täter aus dem engen Lebensbereich der Katrin kommt. Nachdem sich, so hieß es weiter, die Vermutung, der Onkel Holger oder der Großonkel Johann Eichler könnten mit der Tat zu tun haben, nicht bestätigte, sollte nunmehr unter Einbeziehung der Sektion Kriminalistik der Humboldt-Universität eine Täterhypothese erarbeitet werden, die auch die Frage beinhaltet, ob der Vater Katrins die Tat begangen haben könnte. Seine auffällige Persönlichkeit, die mysteriösen Umstände des Todes seiner geschiedenen Frau, Konflikte in den Beziehungen zu seiner Tochter, sein fehlendes Alibi, sein nachfolgendes Verhalten würden es rechtfertigen ihn in den weiter zu prüfenden Kreis eines möglichen Verdächtigen einzubeziehen. Die Verlängerung der Bearbeitungsfrist für das EV wurde jedoch nicht wie beantragt bis zum 30.05., sondern nur bis zum 03.05.90 genehmigt. Noch am 19.04.90 gab es eine Beratung mit einem Psychologen, einem Doz. Dr. sc. Lietz, zum EV. Im Ergebnis dieser wurde der Vater von Katrin als möglicher **Beziehungstäter** ins Auge gefasst. Dem konnte ich nicht so recht folgen. Natürlich war da seine für alle auffällige Persönlichkeit. Die war ihm aber schon immer eigen und für sein Umfeld ganz normal. Was den mysteriösen Tod seiner Ex-Frau betraf, da gab es keinerlei Hinweise, die einen direkten bzw. belegbaren Zusammenhang mit ihrem Tod auch nur vermuten ließen. Ernsthafte Konflikte in der Beziehung zur Tochter konnte ich bei meinen Ermittlungen nicht herausarbeiten. Es blieb also nur das fehlende Alibi.

Aber reicht das, um ihn als Beziehungstäter einzustufen?

Als einen möglichen **Verdeckungstäter** wäre im Zusammenhang mit einem Sexualdelikt Harry Kiefer zu nennen. Mit dieser Einschätzung konnte ich mitgehen. Auch er gehörte aufgrund aller Informationen zu seiner Person, seinen Forstkenntnissen in der Region, seinem Bewegungsprofil, seinen undurchsichtigen Kontakten zum MfS und dem fehlenden Alibi, auf alle Fälle zum Kreis der Verdächtigen und passte schon in das mögliche Profil eines Verdeckungstäters.

Auch einen **Zufallstäter** schloss man nicht aus. Als einziger Fakt würden dafür die Aussagen über Äußerungen, dass sich Katrin beobachtet gefühlt habe, passen. Die Beobachtung oder ein Kontakt zu Katrin müsste dann in der Zeit vom 16.01. bis 19.01. erfolgt sein. Ein solcher Täter muss die Katrin zwar nicht näher kennen, muss aber über einige Besonderheiten, wie Schulweg, Zeit und Begleitung, Kenntnis haben, was nur durch eine Katrin nahe Person oder über eine längere Zeit der Beobachtung zu erfahren war. Es müsste also eine latente Planung vorgelegen haben.

Das klang logisch, aber war es dann wirklich noch ein Zufallstäter?

Ich musste an die Personen Kiefer, Knust, Staub und Januschke, auch an Dirk Eichler denken, Letzterer war noch nicht einmal vernommen worden und für mich hatte er kein Alibi.

Die Bearbeitungsfrist des EV war bereits mehr als einen Monat abgelaufen. Dennoch gab es ein Dokument vom 19.06.90, unterzeichnet, vom Kriminalrat Anders, welches erkennen ließ, dass die Sendung „Kripo live" im DFF II den Fall Katrin ausgestrahlt

hatte. Die Sendung beinhaltete ein Mithilfeersuchen der MUK des Bezirkskriminalamtes Schwerin zu einem unaufgeklärten Tötungsverbrechen aus dem Jahre 1989. Man muss wissen, am 19. Mai 1990 war „Kripo live" zum ersten Mal vom Deutschen Fernsehfunk ausgestrahlt worden und sofort bediente man sich, obwohl die Fristverlängerung für das EV schon lange abgelaufen war, einer bis dahin völlig neuen Möglichkeit, um den Fall Katrin vielleicht doch noch klären zu können.
Obwohl die Bearbeitungsfrist für das EV lange abgelaufen war, wurde dennoch am 20.06.90 Holger Jonast erneut vom KOK Abes, dem ehemaligen MfS Mitarbeiter, zum Abend des 21.01. befragt. In der zurückliegenden Zeit war Holger allerdings schon zweimal durch das MfS einmal durch Abes selbst vernommen worden.

Was für einen Grund gab es da noch?

Dann kam der einschneidende Tag, der alle Hoffnungen auf Aufklärung des Schicksals von Katrin fallen ließ. Nach 17 Monaten, genau am 26.06.90, erfolgte die Verfügung über die vorläufige Einstellung des EV, da der Täter nicht ermittelt werden konnte. In der Begründung hieß es, dass zum gegenwärtigen Zeitpunkt davon auszugehen war, dass alle notwendigen Ermittlungshandlungen durchgeführt und die Möglichkeiten zur Feststellung des Täters ausgeschöpft waren. So lautete es zumindest in der Begründung der BDVP Schwerin, des BKA/der MUK, die vom Kriminalrat Anders erfolgt war.

War die vorläufige Einstellung des EV nach knapp 17 Monaten vertretbar?

Ein 13-jähriges Mädchen war spurlos verschwunden und ein Verbrechen nicht ausgeschlossen.

Konnte man da die Hände in den Schoß legen und zur Tagesordnung übergehen?

1990, es sei noch einmal daran erinnert, begannen die politischen Umbrüche auch bei der Polizei und dem MfS. Die bisher gewohnten Strukturen verschwanden und führten zu einer Identitätskrise in den Dienststellen. Die Sorge um berufliche Existenzen war allgegenwärtig. Einige Tausend Polizisten wurden im Zuge der Überprüfung aus dem Dienst entlassen. Viele durften zunächst bleiben, doch das Damoklesschwert der Entlassung schwebte weiter über ihnen. Ihre Überprüfung auf Zusammenarbeit mit dem MfS, ob sie sich in dieser Hinsicht vor 1990 schuldig gemacht und sie Spitzeldienste ausgeführt hatten, lief weiter.

War der Polizeiapparat durch die politischen Umbrüche mehr mit sich beschäftigt als mit der Aufklärung von Verbrechen? Oder gab es vielleicht zu dieser Zeit in den Reihen Kräfte, denen weitere tiefgründigere Ermittlungen, konkret im Fall Katrin, unpassend waren oder sogar deren Karriere oder Existenz gefährdet hätten?

Teil 7

Aufgeben – keine Option

Ein Detektei-Ergebnis

Den Ergebnissen einer vom Vater beauftragten Detektei des Rostocker Wachdienstes galt natürlich auch mein Interesse. Die vielen Informationen aus der Akte setzten mich bereits besser in die Lage, nun die Arbeit dieser Detektei einordnen zu können. Ein erstes Protokoll der Detektei trug das Datum 05.11.90. Es war irgendwie, wenn die Sache nicht so ernst wäre, schon „aufheiternd". Das Protokoll war in drei Punkte gegliedert. Punkt 1 enthielt eine zusammenfassende Darstellung der Ermittlungs- und Untersuchungsergebnisse. Hier hieß es, dass 17 Befragungen, 2 Ortsbegehungen sowie die Sichtung der übergebenen persönlichen Briefe, Unterlagen und Sachen der Vermissten vorgenommen und die Ermittlungen in zwei Hauptrichtungen geführt wurden. Zum einen wäre es um die Feststellung von Anhaltspunkten oder Verdachtsmomente gegangen, welche die Version Straftat bestätigen. Zum anderen war die Aufklärung der Persönlichkeit der Katrin zur Erlangung von Hinweisen und Rückschlüssen zu ihrem jetzigen Aufenthaltsort eine weitere Richtung. Als zweifelsfrei bewiesen, so war zu lesen, hätte die Detektei Folgendes herausgearbeitet: „Katrin hat am 21.01. gegen 07:15 Uhr die Wohnung der Oma verlassen. Sie kam weder bei ihrer Cousine noch in der Schule an. Am 22.01. wurde ihr Fahrrad und am 23.01. die Schultasche sowie der Sportbeutel in getrennten Waldstücken gefunden."

Was für eine „großartige Leistung" der Detektei, oder?

Das war bereits lange durch die Kriminalpolizei und nicht durch die Detektei zweifelsfrei erwiesen worden. Dann kamen Aussagen, die mich nun aber wahrlich zum „Schmunzeln" einluden. Es hieß: „Durch unsere Ermittlungen können wir die Untersuchungs- und Fahndungsergebnisse der Kriminalpolizei dahingehend bestätigen, dass keine auswertbaren kriminalistisch relevanten Spuren festgestellt wurden. In den umfangreich geführten Befragungen konnten keine Hinweise für eine an Katrin begangene Straftat herausgearbeitet werden. Es wurden auch keine Anhaltspunkte zum jetzigen Aufenthaltsort der Katrin erarbeitet." Zusammenfassend hieß es: „Es lässt sich die Schlussfolgerung ziehen, dass Katrin in den letzten Monaten vor ihrem Vermisstsein unter ständigen Angstzuständen lebte. Seitens der Detektei haben die Ermittlungen keine Anhaltspunkte zu den von Katrin getätigten Äußerungen über unbekannte männliche Personen, von denen sie sich bedroht fühlte, ergeben."

Hatte sich hier nicht die Detektei selbst widersprochen?

Sie schlussfolgerten, dass Katrin unter ständigen Angstzuständen lebte, hatten aber selbst keine Anhaltspunkte dafür gefunden. Meine Ermittlungen brachten allerdings erste Hinweise, denen aber nach den vielen Jahren schwer nachzugehen war.

Unter Punkt 2 im Protokoll war angegeben, dass hier die Nachweise der erbrachten Untersuchungs- und Ermittlungsstunden, der gefahrenen Kilometer sowie der Spesen erfolgten. Doch dazu waren keine Angaben dokumentiert. Dieser Nachweis fehlte, was auch immer der Grund dafür war. Unter Punkt 3 waren Vorschläge erfolgt über noch zu realisierende Ermittlungshandlungen. Da hieß es unter anderem, Rücksprache mit Herrn Anders führen. Da konnte nur der Kriminalrat Anders gemeint sein.

Was war bzw. sollte Inhalt einer solchen Rücksprache sein?

Weiter war geschrieben, persönliche Sachen der Katrin vom StA Schwerin abfordern und sichten (Fahrrad, Schultasche, Sportbeutel, Tonbandkassetten).

Was wollte eine Detektei, die weitaus weniger technische Möglichkeiten und Rechte hat als eine Ermittlungsbehörde, mit den persönlichen Sachen insbesondere mit wichtigen Gegenständen, die eigentlich von der Behörde zu asservieren und zu sichern waren, beginnen?

Hellhörig wurde ich, als ich las: „Ermittlungen zur unbekannten männlichen Person (ZBO-Leiter)". Dirk Eichler war in der ZBO Lübz, Sitz Retzow tätig.

Welcher Hinweis, welche fremde Person und was hatte die Detektei in Richtung ZBO geführt?

Unterzeichnet war das Protokoll mit dem Namen Werner, Leiter Detektei MWD und einem Detektiv Namens Fichte. Zu meinem großen Erstaunen wurden dem Detektiv Fichte tatsächlich am 27.11.90 laut Verfügung von einem StA Zutter tatsächlich nachfolgend aufgeführte Gegenstände zur weiteren Übergabe an Herrn Jonast übergeben.

- Damenfahrrad
- blaue Sporttasche mit Sportbekleidung mit dem Vermerk: (durch die serologische Untersuchung ist die Sportbekleidung teilweise beschädigt)
- braune Schultasche mit Schulsachen
- ein blauer Badeanzug und
- eine Tonbandkassette mit persönlichen Aufzeichnungen der Vermissten.

Die übergebenen Gegenstände hatte Katrins Vater noch am gleichen Tag quittiert. Da konnte man sich eigentlich nur die Haare raufen. Wie fahrlässig ging man mit den einzigen zu sichernden Asservaten um. Für zukünftige einmal wieder aufzunehmende Ermittlungen waren sie nach meiner Auffassung nun endgültig unbrauchbar geworden.

Anfang April 91 lag ein von der Detektei als Abschlussbericht deklarierte Bericht vor. Es waren „kümmerliche" drei A4-Seiten und diese enthielten zunächst die Dinge, die bereits im Protokoll vom 05.11.90 aufgeführt waren. Neu war, dass am Fundort des Fahrrades sowie der Schultasche und des Sportbeutels Geruchsspuren gesichert wurden. Von 60 in Frage kommenden Personen, so hieß es, fertigten die Kriminaltechniker Geruchskonserven. Eine Geruchskonserve wurde auch von den persönlichen Sachen der Katrin genommen. In den durchgeführten Differenzierungsvergleichen, so war weiterzulesen, verwies der Hund von den Geruchsspuren immer auf die Konserve der Vermissten. Interessant war schon, dass von 60 Personen Geruchsproben genommen worden sein sollen. Man hatte also schon einen größeren Personenkreis im Blick gehabt. Doch diese Geruchsproben wurden damals von der Polizei gesichert. Derartige Informationen konnte die Detektei also nur von einer Quelle aus den Reihen der Polizei oder damals an den Ermittlungen beteiligten Mitarbeitern des MfS bekommen haben. In diesem Zusammenhang muss erwähnt werden, dass ehemalige Mitarbeiter des MfS ab 1990 sich vielfach selbständig machten, unterschiedlichste private Wach- und Sicherheitsfirmen, wie auch diesen Rostocker Wachdienst, gründeten oder in solchen zumindest tätig waren. Daher schloss ich nicht aus, dass der Leiter der Detektei Werner oder der Detektiv Fichte vielleicht selbst ehemalige Mitarbeiter des MfS oder der Volkspolizei waren und/oder noch über entsprechende Verbindungen in die Ermittlungsbehörde verfügten. Alles in allem waren die dokumentierten Informationen im Abschlussbericht der Detektei keine von ihnen bzw. eigenen Ermittlungsergebnisse, sondern, wie mir schien, übernommene Informationen aus der Ermittlungsakte oder aus vorhandenen Kontakten zu den Ermittlungsbeamten. Zudem hatte ich gehofft im Abschlussbericht wenigstens mehr zum Hinweis ZBO zu erfahren. Doch meine Enttäuschung war groß, da stand nur geschrieben: „Negativ verliefen auch die Ermittlungen zu Personen, welche sich zur fraglichen Zeit am Ereignisort aufgehalten haben könnten. Der ZBO-Leiter, Herr Werner, besaß zur Ereigniszeit ein einwandfreies Alibi."

War die Namensgleichheit vom Leiter der Detektei und dem ZBO-Leiter nur ein Zufall oder gab es verwandtschaftliche Bindungen?

War der ZBO-Leiter die fremde Person oder ein anderer Arbeiter?

Gab es vielleicht weitere Mitarbeiter der ZBO, die sich am Ereignisort hätten aufhalten können?

Warum wurde überhaupt das Alibi des Leiters der ZBO überprüft?

Nicht eine Antwort fand ich dazu. Es hieß noch: „Eindeutig konnte herausgearbeitet werden, dass Katrin, nachdem sie vom Tod ihrer Mutter im Sommer 88 erfuhr, sich in ihrer Persönlichkeit veränderte. Kennzeichnend waren die sich ständig steigernden Angstzustände. Die Ursache für die Angstzustände konnte nicht geklärt werden. Fest steht aber, dass sie sich durch unbekannte männliche Personen bedroht fühlte. Aufgrund der sich steigernden Angstzustände fuhr Katrin im November und Dezember 1988 immer mit einem großen Küchenmesser in der Schultasche in die Schule. Davon hatten mehrere Mitschüler Kenntnis, da Katrin ihnen das Messer in der Schule vorzeigte. Zehn Tage vor ihrem Vermisstsein hat sich Katrin intensiv mit dem Tod ihrer Mutter befasst. Sie berichtete ihrer Freundin Bleck davon und soll zu diesem Zeitpunkt deprimiert gewirkt haben."

Wies die Aussage von der Schulfreundin damals wirklich auf eine Depression von Katrin hin?

Ich persönlich konnte das aus den mir gegenüber gemachten Aussagen der Freundin nicht entnehmen. Nun war ich auf alles gefasst, denn es folgten die Schlussfolgerungen der Detektei: „Zusammenfassend lässt sich die Schlussfolgerung ziehen, dass Katrin in den letzten Monaten vor ihrem Vermisstsein unter ständigen Angstzuständen lebte. Aufgrund des Erkenntnisstandes wird seitens der Detektei die Schlussfolgerung gezogen, dass Katrin am 21.01 gegen 07:15 Uhr selbständig vom Schulweg abwich und das Fahrrad, die Schultasche bzw. den Sportbeutel in den Waldstücken verbrachte."

Warum bat sie dann aber, dass Silke mit ihr an diesem Tag zur Schule fahren soll?

Wenn sie selbstständig vom Schulweg abgewichen sein soll, wäre hier keine Logik zu erkennen. Aber es ging ja noch weiter mit den Schlussfolgerungen: „Da seit dieser Zeit jegliche Lebenszeichen von der vermissten Katrin fehlen, eine Straftat nicht nachgewiesen werden konnte, liegt die Vermutung nahe, dass sich Katrin aufgrund ihres psychischen Zustandes selbst entschloss, ihrem Leben ein Ende zu setzen, oder aufgrund ihres Zustandes tödlich verunfallte. Eine genauere Klärung der Vermisstensache wäre erst nach dem Auffinden der Person Katrin möglich." Im ersten Moment machte mich die nun von der Detektei erfolgte Schlussfolgerung sprachlos. Das waren Schlussfolgerungen, die ich keinesfalls nachvollziehen und durch keine klaren Fakten untermauert werden konnten. Diese Aussagen waren schon äußerst kühn und ich konnte mir nur eine Frage stellen.

Wer konnte mit einem solchen Ergebnis der Detektei leben, wem war so ein Ergebnis willkommen oder recht?

Dieses Ergebnis schien mir wie gemacht, um mögliche Forderungen des Vaters nach weiterführenden Ermittlungen im Keim zu ersticken oder wirklich neue tiefgründigere Ermittlungen als erfolglos darzustellen. Das zumindest untermauerten auch die letzten dann kommenden Worte im Abschlussbericht: „Es tut mir leid, dass wir Ihnen ein Ermittlungsergebnis mit dieser Aussage mitteilen müssen. Weitere Ermittlungshandlungen sind nicht mehr möglich. Wir betrachten daher ihren Detekteiauftrag als realisiert und danken nochmals für die Auftragserteilung. Mit freundlichen Grüßen Heinz Werner Leiter Detektei."

Was die Arbeit der Detektei betraf, kann ich es mir nicht ersparen, darauf hinzuweisen, dass der Bericht einer Detektei immer eindeutige und „eigene" erarbeitete Fakten beinhalten sollte bzw. muss. In diesem Fall waren es fast nur Informationen, die aus einer Ermittlungsakte übernommen wurden. Wenn, dann sind sie als solche im Bericht zu benennen und erkenntlich zu machen. Gleiches gilt für Vermutungen, Versionen oder Hypothesen, die aufgezeigt werden. Hinweise, die im Rahmen eigener Ermittlungen geprüft wurden, wie der Hinweis „ZBO", sollten zumindest nachvollziehbar, begründet und umfassend inhaltlich geschildert werden. Auch sind wie im Fall „ZBO" mögliche Alibiüberprüfung dokumentiert darzustellen.
Der Auftraggeber einer Detektei hat das Recht, die tatsächlichen Ermittlungsergebnisse in vollem Umfang auch inhaltlich zu erfahren. Natürlich immer unter Beachtung des Quellenschutzes und der Vertraulichkeit, die eine Detektei ihren Hinweisgebern und Auskunftspersonen gewähren kann bzw. muss. Für mich war die Ermittlungsarbeit der Detektei samt der erarbeiteten Ergebnisse äußerst fraglich und unbefriedigend. Das war eigentlich noch geschmeichelt und milde. Es war weder Fisch noch Fleisch. Um nicht zu sagen schnelles Geld, was mit dem Schicksal des Mädchens und dem Leid des Vaters verdient wurde.

Akteneinsicht gefordert

Dass ein Vater, dessen Tochter spurlos verschwunden war und wobei die Ermittlungen der Polizei, selbst eine von ihm beauftragte Detektei, auch nach mehr als zwei Jahren ohne Ergebnis blieben, keine Ruhe findet, ist verständlich. Er daher keine Mühen scheute und weiter um die Aufklärung des Schicksals seiner Tochter kämpfte, ist sicher für alle Eltern oder überhaupt jeden nachvollziehbar.

Im April 1992, kurz nach den ergebnislosen Ermittlungen der Rostocker Detektei, beauftragte Katrins Vater einen Rechtsanwalt aus Neubrandenburg mit der Überprüfung des Vorgangs. Dieser wandte sich in einem Schreiben an das Bezirksgericht Schwerin, den leitenden Oberstaatsanwalt und bat um Akteneinsicht. Darauf reagierte ein Oberstaatsanwalt Eisberg zwölf Tage später mit einem Schreiben, in welchem er erst einmal darauf aufmerksam machte, dass ohne Übersendung einer Vollmachtsurkunde grundsätzlich keine Akteneinsicht in Betracht kommen würde. Diese Vollmachtsurkunde wurde ihm

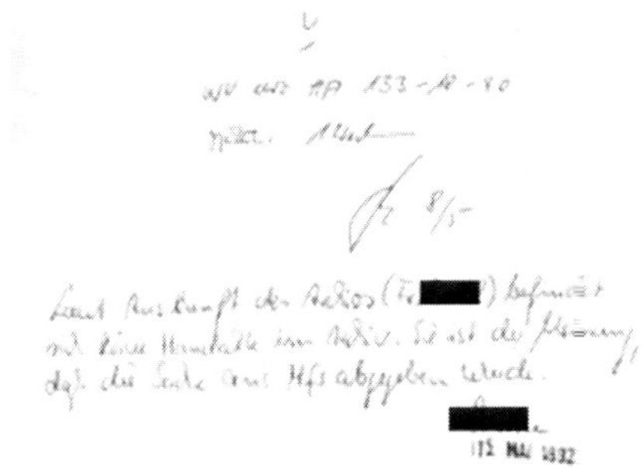

am 11.05. vom Rechtsanwalt übersandt. Danach schien so, als würde man sich nun um die Unterlagen zur Akteneinsicht von Seiten der Staatsanwaltschaft kümmern. Zumindest deutet einiges daraufhin. In den Unterlagen befand sich ein Aktenvermerk vom 15.05.92. Handschriftlich hatte hier eine Mitarbeiterin des Archivs darauf aufmerksam gemacht, dass sich keine Handakte im Archiv befinden würde und sie der Meinung ist, dass die Sache ans MfS abgegeben wurde.

War es wirklich so, dass die Vermisstensache Katrin damals an das MfS abgegeben worden war?
Oder ging es bei diesem Aktenvermerk um eine ganz bestimmte Handakte?
Vielleicht um die Handakte zum Tod der Mutter?
Die Behördenwege und die Archivlage schien zu dieser Zeit zumindest immer noch sehr unsortiert zu sein. Denn in einem weiteren Aktenvermerk zwei Monate später, im Juli 92, an den Rechtsanwalt, den eine Staatsanwältin Eitel unterzeichnet hatte, hieß es: „Die Ermittlungsakten in o. g. Vermisstensache sind derzeit versandt. Eine Übersendung zur Akteneinsicht ist mir derzeit nicht möglich. Soweit mir diese vorliegen, werde ich Ihnen die Vorgänge übersenden." Zu einem späteren Zeitpunkt, so meine einzige Schlussfolgerung, muss sich Herr Jonast telefonisch mit der Staatsanwältin Eitel in Verbindung gesetzt und einen Termin für den 12. Februar 93 erwirkt haben. Das belegt zumindest ein Schreiben der Staatsanwältin vom 09. Februar, in dem sie Herrn Jonast Folgendes mitteilt: „Bezugnehmend auf unser kürzlich geführtes Telefonat muss ich Ihnen leider mitteilen, dass ich aus dienstlichen Gründen den vorgeschlagenen Termin zum Zwecke Ihrer Information zum Ermittlungsstand in obigem Verfahren am 12.03. nicht wahrnehmen kann. Ich habe an diesem Tag andere dringende Dienstgeschäfte wahrzunehmen, bin aber telefonisch an diesem Tag in hiesiger Behörde erreichbar. Ich darf Sie darum bitten, dass Sie sich mit mir telefonisch erneut in Verbindung setzen, um eine neue Terminabsprache zu treffen."
Das klang für mich schon mehr danach, einen unangenehmen Termin abzusagen in der Hoffnung, dass dieser nie zustande kommen würde. Wenn der Vater einer seit Jahren vermissten Tochter bei einer Staatsanwältin um einen Termin bittet, dann sollte darauf angemessen reagiert werden. Die Staatsanwältin hätte doch zumindest einen neuen Termin vorschlagen können. Aber da steht die Frage im Raum:

Hatte sie oder die Staatsanwaltschaft überhaupt die Absicht, ein Gespräch mit dem Vater zu führen?
Aus einer weiteren handschriftlichen Aktennotiz der Staatsanwältin vom Juni 93 war ersichtlich, dass zu Nachweiszwecken nun die Akten „Katrin" neu zu kennzeichnen seien und der bisherige AG-Vorgang (4 Bd. Leitzordner) als neue 141 JS 282 einzutragen ist. Sie wies an, dass es bei der 170(2) Einstellung verbleibt, der Vorgang ausgetragen, weggelegt und dauerhaft aufzubewahren sei.
Mich überkam ein komisches Bauchgefühl und ich musste die letzten Informationen noch einmal sortieren und verdauen. Im Februar 93 hatte die Staatsanwältin Eitel den Termin mit dem Vater abgesagt. Im Juni 93 veranlasste die Staatsanwältin eine Neukennzeichnung von 4 Bänden (Leitzordner) und wies an, dass es bei der Einstellung des EV bleibt, der Vorgang sei ausgetragen, weggelegt und dauerhaft aufzubewahren.
Warum gerade 1993 diese Neukennzeichnung (141 JS 282/93)?
Im April 94, nach ca. einem Jahr, wurden dem Neubrandenburger Rechtsanwalt vier Bände, die Hauptakten mit dem Aktenzeichen 4 AR 15/91, übersandt. Gesondert wurde darauf hingewiesen, dass es sich lediglich um die Hauptermittlungsakten handelt. Bei der MUK Schwerin würden, soweit Interesse, weitere Spurenakten existieren. Sofern auch diese noch eingesehen werden möchten, würde um gesonderte Mitteilung gebeten, so die Aussage der Staatsanwältin.
Warum erhielt der RA aus Neubrandenburg aber 1994 noch vier Bände Hauptakten mit alten Aktenzeichen (4 AR 15/91), wenn bereits 1993 eine Neukennzeichnung erfolgt war?
Da gab es nach meiner Auffassung schon einen gewissen Klärungsbedarf.

Erst zwei Jahre später, im Juni 95, wurde der Fall Katrin wieder einmal aktuell. Das Amtsgericht Waren hatte bei der

Staatsanwaltschaft Schwerin wegen Klärung einer Erbfolge nachgefragt. Es war von Bedeutung, ob die gesetzliche Erbin Katrin noch lebt. Da das Amtsgericht Waren Kenntnisse davon hatte, dass zum Fall Ermittlungsunterlagen vorliegen, die über den Verbleib von Katrin Aufschluss geben können, wurde um Mitteilung des Ermittlungsergebnisses gebeten. In einem Schreiben der Staatsanwältin Eitel vom 15.06.95 teilt sie mit: „Auf Ihre Anfrage darf ich Ihnen mitteilen, dass bei der Staatsanwaltschaft Schwerin ein Ermittlungsverfahren wegen o. g. Tatverdacht anhängig ist. Katrin wird seit dem 21.01.89 vermisst. Die durchgeführten Ermittlungen haben nicht zur Auffindung des Mädchens geführt. Es muss jedoch auf Grund der vorgefundenen Beweislage davon ausgegangen werden, dass sie einem Tötungsverbrechen zum Opfer fiel. Der oder die Täter wurden trotz intensivster Ermittlungen nicht festgestellt."

* * *

Für den Vater der Vermissten war zu dieser Zeit aufgeben nie eine Option. Es gab natürlich auch Zeiten, die er persönlich brauchte, um sich selbst aus dem schwarzen tiefen Loch, in welches er immer häufiger nach dem Verlust seiner Tochter gefallen war, herauszuziehen. Ihm war bewusst geworden, dass er erst seinen inneren Frieden finden kann, wenn er die Wahrheit um das Schicksal seiner Tochter kennt.

Meine 1996 als Privatermittler aufgenommenen Ermittlungen im Malchiner Vermisstenfall „Susann" brachten mich zu dieser Zeit in sein Blickfeld. So kam es, dass er mich 1997 mit den Ermittlungen zum Vermisstenfall beauftragte. Meine eigenen aktiven Ermittlungen beendete ich 1998. Im Rahmen dieser versuchte ich neben vielen anderen Informationen auch zielgerichtet Informationen zur Nachgeschichte zu gewinnen. Mir waren aus der Vergangenheit Fälle bekannt, in denen erst aus der Nachgeschichte Sachverhalte hervorgingen, die zur Aufklärung oder zumindest zu wichtigen Hinweisen führten. Jede Straftat, jedes Verbrechen, auch dieser Vermisstenfall Katrin, hatte bzw. musste eine Nachgeschichte haben. Mitunter lässt erst diese gewisse Rückschlüsse auf die Tat oder den Täter zu. Diese Nachgeschichte zu kennen, hier Informationen zu erarbeiten, war ein besonderes Ziel bei meinen damaligen Recherchen.

Die Nachgeschichte

Dass sich aus Verhaltensweisen, Reaktionen sowie Äußerungen von Personen des Umfeldes nach der Tat ebenso Erkenntnisse zu möglichen Tatabläufen bzw. Tätern ableiten lassen, hatte sich bei meinen Ermittlungen in zurückliegenden Fällen bereits bestätigt. Daher war auch in diesem Fall die Nachgeschichte für mich ein Schwerpunkt der Recherchen.
Zunächst aber eine Kurzfassung zur allgemeinen Situation nach dem Verschwinden der Katrin. Durch die damalige Ermittlungsbehörde waren die Personen Johann Eichler, Katrins Vater, Onkel Holger sowie Kiefer als Tatverdächtige in Betracht gezogen worden. Die Ermittlungen führten jedoch zu keinen Hinweisen, die einen solchen Verdacht nur ansatzweise bei einer der vier Personen untermauert hätten. Johann Eichler war im Juni 1997 verstorben. Katrins Vater hatte sich mehr und mehr von seinen Verwandten abgekapselt und schloss Zusammenhänge des Verschwindens seiner Tochter mit seinen Brüdern sowie der Familie Eichler nicht aus. Am 26.06.90 war die Verfügung über die vorläufige Einstellung des Ermittlungsverfahrens erfolgt. In der Begründung hieß es, dass der Täter nicht ermittelt werden konnte und zum gegenwärtigen Zeitpunkt davon auszugehen war, dass alle notwendigen Ermittlungshandlungen durchgeführt und die Möglichkeiten zur Feststellung des Täters ausgeschöpft

waren. Damit war von behördlicher Seite der Vermisstenfall Katrin zunächst abgelegt.

Konnte man das spurlose Verschwinden einer 13-Jährigen einfach so ablegen?

Dazu habe ich persönlich eine andere Auffassung und ganz sicher auch der Vater. Es gibt immer Sachverhalte oder Verhaltensweisen aus dem engen Umfeld des Opfers, die es gilt weiter zu prüfen und unter Kontrolle zu halten. Der Täter muss ständig davon ausgehen, dass weiter nach ihm gesucht wird. Geschieht das nicht und er erfährt von vorerst eingestellten oder ruhenden Ermittlungen, wird er dieses für sich nutzen. Er wird weiter intensiv an der Verschleierung seiner Tat und der Beseitigung möglicher noch vorhandener Spuren arbeiten.

Meine Ermittlungen in den Jahren 1997 und 1998 führten unter anderem zu Informationen, die der Nachgeschichte zuzuordnen und keinesfalls uninteressant waren. Da war die Reise von Katrins Oma bereits im Juli oder August 1989 in die BRD. Sie hielt sich dort ca. 8 bis 14 Tage auf. Diese Reise trat sie gemeinsam mit ihrem Sohn Holger an. Reiseziel war das Bundesland Baden-Württemberg, eine dort wohnhafte Lisa Jonast. Personen aus dem Umfeld der Oma wollen nach ihrer Rückkehr aus der BRD festgestellt haben, dass sie nun recht augenscheinlich etwas Abstand von den Ereignissen des Januars hatte.

Was war das Motiv ihres Besuches in der BRD?

Gab es einen Grund, dass bereits nach diesem Besuch für einen Außenstehenden bei der Oma ein „merklicher" Abstand zu den Ereignissen im Januar erkennbar war?

Diese Frage bewegte mich schon. Denn da waren immer noch die Zweifel, ob die Tote von 1979 tatsächlich Katrins Mutter war oder sie vielleicht, wie Quellen annahmen, nun in der BRD lebte und ihre Tochter kurz vor deren 14. Geburtstag zu sich holen ließ. Dieser Gedanke würde auch mich erst loslassen, wenn eindeutig nachgewiesen werden kann, dass die Tote tatsächlich Katrins Mutter war. Nun war da diese Besuchsreise der Oma in die BRD und ihr augenscheinlicher Abstand zu den Ereignissen mit Katrin nach ihrer Rückkehr. Das stimmte schon nachdenklich.

* * *

Ein bei meinen Ermittlungen geführtes Gespräch mit Dirk Eichler, der nach dem Verschwinden, nie durch die Kriminalpolizei befragt worden war, ließ viele Fragen offen. Er schilderte, wie er vom Verschwinden Katrins erfahren hatte. Es sei Sonntagfrüh gewesen, als seine Schwägerin Vera ihm diese Nachricht überbrachte. Sofort sei er dann mit seinem Sohn nach Sandkrug gefahren und hätte bei der Suche nach Katrin geholfen. Etwa ein oder auch zwei Wochen zuvor hätte er Katrin das letzte Mal gesehen, als er sich in Sandkrug aufgehalten habe. Den Tag des letzten Kontaktes zu Katrin und dessen Verlauf dazu machte er keine konkreteren Angaben.

Gab es und wann genau einen persönlichen Kontakt zwischen beiden?

Wie verlief dann dieses Zusammentreffen?

Darüber verlor er kein Wort. Aus heutiger Sicht sehe ich im Gespräch mit Dirk Eichler schon eigene, mir unterlaufene Fehler. Ich hätte damals konkreter Fragen stellen müssen. Was mich allerdings im Gespräch mit ihm erstaunte, dass er von sich aus berichtete, im Januar 89 nach dem Verschwinden von Katrin, weder von der Polizei nach seinem Alibi befragt oder von der Kripo vernommen worden zu sein. Noch vielmehr überraschte er damit, ohne eine Frage danach gestellt zu haben, dass er mitteilte, am 21.01., dem Tag, an dem Katrins verschwunden war, nach einem Brigadefest in Goldberg erst gegen 04:00 Uhr zu Hause angekommen zu sein. Dieses könne seine Frau bestätigen. Ein

Alibi im eigentlichen Sinne war das natürlich für mich nicht. Was Katrin betraf, so schätzte er sie als „ein bisschen schüchtern“ ein.
Was aber verstand er unter schüchtern?
Das wiederum begründete er nicht weiter. Mir fiel aber eine spätere Aussage von Katrins Vater ein. Der meinte, wenn Dirk mit seinem blauen PKW in Sandkrug war, wollte Katrin nicht rüber zu Haus 1 gehen. Dirks Frau war Friseurin und wenn Katrin dann zum Haareschneiden zu Eichlers war, musste er selbst oder die Oma mitgehen.
Fühlte sich Katrin von Dirk bedrängt?
War er ihr unangenehm und wenn ja, warum?
Was das Verschwinden von Katrin betraf, da vermutete er die Staatssicherheit, denn Katrin, so meinte er, wusste von den Aktivitäten des MfS in Sandkrug. Seine Meinung war aber auch, dass Katrin noch leben würde. Dieses begründete er mit der Sache, dass es Zweifel gab, ob die Tote damals wirklich Katrins Mutter war.
Deutlich wurde, dass Dirk Eichler zwei Varianten offerierte, die er mit Katrins Verschwinden und dass sie noch leben würde, in Zusammenhang brachte. Einmal die Staatssicherheit und die, dass ihre Mutter nicht tot sein muss und Katrin geholt hat.

* * *

Besonders interessant waren die Informationen, die ich zur Person Ludwig Staub, zu seinem Verhalten und seinen Aktivitäten nach dem Verschwinden von Katrin erfuhr. Staub soll aus Langenhagen bei Lübz gekommen und später eine Wohnung, ein Haus in Wilsen bezogen haben. Sein Bewegungsbild am frühen Morgen, am Tag von Katrins Verschwinden, als er sich um 05:00 Uhr mit seinem PKW und einem fremden Kennzeichen in Richtung Kreuzung Karbower Chaussee bewegte, war bedeutsam. Nun hatte ich erfahren, dass er um 06:00 Uhr beim Kuhstall gewesen sein will. Das aber konnte nicht näher konkretisiert werden.

War er wirklich dort oder hielt er sich zu dieser Zeit vielleicht in Sandkrug auf?

Wo war dieser Kuhstall?

Als Staub am Montag den 23.01. gegen 14:30 Uhr auf Arbeit erschien und die Kollegen der LPG vom Verschwinden der Katrin erzählten sowie davon, dass jedes Gebiet, auch Wilsen, abgesucht wurde, tat er sehr überrascht von diesen Neuigkeiten nun erfahren zu haben. An diesem Montag soll er seinen Sohn, der in Güstrow wohnte, angerufen und zu ihm gesagt haben: „*Komm mal noch rüber.*“

Einen Tag später, am 24.01., beorderte Staub die Maurerbrigade, die mit Arbeiten am Kuhstall beschäftigt war, ohne sichtlichen Grund ab. Sie mussten in Wilsen ein Fundament für einen späteren Hundezwinger fertigstellen.

Was war so wichtig, drei Tage nach dem Verschwinden kurzfristig ein Fundament in Wilsen fertigstellen zu lassen?

Staub soll bis Anfang März 89 allein in Wilsen gewohnt haben und erst dann soll seine Frau nachgekommen sein. Nach dem Verschwinden der Katrin hätte man Staub weder mit seinem Moped noch mit seinem PKW festgestellt, obwohl er sonst sehr umtriebig und ständig mit Moped oder PKW unterwegs war.

Wollte er sich nicht in das Blickfeld der Ermittler bringen?

Kurz vor der Wende, es war die Zeit, in der die ausländischen Botschaften der BRD von DDR-Bürgern belagert wurden, verschwand Staub mitsamt seiner Familie von einem Tag auf den anderen. Nach nicht überprüften Informationen soll er sich in Schleswig-Holstein aufgehalten und telefonisch einer Kollegin mitgeteilt haben, angelegte Karteien/Akten, die sich im Panzerschrank der LPG befanden, zu vernichten. Diese Informationen führten zwangsläufig zu Fragen, die ich schon länger mit mir herumtrug.

War Staub vielleicht nicht nur für das MfS, sondern auch für einen westlichen Geheimdienst in der Region tätig?
Oder war er ein Spion des sowjetischen Geheimdienstes?
Beides würde viele Dinge erklären, selbst seinen späteren Aufenthaltsort in Deutschland. 1993 oder 94 sei Staub aus Schleswig-Holstein zurückgekommen und wohne in Striesdorf, nicht unweit vom Fliegerhorst Laage, einem Standort des taktischen Luftwaffengeschwaders. Das weckte Erinnerungen an meine NVA-Zeit Anfang der 70er Jahre. In der Region Laage/Tesssin bauten wir zu dieser Zeit an einen geheimnisvollen riesigen unterirdischen Militärbunker, der eine große Bedeutung für die damaligen „Warschauer Vertragsstaaten" haben sollte. Auch heute ist der Fliegerhorst Laage ein strategischer Standort der Bundeswehr.
War es Zufall, dass Staub sich wieder in der Nähe eines strategisch wichtigen Militärobjektes niederließ?
Es hieß, er sei lange Zeit Futtermittelverkäufer und zum Zeitpunkt meiner Ermittlungen 97/98, Leiter eines ABM-Projektes gewesen. Staubs Haus in Wilsen soll bereits 1990 von einer bisher nicht bekannten Familie übernommen worden sein.
Eine gute Freundin von Katrins Oma war in der LPG als Sekretärin von Staub tätig. Sie hatte sicher von der Oma hier und da, im Gespräch mit ihr, auch immer etwas über Katrin erfahren.
Hatte Staub bei der Sekretärin vielleicht Informationen in Richtung Katrin abgeschöpft?
Über diesen Weg von Katrins Feststellungen bezüglich seiner möglichen konspirativen Tätigkeit für einen Nachrichtendienst, erfahren?
Katrin soll Angst vor einem Mann mit Vollbart und Pudelmütze gehabt haben. Das konnte auf jeden Fall auf Staub zutreffen und er blieb für mich nicht nur eine Person, die mit Sicherheit mehr über das Verschwinden der Katrin wusste, sondern auch ein Verdächtiger in Zusammenhang mit ihrem Verschwinden.

* * *

Aber nicht nur die Personen aus Katrins Umfeld waren in der Nachgeschichte für mich von Bedeutung. Ein genauso großes Interesse galt den Aktivitäten, der Rolle, welche die Ermittler des MfS im Vermisstenfall spielten. Allgemein wurde schon damals von der Bevölkerung die Meinung vertreten, dass der Fall sehr schnell von der Staatssicherheit übernommen worden war. Durch die tägliche Auswertung des Polizeirapports am 22.01.89 erhielt die Kreisdienststelle des MfS und somit deren Bezirksverwaltung Kenntnis von der Vermisstensache. Bei einer sogenannten „operativen Bedeutsamkeit" schaltet sich dann sofort das MfS ein. So geschah es dann auch. Nach zwei Tagen hatte die Staatssicherheit alles übernommen. Sie sollen sich in der Schule sogar einen Raum eingerichtet haben. Auch die Befragungen von Kiefer, Rink, Holger Jonast und der Tante Monika Roth untermauerten Aktivitäten des MfS. Das aber waren sicher nicht nur Aktivitäten, die unmittelbar aus der Akte entnommen werden konnten. Mit Sicherheit gab es viele andere Aktivitäten und Maßnahmen des MfS. Die Tatsache, dass noch Wochen nach dem Verschwinden der Katrin ein Mitarbeiter des MfS sich im Haus Sandkrug 3 aufhielt, kann das nur untermauern. Der Mitarbeiter sei von Kiefer und Rink mit dem Namen „Roland" angesprochen worden. Bekannt wurde, dass er sich mit sehr viel Technik im Haus aufhielt, zu bestimmten Zeiten in seinem Zimmer war und nicht einmal seine Familie wissen durfte, wo er sich aufhält. Er soll über den gesamten Zeitraum nie das Haus verlassen haben. Sollte dieses den Tatsachen entsprechen, kann ich als Insider davon ausgehen, dass es ein Mitarbeiter der Abt. 26 des MfS war. Diese Abteilung schaffte technische Voraussetzungen und war für konspirative Abhörmaßnahmen in Räumen oder Wohnungen zuständig. Eine solche Aktion lässt natürlich vermuten, dass viele Informationen dabei aufliefen, die nicht nur wegen der Vermisstensache, sondern durchaus auch andere Interessen des MfS dabei berücksichtigten.

* * *

Abgesehen vom damaligen Umgang mit den aufgefundenen Gegenständen (Schultasche usw.) bestand kein Grund daran zu zweifeln, dass damals alle kriminalistischen, kriminal-technischen sowie kriminal-taktischen Möglichkeiten, sofern diese nicht dem Einfluss des MfS unterlagen, ausgeschöpft wurden, um diese Vermisstensache zu klären. In Zusammenhang mit den aus der Nachgeschichte gewonnenen Informationen und weiter bekanntgewordenen Aktivitäten des MfS tat sich eine Ermittlungsrichtung auf, die es tiefer zu prüfen galt. Ich war mir sicher, dass eine Recherche in der „Gauck-Behörde", einer Behörde, in der noch existierenden Dokumente der Staatssicherheit archiviert und verwaltet wurden, zu weiteren Erkenntnissen im Vermisstenfall führen würden. In Absprache stellte mein Auftraggeber Herr Jonast im März 98 daher einen Antrag an diese Behörde.

Er bat die Behörde diesen Antrag nicht wie jeden anderen zu behandeln. Noch habe er nicht aufgegeben seine Tochter einmal

Vollmacht

Der Privatdetektiv Herr Rohwedel und Ihre Behörde erhalten die Vollmacht sich jederzeit gegenseitig zu konsultieren, um so eine eindeutige und effektive Klärung möglicher Zusammenhänge zu gewährleisten.
Sollten sie weitere Hinweise / Informationen benötigen wenden sie sich an den Privatdetektiv Herrn Rohwedel.. Er ist befugt Ihnen seine Erkenntnisse zu übermitteln aber auch Sie können ihn die entsprechenden Einsichten gewähren die ich als Antragsteller erhalte.

in die Arme zu schließen. Ruhe würde er erst finden, wenn das Schicksal seiner Tochter eindeutig geklärt sei. Er vertraue auf die bisherigen Ergebnisse und die Arbeit des Detektivs und bat,

diesem alle Unterstützung zu geben. Aus diesem Anlass erteilte er eine entsprechende Vollmacht.
Die von der Behörde dann vorgenommenen Überprüfungen erfolgten aber leider nur zum Auftraggeber selbst, zu seiner Mutter Erna und zu Katrin. Das brachte kein Ergebnis und war von mir in gewisser Weise erwartet worden. Die Überprüfungen in der „Gauck-Behörde" hätten umfangreicher, zu spezifischen Sachthemen und zu einem größeren Personenkreis erfolgen müssen. Ich dachte da z. B. auch an die Person Staub oder Kiefer sowie an die namentlich bekannten Mitarbeiter des MfS, an Informationen aus dem Sachgebiet Militärspionage-Abwehr oder der Aufklärung in Richtung „Operationsgebiet" BRD. Das erfordert aber ein ganz anderes, spezielles sachgebietsspezifisches „MfS-Wissen", um derartige Überprüfungen ergebnisorientiert durchzuführen. Als Insider stand ich für Konsultationen, Erläuterungen, wo und wie nach solchen Informationen zu suchen sei, bereit. Doch nach der ersten Überprüfung der drei genannten Personen trat Stille ein. Der erhoffte Kontakt zur „Behörde" kam nicht weiter zustande. Was für Gründe es auch immer waren. Der Antrag des Vaters war abgearbeitet und alles schien erledigt.

Teil 8

Schlussakkord?

LKA und Staatsanwaltschaft

Im September 1998 wurden alle Ergebnisse meiner privaten Ermittlungen in einem umfangreichen Bericht an den Auftraggeber übergeben. Über ein Jahr eigener Ermittlungen lagen hinter mir. Viele meiner gewonnenen Informationen deckten sich mit denen der damals ermittelten Ergebnisse. Aber auch völlig neue Informationen bzw. Hinweise, die überprüfenswert waren, kamen durch meine Ermittlungen hinzu und wurden von mir bereits in den vorausgegangenen Kapiteln mit benannt.
Bereits nach meinen Vorrecherchen und ersten Ergebnissen im Zwischenbericht von Oktober 1997 nahm ich Kontakt zum damals noch tätigen Mitarbeiter der Ermittlungsbehörde Herrn Anders vom LKA Schwerin auf. Auch der vollständige Abschlussbericht wurde nach Zustimmung durch den Auftraggeber von mir an Herrn Anders übersandt. In einem Schreiben, welches ich dem Abschlussbericht beilegte, bat ich ihn, den Bericht persönlich zur Kenntnis zu nehmen, und nach erfolgter Verarbeitung seinerseits um einen Gesprächstermin, um Fragen zu den vorliegenden Informationen persönlich zu beantworten oder meine niedergeschriebenen Ergebnisse erläutern zu können. Ich brachte nachdrücklich zum Ausdruck, dass ich auf einen Vorschlag für ein persönliches Gespräch dringend warten würde. Aber es war wie so oft in anderen Fällen bei meinen versuchten Kontaktaufnahmen zur ermittelnden Behörde. Es rührte sich nichts, es trat Funkstille ein. Irgendwie überraschte

es mich nicht. Warum sollte es auch im Fall Katrin anders sein als bei anderen Fällen. Natürlich kamen da immer Gedanken auf, was ich falsch gemacht haben könnte. Ich ging häufiger in mich, fand jedoch keinen Grund, warum es so war.

Warum aber reagierten Behörden so?

Hatten sie allgemein ein gestörtes Verhältnis zu Privatermittlern?

Fühlten sie sich in ihrem Ego verletzt?

Oder war es pure Arroganz?

Bis heute fand ich darauf keine ausreichende Antwort.

Einige Dinge, die mir aus der Nachgeschichte bekannt wurden, gewannen für mich an Bedeutung. Das war die Besuchsreise von Katrins Oma und ihre danach auffällige Verhaltensveränderung, die Reaktionen und Handlungen von Staub, das Verhalten von Kiefer, seine Sache mit dem Fahrrad und die auffallenden intensiven Aktivitäten des MfS. Diese Dinge und die immer noch bestehenden Zweifel am Tod von Katrins Mutter, der Gedanke, dass sie noch leben könnte, ließen mir keine Ruhe. Selbst ich schloss in der gesamten Zeit nie ganz aus, dass Katrins Mutter noch leben und ein Zusammenhang mit dem Verschwinden ihrer Tochter, kurz vor deren 14. Geburtstag, bestehen könnte.

Nach den Ermittlungen, die ich 1998, beendete, war es für mich, aber besonders für meinen Auftraggeber schier unmöglich einfach zur Tagesordnung überzugehen.
Durch meine intensiv geführten Ermittlungen insbesondere zur Persönlichkeit der Vermissten war ich ihr in einer gewissen Weise nahe gekommen und ihr Schicksal berührte mich so sehr, dass ich auch in der Folgezeit immer mit dem Fall verbunden blieb und nach neuen Möglichkeiten suchte, wieder Bewegung in den Fall zu bringen. Klar war, die Sache mit dem nicht-natürlichen Tod der Mutter konnte nicht so bestehen bleiben und die Zweifel an ihrem Tod weiter nähren. Darum hatte Katrins Vater auf mein Anraten, eine Rechtsanwältin aus Neubrandenburg mit einer erneuten Akteneinsicht zum Tod der Mutter beauftragt. In ihrem Schreiben vom 09. März 1999 beantragte sie zudem die Ermittlungen im Fall Katrin wieder aufzunehmen und nun die Ermittlungsakte zum Tod der Mutter beizuziehen. Sie begründete dieses mit den Ergebnissen meiner Ermittlungen im Ergebnisbericht vom September 1998. In ihrem Schreiben wies sie weiter darauf hin, bei der Gauck-Behörde entsprechende Akten, was die Region Karbow betraf, anzufordern. Gleichlaufend bat sie darum die Zeugin Rink und den Henry Kiefer noch einmal zu vernehmen. Was die Anforderung der Akte zum Tod der Mutter betraf, da galt es noch einmal zu prüfen, ob in der zurückliegenden Auswertung der Akte etwas übersehen wurde,

was vielleicht doch einen Rückschluss zulässt, dass sie noch leben kann. Zudem war die Hoffnung mit dieser Aktivität, erneut bei den Behörden Bewegung in den Fall Katrin zu bringen.

Würde das aufgehen?

Im Schreiben der Staatsanwaltschaft Schwerin vom Juli 1999 hieß es, dass die Sachakten an die Kriminalpolizeiinspektion Schwerin übersandt worden sind, zwecks Prüfung, ob weiter Ermittlungsansätze gesehen werden. Nach mehrmaligen Nachfragen der Rechtsanwältin erhielt sie am 18. November 1999 ein Schreiben der Staatsanwaltschaft Schwerin. Ein Staatsanwalt Orgen schrieb hierzu: „... teile ich mit, dass mir nunmehr der gesamte noch vorhandene Ermittlungsvorgang ... von der Kriminalpolizeiinspektion Schwerin übergeben worden ist. Es handelt sich hierbei um 4 Bände Hauptakten sowie weitere 17 Bände Beiakten. Eine erste Durchsicht hat ergeben, dass zunächst Zwischenermittlungen geführt werden sollen, bevor über eine förmliche Wiederaufnahme entschieden wird. Zu diesem Zweck habe ich unter heutigem Datum den Bundesbeauftragten für Unterlagen des Staatssicherheitsdienstes der ehemaligen DDR, Außenstelle Schwerin, um Überprüfung gebeten, ob dort MfS-Unterlagen zu dem in Rede stehenden Sachverhalt vorhanden sind. Ebenfalls habe ich unter heutigem Datum die Staatsanwaltschaft Neubrandenburg um Übersendung des Todesermittlungsverfahrens zum Nachteil Elke Jonast gebeten." ... Ich konnte dem Schreiben also entnehmen, dass ein Staatsanwalt die Unterlagen zur Mordsache Katrin angefordert hatte.

Sollte sich wirklich was bewegt haben?

Ende 1999 erhielt ich von einem Schreiben der Polizeidirektion Schwerin, der dortigen KPI, Fachkommissariat 1.11, vom 16.11.99 an die Staatsanwaltschaft Schwerin, Kenntnis. Dieses Schreiben war sicher der Anlass für das zwei Tage später und zuvor genannte Schreiben des Staatsanwaltes Orgen an die Rechtsanwältin. Ich schöpfte leise Hoffnung, denn der Inhalt

dieses Schreibens war sehr aufschlussreich und gab mir tatsächlich Zuversicht.
Zunächst erfuhr ich, dass es in der Mordsache Katrin: 4 Ordner Hauptakten, 17 Ordner Beiakten und 1 Personenkartei gab. Das hatte mich kaum überraschte, dass ich auch in diesem Fall, wie in anderen Fällen zuvor, in denen ich ermittelte, nur einen sehr geringen Teil der Ermittlungsakten zur Auswertung erhielt. Meine persönliche Auffassung war aber immer, dass gerade in den Beiakten sich Informationen verbergen, die erst nach Jahren, bei einem gewissen Abstand zum Fall und dann aus einer ganz anderen Perspektive betrachtet, wertvoll sein können. Doch immer, wie auch in diesem Fall, musste ich mit der Realität leben, solche bzw. alle Akten eines Falles wohl nie zu Gesicht zu bekommen.

Der Inhalt des besagten Schreibens war für mich von beachtenswerter Bedeutung. Er gab indirekt Antworten auf einige Fragen und untermauerte zudem Ergebnisse meiner Ermittlungen. Daher wird dieses Schreiben vom KOK Düsing an die Staatsanwaltschaft vollinhaltlich wiedergegeben. KOK Düsing schrieb: „Die Akten wurden von mir mit neuen Ordnern versehen, da die alten Ordner teilweise sehr verschlissen bzw. verrostet waren. Eine Neusortierung erfolgte nicht. Ich bitte darauf zu achten, dass die Personenkartei unverändert bleibt, da nur mit Hilfe der Kartei die Arbeit mit Beiakten möglich ist. Weitere Unterlagen befinden sich nicht in der KPI Schwerin. Ob weitere Akten in anderen Institutionen vorhanden sind bzw. waren, entzieht sich meiner Kenntnis."
Waren vielleicht MfS-Akten in der „Gauck-Behörde" von ihm gemeint?
„Zum damaligen Zeitpunkt wurde es derart gehandhabt, dass man Ermittlungsunterlagen, Sonderspuren sowie Befragungsprotokolle, die man nicht benötigte, in den Polizeidienststellen

aufbewahrte. Eine Handakte bei der Polizei wurde nicht geführt. Dem Staatsanwalt wurden zwei seitengleiche Vorgänge als Hauptakte übergeben.
Den Ermittlungsbericht des Herrn Privatdetektiv Rohwedel habe ich zur Kenntnis genommen und vertrete ebenfalls die Auffassung, dass eine Einsichtnahme der Akten in der Gauck-Behörde eventuell weitere Anhaltspunkte bzw. Hintergründe zur Aufklärung des Verbrechens erbringen könnte.
Ich persönlich war als Sachbearbeiter der damaligen MUK der BDVP Schwerin in diesem Verfahren tätig. Die Vermisstensache Katrin wurde am 22.01.89 von der MUK zur Bearbeitung übernommen. Es erfolgte unter Leitung von Herrn Anders unter Einbeziehung der erweiterten MUK (Kollegen aus den Volkspolizeikreisämtern) die Bildung einer Einsatzgruppe. Ich war für die Tatortuntersuchung, Weg-Zeit-Analyse, Beschaffung von Vergleichsmaterial, Krankenunterlagen sowie die Vernehmung von Kindern verantwortlich. Seitens der dienstlichen Leitung wurde das Verfahren durch den Leiter Dezernat II Herrn Elster beaufsichtigt, welcher starken Einfluss auf die Bearbeitung des Verfahrens ausübte."
Das mit dem Einfluss konnte man in verschiedene Richtungen interpretieren.
Warum wurde Düsing hier nicht konkreter?
Dazu muss man wissen, dass es damals zwischen dem Dezernat II der Abteilung Kriminalpolizei und der Bezirksverwaltung für Staatssicherheit ein enges politisch-operatives Zusammenwirken gab. Mitarbeiter der Abteilung IX des MfS, der Untersuchungsabteilung, wie z. B. im Fall Katrin, der Hptm Abes, hatten bzw. konnten in wichtigen politisch-operativ interessanten Ermittlungsverfahren nach Absprache mit dem Leiter Dezernat II selbst Vernehmungen durchführen. Der Leiter Dezernat II hatte zudem ständig wichtige Vernehmungen, in denen operativ-interessante Personen oder Sachverhalte bekannt wurden, der Abteilung IX

des MfS zuzuleiten. Man konnte davon ausgehen, dass der Leiter Dezernat II Elster damals von vielen Maßnahmen bzw. Interessen des MfS bezogen auf den Fall Katrin Kenntnis hatte und Zusammenhänge kannte.

Aber weiter mit dem Inhalt des Schreibens vom KHK Düsing. „Auffallend war die starke Präsenz der Mitarbeiter des MfS. So wurden Angehörige des MfS, der damaligen Untersuchungsabteilung, zu Ermittlungshandlungen in militärischen Objekten, aber auch zu anderen Ermittlungshandlungen tätig. Inwieweit andere, gedeckt arbeitende Angehörige des MfS zu weiteren Aufgaben eingesetzt wurden, entzieht sich meiner Kenntnis. Ein Angehöriger des MfS der Untersuchungsabteilung war der Hauptmann Abes. Nach Auflösung des MfS wurde Herr Abes vom damaligen Bezirkskriminalamt in die MUK übernommen. Er arbeitete 1990 in der MUK und wurde später auf Grund seiner MfS-Tätigkeit entlassen. Nach Ausscheiden des Leiters der MUK Herrn Anders im Jahr 1990 wurde die MUK von Herrn Barsdorf geführt.

Im Ergebnisbericht von Herrn Rohwedel wird die Person Staub erwähnt. Diese Person ist mir heute nicht mehr in Erinnerung. Bei der jetzigen Durchsicht der Akten konnten die Unterlagen zu Staub nicht gefunden werden."

Waren die Unterlagen zu Staub verschwunden?

Wie bei jeder befragten Person wurde auch zu Staub eine Personenkarteikarte ausgefüllt, die jetzt in der Kartei noch vorhanden ist. Die Karte wurde mit einem „roten Reiter" – als verdächtige Person – gekennzeichnet. Unter der Reg. Nr. XIV A 416 hätten in der Akte XIV – Wilsen – Unterlagen zu Staub abgeheftet liegen müssen. Hier befindet sich lediglich ein kleiner Zettel mit der Aufschrift „Staub, Ludwig XIV A 416 am 28.11.89 entnommen. Erneuter Hinweis Gen. Brett – Unterschrift – Anders". Bei der Durchsicht des Ordners XV – Sonderspuren – ist auffällig, dass eine Sonderspur „Hardt/Staub" eingerichtet wurde, die

Unterlagen zu Staub aber fehlen. Das Deckblatt der Sonderspur „Hardt/Staub“ wurde von mir geschrieben, was bedeutet, dass zu diesem Zeitpunkt die Unterlagen zu Staub noch vorhanden waren. Warum jetzt keine Unterlagen zu Staub mehr vorhanden sind, entzieht sich meiner Kenntnis. Eine Vermutung sei, dass diese Unterlagen Herrn Brett zur weiteren Abprüfung am 28.11.89 übergeben wurden. Herr Brett war Kriminalist in Lübz und wurde nach meiner Kenntnis in der Wendezeit aus dem Polizeidienst entlassen. In diesen Tagen (November/Dezember 1989) wurden in den Dienststellen der Polizei, besonders in den Kommissariaten I, große Vernichtungsaktionen von Aktenmaterial durchgeführt. Aus meiner Sicht ist nicht auszuschließen, dass hierbei auch die Unterlagen Staub vernichtet wurden. Die erwähnten neuen Hinweise zu Staub im November 1989 sind mir nicht bekannt. In diesem Zeitraum war die Einsatzgruppe bereits aufgelöst, es wurde aus meiner Sicht nicht mehr aktiv an diesem Verfahren gearbeitet.“

Das Verschwinden der Unterlagen zu Staub wies für mich zumindest eindeutig auf die bisher vermutete Verbindung und Tätigkeit für das MfS oder nach diesen Erkenntnissen nun auch für die Kriminalpolizei K 1, die wie das MfS mit inoffiziellen Quellen arbeitete, hin.

Herr Brett wäre spätestens zur Zeit der Feststellung des Fehlens dieser Unterlagen ein wichtiger Zeuge gewesen, oder?

War Staub vielleicht ein IM des K 1, von Brett geführt und gesteuerte?

Wenn das so war, dann wusste Brett sicher mehr zur Sache Katrin und zur Rolle, die Staub in diesem Fall gespielt haben kann. Um sich und vielleicht auch Staub zu schützen, musste Brett dessen Akte verschwinden lassen. Wie sich alles bisher zusammenfügte, schien Staub eine nicht unwesentliche Rolle in der Region oder vielleicht sogar im Zusammenhang mit dem Verschwinden der Katrin, zu spielen.

Im Schreiben gab es aber noch eine Aussage zur Akte der tot aufgefundenen Mutter von Katrin." Zur Ermittlungsakte UT Elke Jonast erinnere ich mich, dass diese Akte im Februar 1989 von uns eingesehen wurde. Die Bearbeitung des Todesfalles erfolgte durch die MUK Neubrandenburg. Ich erinnere mich an Fotos aus der Akte, auf der eine weibliche Leiche mit Zeichen fortgeschrittener Leichenveränderung zu erkennen war. Der Fundort der Leiche wurde im Zuge der Bearbeitung des Vermisstenfalles Katrin von mir aufgesucht und besichtigt, Wie Frau RA K… bereits beantragt, halte ich es ebenfalls für angebracht, diese Ermittlungsakte nochmals einzusehen bzw. neu beurteilen zu lassen … Düsing KOK".

Nach diesem Schreiben und dem Schreiben von der Staatsanwaltschaft an die Rechtsanwältin schien es, als würde sich tatsächlich wieder etwas im Fall bewegen. Nahm man wirklich, wie von mir schon lange angeregt, erste intensivere Überprüfungen in der Gauck-Behörde vor. Genau so war es dann wohl auch. In einem Schreiben der Gauck-Behörde an die Staatsanwaltschaft Schwerin vom 08. Dezember 99 bestätigte diese den Eingang des Schreibens zum Ersuchen zu der Person Katrin und handschriftlich hinzugefügt war der Name Ludwig Staub.

In einem Schreiben vom 06. April 2000 der Staatsanwaltschaft an die Rechtsanwältin teilte diese mit, dass das von der Staatsanwaltschaft Neubrandenburg „erforderte" Todesermittlungsverfahren zu Elke Jonast mittlerweile bei ihnen eingegangen und an die Mordkommission der KPI Schwerin zwecks Sichtung weitergeleitet worden sei. Eine Antwort des Bundesbeauftragten für Unterlagen des Staatssicherheitsdienstes würde noch nicht vorliegen. Es war also jetzt endlich das eingetreten, was schon lange fällig war. Die nächste Zeit versprach informativ und bewegter zu werden und ließ zumindest auch hoffen. Was die Hoffnung betraf, dass vielleicht in den kommenden Monaten durchaus sich etwas im Fall Katrin bewegen könnte, das versprach zudem eine Veröffentlichung in einer Regionalzeitung. Mitte 2000, im Juli und im Oktober, wurde hier von einem Fall aus M/V berichtet. 1979 hatte man bei Grevesmühlen die Leiche einer Polizistentochter gefunden. Die junge Frau, so hieß es, sei erwürgt worden. Damals seien die Ermittlungen gestoppt

Mord-Fall wird nach 21 Jahren neu aufgerollt

...ake Stasi. Vertuschten Mielkes Schergen einen Mord an der Küste?

...tochter Karin G. (20) gefunden. Die junge Frau war erwürgt worden. In Verdacht: Jäger Horst K.

Doch die Ermittlungen wurden gestoppt. Die Akten mussten an die Stasi übergeben werden. Dieser Befehl wäre damals „von ganz oben" gekommen.

Im Keller des Rostocker ...ums tauchten die Akten jetzt wieder auf. Aber: Der tatverdächtige Jäger kann nicht mehr vernommen werden. Er starb letztes Jahr. Die Staatsanwaltschaft überlegt, seine Leiche ausbuddeln zu lassen. Um mit einer DNA-Analyse zu prüfen, ob die bei der Leiche gefundenen Haare dem Jäger gehörten.

Polizei findet Spur in 20 Jahre altem Mordfall

Schweriner Beamte: Volkspolizist Tatverdächtiger

Die Staatsanwaltschaft sieht in den von der Kripo vorgelegten Ermittlungsergebnissen den Tatverdacht allerdings nicht hinreichend begründet. Im Zusammenhang mit dem Fall hat es Ermittlungsverfahren gegen vier Personen gegeben, die als DDR-Kriminalisten oder Stasi-Mitarbeiter im Verdacht der Strafvereitelung standen. Wegen Verjährung dieser Straftaten wurden die Ermittlungen am 2. Oktober dieses Jahres eingestellt.

und die Akten an das MfS übergeben worden. Es hieß weiter, im Keller des Rostocker Polizeipräsidiums waren diese Akten wieder aufgetaucht. Der im Fall nun Tatverdächtige der Polizistentochter konnte nicht mehr vernommen werden, denn er verstarb 1999. Es war ein ehemaliger Polizist. Doch das Interessanteste war in der Veröffentlichung von Oktober zu lesen. In Zusammenhang mit diesem Fall erfolgten Ermittlungen gegen vier Personen, die als Kriminalisten oder Stasi-Mitarbeiter im Verdacht der Strafvereitlung standen. Wegen der Verjährung der Straftat Strafvereitlung wurden jedoch die Ermittlungen zu den vier Personen eingestellt. Beim Lesen des letzten Artikels fiel bei mir mit lautem Knall eine „Klappe" und Schuppen von den Augen. Ich hätte vor Erleuchtung brüllen können.

Das war es, oder?

Ich sah einige Parallelen zum Fall Katrin. Der publizierte Fall war in gewisser Weise eine Bestätigung meiner Vermutungen, dass mit den wichtigsten Dokumenten in den Fällen von 79 und 89 Ähnliches erfolgt sein konnte. Das war des Rätsels Lösung. Jetzt war mir klar geworden, worin ein Motiv liegen konnte, wenn bestimmte Dokumente im Nachhinein aus Akten verschwinden. Sofort musste ich an den Kriminalisten Brett aus Lübz denken, der in der Wendezeit aus dem Polizeidienst entlassen worden war und im Zusammenhang mit den verschwundenen Dokumenten zur Person Staub von Düsing erwähnt worden war. Angenommen, wenn Staub mit der Sache Katrin zu tun und Brett davon Kenntnis hatte, ihn vielleicht sogar im Auftrag des MfS oder im Interesse des Kommissariats I, aus welchen Gründen auch immer, gedeckt hatte, dann war er in einer ähnlichen Situation, was den Straftatbestand einer Strafvereitlung im Amt betraf. Dieser geschilderte Fall, der nach über 20 Jahren neu aufgerollt wurde, machte Mut und gab neue Impulse. Vielleicht würden meine Ermittlungen und weitere Aktivitäten des Vaters gemeinsam mit der Rechtsanwältin auch in den Fall Katrin wieder etwas in Bewegung bringen können. Diese Veröffentlichung zeigte zumindest, dass die Staatsanwaltschaft Rostock sich alten Fällen in Mecklenburg/Vorpommern intensiver zuzuwenden schien. Eine Aktivität, ein kleiner Lichtstrahl, der bei etwas Glück eventuell auch auf den Fall Katrin fallen könnte.

Es gab aber noch eine andere Presseveröffentlichung, die allerdings erst 2003 erfolgte und den Fall Katrin noch einmal der Öffentlichkeit in Erinnerung rief.

Der KHK Düsing berichtete hier über seine Gedanken zum Fall, wie es ihn ergeht, wenn ihn jedes Jahr, zu Katrins Geburtstag und im Januar, am Tag ihres Verschwindens, dieser mysteriöse Fall beschäftigt. Dieser Fall ihm nicht aus dem Kopf geht. Durchschnittlich, so meinte er, gab es sechs Tötungsverbrechen pro Jahr zu DDR-Zeiten im damaligen Bezirk Schwerin. Ausnahmslos alle wurden aufgeklärt, erinnert sich Düsing. Er

meinte: „Wir waren auch technisch auf dem neuesten Stand. Bis in den Sommer, als die DDR schon fast ihr Leben ausgehaucht hatte, ermittelten Spezialisten noch vor Ort. Dieser Fall ist heute unser ältester unaufgeklärter Fall“, so die Worte des KHK Düsing, des Leiters des zuständigen Fachkommissariats bei der Schweriner Polizei. Staatsanwaltschaft und Polizei ermittelten auch nach dem Mauerfall weiter. Bislang stießen sie nicht auf neue Spuren. Die Akte Katrin würde offenbleiben. Dann war zu lesen, dass neben diesen Fall weitere acht Morde an Mädchen, darunter auch der Fall der ermordeten Susann aus Malchin und von weiteren jungen Frauen ungeklärt sind. Die Kriminalisten hätten diese noch nicht zu den Akten gelegt. Sie seien weiter an Hinweisen und Informationen zu jedem dieser Verbrechen interessiert. Diesen Satz las ich mehrmals.

Bestand wirklich ein solches ehrliches Interesse an Hinweisen und Informationen zu diesen Fällen?
Warum hielten sich die Behörden aber bei meinen Kontaktaufnahmen zu ihnen dann so „vornehm" zurück?
Waren es nur „Lippenbekenntnisse"?
Natürlich schöpfte aus dieser Veröffentlichung Katrins Vater wieder Mut und neue Hoffnung. Es motivierte ihn, gemeinsam mit seiner Rechtsanwältin nichts unversucht zu lassen, das Schicksal seiner Tochter doch noch aufzuklären.

Die Gauck-Behörde

Bereits am 15. November 2000 erfolgte durch den KOK Düsing und einem weiteren KHK von der Kriminalpolizeiinspektion Schwerin, dem Fachkommissariat 1.11, bei der Gauck-Behörde eine Einsichtnahme in vorhandene Unterlagen zu den angegebenen Suchkriterien: Katrin und Ludwig Staub. Das Ergebnis war in einem Schreiben im März 2001 dokumentiert.
In der Sache Katrin existierte in der Gauck-Behörde ein Vermerk zum Ergebnis einer Analyse der Tatsachen und Umstände der Vermisstensache, der aktuellen Lebenssituation sowie der Persönlichkeit der Vermissten. Aus dieser Analyse ging hervor, dass der Onkel der Vermissten, Holger Jonast, als Täter in Frage kommen könnte. Die Kopie dieser Analyse lag der Akte bei. Ich wurde wahnsinnig neugierig. Wie war man zu dieser Einschätzung gekommen. Holger Jonast gehörte nach meinen Erkenntnissen keinesfalls zum favorisierten Kreis der Verdächtigen.
Der Vermerk selbst trug kein Datum und es ging auch nicht hervor, wo diese Analyse erarbeitet wurde und von wem. Begründet wurde, dass die Gegebenheiten der Fundorte (Schultasche Sportbeutel und Fahrrad) bestimmte Sichtverhältnisse voraussetzen würden. Das wiederum würde eine zeitliche Versetzung der

Verbringung der Gegenstände nach der eigentlichen Handlung begründen. In der Dunkelheit sei eine solche Verbringung nicht wahrscheinlich, wenn nicht sogar ausgeschlossen. Zudem befand sich der Dynamo am Fahrrad nicht in Funktionsstellung. Der Umstand, dass das Schulbrot und das Hausaufgabenheft aus den Fundsachen fehlten, würde an einen möglichen Situationsfehler denken. Welcher sexuell motivierte Täter (Fremdtäter oder auch loser Beziehungstäter) würde diese Dinge aus der Schultasche entnehmen? Erklärbar sei aber, dass sich Schulbrot und Hausaufgabenheft überhaupt nicht in der Schultasche befanden. Unter diesen Voraussetzungen wäre zu folgern, dass Katrin das Haus an jenem Morgen überhaupt nicht verlassen hat. Die genannten Tatsachen und Umstände, da könnte man am ehesten von einer sehr engen Beziehungstat ausgehen. Es würden auch wesentliche Widersprüche im Vergleich der Aussagen des Holger Jonast und seiner Mutter geben. Selbst seine Persönlichkeit sowie Ort und Zeit würden ihn objektiv als Täter in Frage kommen lassen.
Diese Analyse war mit Sicherheit durch das MfS erarbeitet worden. Sie gab mir auch eine Antwort darauf, worin das Interesse das MfS, speziell des Mitarbeiters Abes, an Holger Jonast damals bestand. Die dargelegten Gedankengänge waren keinesfalls von der Hand zu weisen. Das aber würde bedeuten, dass alles mit Wissen seiner Mutter Erna, Katrins Oma, geschah. In dieser Hinsicht hatte ich aber starke Bedenken. Was das Verbringen der Gegenstände, der „möglichen" Leiche von Katrin, sowie Ort und Zeit betraf, auch da gab es von meiner Seite erhebliche Zweifel. Es gab kein einziges Indiz, welches nur anfänglich einen solchen Verdacht untermauern konnte.
Noch ein zweites Dokument in Zusammenhang mit der Vermisstensache Katrin lag in der Gauck-Behörde vor. Eine forensisch psychiatrische Einschätzung vom 13. September 89 zur Person Holger Knust von einem Medizinalrat der Humboldt Universität Berlin an die MUK der BDVP Schwerin. Nach Einschätzung

des Experten sei eine Täterschaft von Knust wenig wahrscheinlich. Es waren ganze sieben Seiten, deren Inhalt ich mich nun intensiv zuwandte. In dieser Einschätzung hieß es unter anderem, dass nach seinem getätigten Geständnis es durchgängig an exakten Angaben zu den Umständen des Geschehens und zum Handlungsablauf fehlen würde. Aus rein kriminologischer Betrachtung wäre es wenig wahrscheinlich, dass zwei Tage nach einem möglichen Mord durch den gleichen Täter eine Vergewaltigung oder eine versuchte Vergewaltigung realisiert wird, weil dies ein Zeitpunkt ist, wo der Täter nicht daran interessiert sein kann, sich in das Blickfeld zu bringen. Ein Gutachten der Bezirksnervenklinik Schwerin hätte Knust zudem eine geringe intellektuelle Beweglichkeit bescheinigt.

Persönlichkeit hin, Persönlichkeit her. Mein Standpunkt ist der, dass selbst ein Psychologe nicht so tief in einen Menschen schauen kann und eine hundertprozentige Prognose wohl kaum möglich ist. Das zeigte sich doch auch in diesem Gutachten wieder, welches aussagte, dass eine Täterschaft wenig wahrscheinlich ist. Das heißt nicht, dass diese ausgeschlossen werden kann. Darum galt mein weiteres Interesse den nun geschilderten tatsituativen Umständen.

Knust gab hier an, die Katrin längere Zeit zwei- bis dreimal wöchentlich visuell beobachtet zu haben, wobei er dabei in respektvoller Entfernung geblieben sei. Es kam ihm aber auch darauf an, sich bemerkbar zu machen, so dass Katrin ihn wahrnehmen würde. Darüber hinaus habe er Katrin als visuelle Vorlage zur Selbstbefriedigung genutzt. Knust schilderte seine Beziehung zur Katrin derart, dass er davon ausgehen würde eine wirklich menschliche Beziehung zur Katrin herzustellen.

Diese Aussagen fügten sich für mich schon in bestimmte Sachverhalte in Bezug auf die Vorgeschichte zum Verschwinden Katrins ein. Da war die Sache mit den häufigen Beobachtungen von Knust und dem sich Bemerkbarmachen. Katrin fühlte sich beobachtet, sie suchte zum Beispiel den Konsum in Karbow auf, der auch ein häufiger Aufenthaltsort von Knust war und da war die Sache mit ihrem Fahrrad im Baum.

War es vielleicht Knust, der sie ernsthaft beobachtete und der sie mit der Fahrradgeschichte vielleicht nur necken wollte und Kontakt suchte?

Da war sie wieder, diese eine Frage.

Warum hatte man nicht Personen aus Katrins engem Umfeld gezielt zu Knust befragt?

Das war sicher eine vergebene Chance, die vielleicht einige Fragen im Fall Katrin, aber auch im Fall Knust hätten klären können. Weiter hieß es in der Einschätzung von Knust, dass seine gegebene Version zum Ablauf des Tatgeschehens, von ihrem zeitlichen Gehalt derart sei, dass er die Straftat in dem ihm zur Verfügung stehenden Zeitraum gerade geschafft haben kann. Seine Mutter gab jedoch einen Zeitpunkt ihrer Rückkehr von der Arbeit an, der allerdings eine Täterschaft ihres Sohnes kaum noch möglich machte. Hier muss man, so las ich weiter, sicher berücksichtigen, dass sie ihm vielleicht ein sogenanntes Alibi zur Verfügung stellte.

Das war doch wohl nicht wirklich als Alibi betrachtet worden, oder?

Es hieß dann noch, dass bei einer sogenannten platonischen Liebe zur Katrin die Annahmen einer Vergewaltigung und eines Verdeckungsmordes nicht in Übereinstimmung zu bringen seien. Auch dazu hatte ich eine andere Meinung. Keiner konnte genau wissen, was in Knust wirklich vor sich ging. Da war nach meiner Meinung alles möglich. Die nächste Aussage deckte sich nach meiner Überraschung nun doch mit meiner Meinung. Es sei aber, so hieß es weiter, dass ein mögliches Unfallgeschehen, bei dem Knust versuchte, nicht nur aus der Entfernung Blickkontakt aufzunehmen, sondern sich körperlich der Katrin näherte und im Rahmen einer Auseinandersetzung ein Unfallgeschehen mit tödlichem Ausgang resultierte. Als schwerwiegendstes Argument für eine Täterschaft von Knust würden die Blutanhaftungen, die an seiner Wattejacke gefunden wurden, und die gleiche Blutgruppe trugen, wie die von Katrin, gesehen. Knust verwies jedoch darauf, dass die Wattejacke vor ihm eine gewisse Rita Krass getragen habe. Es wäre zu prüfen, ob die aufgefundenen Blutspritzer nicht der Blutgruppe der Rita Krass entsprechen. Letztendlich wurde vorgeschlagen, den Entwicklungsweg des Geständnisses und der inhaltlichen Aussagen zum Tatgeschehen mit dem Verdächtigen nochmals zu besprechen und seine Version sorgfältig zu prüfen.

War das aber jetzt wirklich erfolgt?

Würde ich vielleicht noch irgendwann das Ergebnis erfahren?

Es war schade, dass hier keine Informationen zu seinem wirklichen Geständnis und dem von ihm tatsächlich geschilderten Tatablauf vorlagen.

Wie lief überhaupt die Zusammenarbeit und Abstimmung beider im Fall Knust und Katrin ermittelnden Behörden?

Das zu erfahren, wäre von Bedeutung gewesen. Die Ermittlungsakte Knust war, auf Grund seines Geständnisses, nach meiner Auffassung durchaus ein Bestandteil der Ermittlungsakte Katrin und hätte sich in großen Teilen dort wiederfinden müssen.

Als ein weiteres Suchkriterium war die Person Ludwig Staub benannt worden. Zu ihm lagen zwei Aktenordner über die Mitarbeit als inoffizieller Mitarbeiter der Staatssicherheit aus den Jahren 1969 bis 1973 vor. In einer Abverfügung der Bezirksverwaltung des MfS Schwerin zur Archivierung vom August 1973 hieß es, dass Staub auf Grund seines Gesamtverhaltens eine Gefahr für die konspirative Arbeit des MfS darstelle. Es wurde vorgeschlagen, den GMS-Vorgang zu archivieren. Weitere Unterlagen nach 1973 wären zu Staub nicht vorhanden. Die Abverfügung zur Archivierung lag als Kopie vor. Ihr konnte ich erste interessante Informationen entnehmen wie die, dass Staub von

März 69 bis Juni 69 inoffizieller Mitarbeiter war. Im Juni 1969 wechselte er als Angestellter beim Rat des Kreises Güstrow seine Tätigkeit und ging als Zivilangestellter zur BdVP Rostock. Eine Übernahme an für die VP zuständige Abteilung VII des MfS erfolgte nicht. 1970 sei Staub aus unbekannten Gründen wieder zurück nach Güstrow gekommen und nahm eine Tätigkeit als Kraftfahrer im VEB KIB Güstrow auf. Hier dekonspirierte er sich in seiner Tätigkeit als Kraftfahrer. Noch im gleichen Jahr ging er dann als Viehpfleger in die LPG Mamerow/Güstrow. Weiter hieß es, dass er sich zu seinem Nachteil entwickelt habe, er zu Überheblichkeit und übermäßigem Alkoholgenuss neige und über Verbindungen zum MfS gesprochen habe. Sein moralisches Verhalten sei negativ. Er suche intime Verbindungen zu anderen Frauen, was auch dazu führte, dass seine Ehe geschieden wurde. 1971 sei er nach Mamerow/OT Bergfelde gezogen. Da zeigten sich schon charakterliche Seiten von Staub, die für seine Einordnung im Fall Katrin keinesfalls unbedeutend waren.

In der Folgezeit, nach den Ergebnissen aus der Überprüfung in der Gauck-Behörde, wies KOK Düsing darauf hin, dass es angebracht sei, weitere Suchkriterien (Namen von Tatverdächtigen, Familienangehörigen, Bezugspersonen) dieser Behörde zur Verfügung zu stellen und die eventuell vorhandenen Unterlagen auszuwerten. Daraufhin erfolgte im Juli 2002 eine erneute Einsichtnahme mit weiteren Suchkriterien. Das Ergebnis wurde in einem im Oktober 2002 erstellten Bericht dokumentiert. Es lagen Informationsschreiben und Ermittlungsberichte zum Vater der Katrin jedoch ohne Relevanz in der Vermisstensache vor. Weiterhin Entscheidungsunterlagen für die Reise in die BRD von Heinz und Holger Jonast von 1987. Selbst zu Feldner lagen kurze Vermerke zu seinen Haftstrafen 1959 und 1977 vor, genau wie zur Inhaftierung Knusts von 1989.

Unterlagen zur Monika Roth, die damals in Haus 3 gewohnt hat, gaben Auskunft zu ihren Verbindungen zum MfS. Sie wurde im Zeitraum von 1985 bis August 1988 als IMK „Rose“ von der KD Lübz geführt. In der KW wurden IM aus dem Schwerpunktbereich Retzow – Bombenabwurf- und Feldflugplatz der GSSD getroffen. In Hinsicht auf die Geheimhaltung und Konspiration wurden Hinweise erarbeitet, dass sie sich gegenüber ihrer Schwester dahingehend geäußert hat, die Wohnung im Haus 3 werde durch das MfS genutzt. Aufgeführt waren sechs namentliche Mitarbeiter des MfS, die sich in der IMK mit ihren inoffiziellen Mitarbeitern trafen. Es waren Mitarbeiter der KD Lübz, aber auch ein Mitarbeiter der Abt. 26 und der HVA Berlin. In der namentlichen Nennung dieser Mitarbeiter sah ich eine weitere Möglichkeit, vielleicht so noch Informationen zum Fall Katrin erhalten zu können. Die Namen dieser Mitarbeiter und natürlich auch die Mitarbeiter Abes und Sutter waren ja schon bekannt. Alle Mitarbeiter stellten eine gute Basis für weitere Überprüfungen in der Gauck-Behörde dar. Über die Mitarbeiter könnte man die von ihnen geführten IM feststellen und würde dann weitergehend zu deren Berichterstattungen gelangen. Das wäre ein Versuch, so zu Informationen zu kommen, die in Zusammenhang mit dem Verschwinden Katrins stehen könnten. Was mich stutzig machte, unter den Suchkriterien hatte man auch die Namen Kiefer und Rink angegeben. Doch dazu lagen anscheinend in der Behörde keine Hinweise vor. Beide wurden in Zusammenhang mit Katrins Verschwinden jedoch durch Mitarbeiter des MfS aufgesucht, befragt und selbst sie sprachen sogar von Genossen aus Berlin.

Waren es Mitarbeiter der HVA, die ihren Sitz in der Hauptverwaltung in Berlin hatten?

Sie berichteten auch von einem Mitarbeiter, den sie persönlich mit Vornamen kannten und der sich mehrere Tage/Wochen mit Technik in einem Zimmer in Haus 3 aufhielt. Das konnte der Mitarbeiter der Abt. 26 gewesen sein.

Warum nutzte man diese Erkenntnisse zu den Mitarbeitern nicht für fortführende Überprüfungen und zur weiteren Informationsgewinnung im Fall Katrin?

Am 31. August 2004 war eine dritte Einsichtnahme beim Bundesbeauftragten für Unterlagen des Staatssicherheitsdienstes in der Außenstelle Schwerin Görslow erfolgt. Es gab dort einen Ordner, der Sofortmeldungen von Tötungsverbrechen und versuchten sowie vollendeten Grenzdurchbrüchen aus den ehemaligen Bezirken der DDR von Februar 1984 bis Januar 1989 beinhaltete. Die Meldungen waren, so hieß es, offensichtlich nicht vollständig. Auffallend sei gewesen, dass die BV Schwerin nur sehr selten Tötungsverbrechen gemeldet hatte. Der Fall Katrin wurde von der Bezirksverwaltung des MfS Schwerin offensichtlich nicht gemeldet.

Oder waren diese Meldungen verschwunden?

Das gleiche Ergebnis zeigte sich in weiteren Ordnern wie dem der Hauptabteilung II, der Spionageabwehr oder einem Ordner des „Zentralen Operativstabs". Es konnten keine weiteren Unterlagen zum Vermisstenfall Katrin ausgewertet werden. Neue Hinweise zur Aufklärung wurden nicht erlangt. Diese Feststellungen konnte ich so nicht ganz akzeptieren, denn ich konnte mir nicht vorstellen, dass im Ordner der Spionageabwehr bei tiefgründiger Recherche z. B. keine Informationen zur Sicherung des Flugplatzes Retzow zu finden waren. Nicht unbedingt mussten diese einen sofortigen Bezug zum Fall Katrin erkennen lassen. Sie könnten aber Hinweise zu Personen, zu weiteren IM enthalten, die dann vielleicht einen Bezug zum Verschwinden der Katrin hätten. Mit der letzten Prüfung schien aber schon das Ende der Fahnenstange für weitere Recherchen in der Gauck-Behörde erreicht worden zu sein.

Fehlte da vielleicht das entsprechende Insiderwissen über die Arbeit des MfS?

Nach wie vor ließ aber der Druck des Vaters gemeinsam mit seiner Rechtsanwältin auf die Staatsanwaltschaft nicht nach. Die zurückliegenden Auswertungen der Akte und auch meine Ermittlungen hatten untermauert, dass eine Person aus dem verwandtschaftlichen Kreis der Katrin Dirk Eichler nie vernommen wurde und keine überprüften Informationen zu seinem Bewegungsprofil am Tag des Verschwindens vorlagen. Hinzu kam, dass Katrins Vater bereits damals gegen ihn einen leichten Verdacht hegte. Auf diese Ermittlungslücke wies die Neubrandenburger Rechtsanwältin, nun im Oktober 2005 die Staatsanwaltschaft Schwerin hin.
Würde die Staatsanwaltschaft darauf reagieren?

Vergessene Vernehmung

Die Staatsanwaltschaft Schwerin, sie reagierte tatsächlich. Allerdings erst im April 2006, sechs Monate, nachdem sie von der Rechtsanwältin darauf hingewiesen wurde. Also nach unvorstellbaren 17 Jahren, die seit dem Verschwinden der Katrin vergangen waren, wurde die Person Dirk Eichler zeugenschaftlich vernommen.
In dieser Vernehmung, die am 20. April, um 09:40 Uhr begann, bestätigte er, nie vernommen worden zu sein, und meinte, es hätte vielleicht daran gelegen, dass er 1978 nach Plau am See gezogen sei und zuvor seit 1975 in Schlemmin gewohnt habe. Das aber konnte wohl kaum der Grund dafür gewesen sein ihn nicht zum engen Umfeld zu zählen und ihn zum Verschwinden der Katrin 1989 zu vernehmen. Zumal er vor dem Verschwinden und selbst unmittelbar danach enge Kontakte zu seinen Eltern und seinem Bruder nach Sandkrug unterhielt. Ja, selbst am Sonntag, am Tag nach ihrem Verschwinden, war er in Sandkrug anwesend und hatte bei der Suche geholfen. Im Zusammenhang

mit dem Verschwinden gab er an, ungefähr 1999 von einem Detektiv aufgesucht worden zu sein, der ihn zur Katrin befragt und auch gefragt habe, ob die Polizei damals bei ihm gewesen sei. Bei seinem „Nein“ auf diese Frage hätte sich der Detektiv noch gewundert. Den Namen des Detektivs konnte er nicht mehr nennen. Dieser habe aber gesagt, dass er im Auftrag vom Vater der Katrin unterwegs gewesen sei. Dirk Eichler konnte sich noch daran erinnern, dass er nebenbei den Detektiv gefragt haben will, wie der Vater von Katrin dieses bezahlt.

Er hatte von ungefähr 1999 gesprochen, als ich das Gespräch mit ihm führte. Genau genommen war es 1998, aber er lag ja annähernd richtig. Interessant war schon, wie ich auch in anderen Fällen mehrmals erleben musste, dass dem Vernehmer zu Beginn sehr wichtig war, was es mit dem Detektiv auf sich hatte. Was der wollte und was dieser genau erfragt hatte. Das fand ich irgendwie etwas auffallend und in gewisser Weise „krumm“.
War das denn das Allerwichtigste?
Sah man den Detektiv als Konkurrent?
Oder war es ihnen nur wichtig, was der Detektiv erfahren hatte?
Als Dirk Eichler dann vom Vernehmer gefragt wurde, welche Fragen der Detektiv gestellt und welche Auskünfte er diesen erteilt hätte, meinte er ohne lange zu überlegen: „*Er hat mich zu den Umständen von Katrins Verschwinden befragt, was da alles los gewesen ist. Ich habe erzählt, wie das war. Wann ich davon erfahren habe, am Sonntagfrüh, dass ich dann meinen Sohn noch eingepackt habe. Wir sind mit dem Trabant meines Vaters Johann gefahren. Der wollte nicht mehr damit fahren. Der hatte mal einen Unfall gehabt und ich habe den dann mit nach Plau gehabt. Wir sind dann damit nach Karbow gefahren, am Sonntagfrüh, und haben mit suchen geholfen, bis dann mittags die Polizei das Fahrrad gefunden hatte.*“ Das mit dem Trabant seines Vaters, dass dieser nicht mehr fahren wollte, weil er einen Unfall hatte und

er diesen nun selbst nutzte, das allerdings hatte er mir so nicht erzählt. Davon, dass er mir damals, ohne ihn danach gefragt zu haben, zu seinem Alibi mitgeteilt hat, er sei am Morgen des Tages, an dem Katrin verschwand, erst gegen 04:00 Uhr nach Hause gekommen und bis dahin in Grevesmühlen auf einer Brigadefeier war, berichtete er dem Vernehmer nicht. Wenn er nach so vielen Jahren wusste, was genau am Tag nach Katrins Verschwinden war, stellt sich die Frage:

Warum vermied er noch einmal zu erwähnen, wann er am Tag des Verschwindens nach Hause gekommen war?

Das war doch sein Alibi für den Tag des Verschwindens.

Warum aber hatte der Vernehmer bisher nicht nach seinem Aufenthalt am Tag des Verschwindens und zu seinem Alibi in den Morgenstunden des 21.01. gefragt?

Dirk Eichler berichtete weiter, dass sie am Sonntagvormittag gerade aufgestanden waren, als seine Schwägerin Vera mit dem Moped kam. Ihre Tochter Silke sei mit dabei gewesen. Sie habe dann vom Verschwinden der Katrin berichtet. Er sei sofort mit seinem damals 11-jährigen Sohn mit dem blauen Trabant seines Vaters nach Karbow gefahren.

Warum nimmt man einen 11-jährigen Sohn mit, wenn man nicht weiß, was mit Katrin passiert ist und wie die Suche ausgeht?

Ich fand zumindest nicht sofort dafür eine Begründung. Dirk Eichler erzählte, ohne dass Fragen vom Vernehmer kamen, fleißig weiter: „*Ich bin dann erst mal gleich zu meinen Eltern nach Hause und da waren natürlich alle unheimlich aufgeregt. Die Polizei hatte sich damals, wenn ich mich recht erinnere, in der Schule einquartiert. Da sollte mein Bruder Kurt auch hinkommen. Der war so aufgeregt, hatte zwei Kognak getrunken, konnte deswegen nicht mehr fahren, so dass ich ihn noch schnell dort hingefahren habe.*“ Danach wäre er mit zur Suche gegangen. Sehr genau beschrieb er dann die von ihm mit mehreren Personen eingeschlagene Richtung, in der sie suchten: „*Wir sind erst von Sandkrug aus Richtung Karbow Dorf rechts so einen Weg gelaufen. Da sind so Sandkuhlen, ein kleines Wäldchen und ähnliche Geschichten. Von dort aus dann auf der anderen Seite zurück zum Sandkrug und dann noch in Richtung Schlemmin. Wir haben dann bis gegen Mittag gesucht und dann hatte die Polizei gesagt, dass wir erst mal mittags alle nach Hause gehen, Pause machen können.*" Was mir auffiel, die von ihm beschriebenen Suchrichtungen führten weg vom Gebiet, in dem später Katrins Gegenstände, das Fahrrad und die Schultasche gefunden wurden.

War es Zufall?

Wer hatte die Suchrichtung vorgeschlagen?

Mit welchen Personen hatte er zusammen die Suche begonnen?

Das waren doch Fragen, die ein Vernehmer nach solchen Schilderungen hätte hinterfragen müssen. Aber vom Vernehmer schienen mir kaum Fragen gekommen zu sein. Darum kam Dirk Eichler sicher von sich aus mit einer weiteren Geschichte und meinte: „*Ich wollte dann noch einen Polizisten mit nach Hause zum Essen nehmen. Den kannte ich von früher, von der Forst. Mit dem habe ich gearbeitet damals. Er sagte nur, dass er eben nicht dürfe, aber er würde gern was trinken. Danach ist er wieder gegangen. Wir sind dann auch wieder vom Forsthaus (Haus 2) aus rübergegangen, da wo die gesucht haben. Und auf einmal kam ein Polizist aus dem Wald. Ich habe keine Ahnung, ob das mein Bekannter war oder ein anderer. Und ich habe nur mitgekriegt, dass er dort seine Vorgesetzten gemeldet hat, dass sie das Fahrrad und den Schulranzen von Katrin gefunden hätte. Dann kam die Anweisung, dass die Suche für alle abgebrochen ist. Ich war dann noch eine Weile bei meinen Eltern und bin dann am Sonntag noch wieder mit meinem Sohn nach Hause gefahren.*"

Die Einladung an den Polizisten – war es nur Höflichkeit oder gab es andere Interessen bzw. Absichten?

Was den Kontakt zum Polizisten betraf, da hätte ich als Vernehmer zumindest nachgehakt. Genauso war es, als er meinte, Fahrrad und Schultasche wurden gefunden. Am Tag, als er suchen half, am Sonntag, wurde nur das Fahrrad gefunden, nicht aber der Schulranzen. Nur durch seine Aussage zum Polizisten erfuhr ich, dass auch Dirk Eichler früher einmal bei der Forst gearbeitet hatte.

Wusste er daher, was zwischen Forst und Stasi vielleicht schon damals abging?

Er war in Sandkrug groß geworden, kannte sich in den Wäldern aus und hatte Ortskenntnisse. Was Dirk Eichler aber in der darauffolgenden Woche nach seinen Angaben, „nur" von seinen Arbeitskollegen erfahren haben will, war sehr viel. So hätte er erfahren, dass die Polizei mit Hubschraubern und der Bereitschaftspolizei gesucht, irgendwie Teiche ausgepumpt, den Schlamm durchgesiebt und vieles mehr hat. Ihm sei auch erzählt worden, dass spezielle Hunde da waren und mit diesen gesucht wurde. Aber nichts gefunden wurde, weil alles zertreten war. Auch ein Spezialhund sei dagewesen, der in den Häusern drin war und überall gesucht hat. Im Nachhinein sei er dann ab und zu beim Vater gewesen, da hätten ihn seine Eltern und auch Katrins Oma im Nachgang erzählt, Katrin habe in der Schule davon gesprochen, dass immer ein Mann hinterm Baum gestanden haben soll. Der sei aber bekannt geworden und hätte ein Alibi gehabt. Dieser habe da auf einen Arbeitskollegen gewartet und, wenn es Regen gab, sich unter einen Baum gestellt. Nach meinem Wissen gab es zu dieser Sache keinerlei Informationen in der Akte.

Wer war eigentlich dieser Mann?

Ohne vom Vernehmer danach gefragt zu werden, meinte er: *„Dann gibt es noch einen Herrn Knust, den Vornamen weiß ich nicht mehr, aus Karbow. Der ist wohl richtig in die Mangel genommen worden. Der hat das wohl am Ende auch zugegeben, dass* *er das gemacht hat. Aber der hat wohl immer ein bisschen viel getrunken. Dann sollte er zeigen, wo er Katrin vergraben hatte. Aber das konnte er nicht, weil er das ja auch nicht gewesen ist.*" Das mit dem „weil er das ja auch nicht gewesen ist" klang für mich schon sehr überzeugend.

War Dirk Eichler davon so überzeugt, weil er mehr wusste? Oder weil er es vielleicht selbst war?

Auch darauf ist der Vernehmer nicht weiter eingegangen. Als Dirk vom Vernehmer gefragt wurde, ob er damals bei Gesprächen unter Leuten oder in den Jahren danach irgendwelche Vermutungen gehört hätte, wer Täter gewesen sein könnte, meinte er, dass er sich immer sagen würde, dass Katrin nicht tot sei. Er begründete das mit der Geschichte um ihre Mutter. Deren Leiche soll so verwest gewesen sein, dass man sie nicht mehr identifizieren konnte, nur anhand der Zähne. Seine Mutter Marie hätte auch erzählt, dass es damals dort in der Gegend noch eine zweite vermisste Frau gegeben hat und es hoffentlich nicht zu einer Verwechslung gekommen ist. Dass Katrins Mutter für tot erklärt wurde, sie aber nicht die aufgefunden Frauenleiche war. Was seine Mutter meinte, das konnte durchaus mit einer toten Heidi Leihm zusammenhängen. Da gab es doch in der Akte der Mutter die Sache mit einer Rechnung der Universität Greifswald an die Kreisstaatsanwaltschaft Waren. Die kaum lesbare Kopie dieser Rechnung bezog sich auf zweimal durchgeführte Transportfahrten nach Waren, einmal am 09.07. und dann noch einmal am 10.07.79. Die Leiche von Frau Jonast wurde aber erst am 10.07. gegen 09:00/10:00 Uhr gefunden. Die Rechnung selbst bezog sich auf eine Todesermittlungssache Heidi Leihm. Deren Name war dann aber auf der Rechnung gestrichen worden und handschriftlich der Name Elke Jonast eingetragen.

Für Dirk Eichler, so meinte er gegenüber dem Vernehmer, sei es so, dass eventuell Katrins Mutter „da gewesen" ist und sie vielleicht die Katrin mitgenommen hat. Die Polizisten hätten

damals gesagt, dass das Fahrrad und der Ranzen so abgedeckt wurden, als habe es eine Frau getan. In diesem Zusammenhang meinte er:
„Aber vielleicht hat es da ja auch irgendwas gegeben. Das war ja alles 1989. Dass da irgendwelche Männer oder Kerle, vielleicht im Auftrag von ihr, waren, vielleicht Katrin weggeholt haben, irgendwo mit in den Westen genommen haben. Was ich auch komisch finde, es hieß damals ja auch, dass aus ihrem Ranzen das Frühstücksbrot fehlte und das Tagebuch. Das finde ich sehr komisch, dass es mitgenommen worden ist, weil da war ja eigentlich bloß der Name drauf. Vielleicht hat sie da irgendwas drinstehen gehabt, was für sie wichtig war oder so. Keine Ahnung. Ich sag mir jedenfalls immer noch, dass die Katrin lebt."
Es zeigte sich wieder, dass nach wie vor Zweifel am Tod von Katrins Mutter bestanden.
Aber woher wusste er, dass auf ihrem Tagebuch/Hausaufgabenheft nur ihr Name stand?
Das mit ihrem Namen entsprach der Tatsache. Er war aber eine außenstehende Person und konnte das Hausaufgabenheft nie selbst gesehen haben. Es sei denn, er hat es am Tag des Verschwindens aus der Schultasche entnommen und auch das Frühstücksbrot, um so bewusst eine Spur in Richtung Mutter zu legen. So wie er es zuvor gerade geschildert hatte. Was Katrin betraf, so schätzte er sie als ein sehr ruhiges, gegenüber Erwachsenen verschlossenes Mädchen ein.
War Katrin nur ihn gegenüber verschlossen?
Gab es vielleicht Gründe für ihre Verschlossenheit?
Die Einschätzung „schüchtern", die er mir damals gab, die vermied er jedoch in dieser Vernehmung. Nach dem Trabant des Vaters gefragt, ob dieser noch existiert oder schon verschrottet wurde, gab er an, sich nach der Wende ein neues Auto gekauft zu haben. Den Trabant hätte er damals verkauft, aber er kann nicht mehr sagen, wer der Käufer war. Er wusste aber noch, dass

der Käufer den Trabant verschrottet hat und dieser auf keinen Fall mehr existiert. Damit hatte er sehr deutlich gemacht, dass die Suche nach dem Trabant, um vielleicht noch eine verspätete Spurensuche vornehmen zu können, keinen Erfolg haben würde. Damals waren alle PKW von Personen des Umfeldes der Katrin kriminaltechnisch nach Spuren untersucht. Nur der blaue Trabant vom Vater, den Dirk zu dieser Zeit fuhr, der war natürlich nicht berücksichtigt worden.

War die nicht vorgenommen Alibiüberprüfung und die fehlende Spurensuche am blauen Trabant vielleicht ein fataler Fehler?

Mit einer anderen Frage wollte der Vernehmer sicher mögliches „Täterwissen" bei ihm abklopfen. Denn er wurde danach gefragt, ob er konkret wisse, wo das Fahrrad und der Ranzen gefunden wurden. Seine Antwort kam wie aus der Pistole geschossen: *„Nein, das weiß ich nicht. Das haben wir uns nur so zusammengereimt, dass es eigentlich da, wo wir mitgesucht haben, nicht gewesen sein kann, sondern irgendwo in einem Gebiet, wo die Polizei gesucht hat, in einem angrenzenden. Nachdem bekannt wurde, dass das dort gefunden worden ist, hat sich auch keiner mehr so wirklich in den Wald getraut da irgendwas zu machen."*

Was wollte er mit dem letzten Satz eigentlich sagen?

Dann wurde er aufgefordert, die von ihm erwähnte Rolle der Staatssicherheit etwas näher zu erläutern. Es wurde spannend. Seine Antwort: *„Ja, es geht hier um das damals so genannte ‚Ritterkreuzhaus'. Es liegt oben auf dem Berg in Sandkrug. Es müsste das Haus Nr. 3 gewesen sein. Das Haus gehörte eigentlich der Forst. Meine Tante, die Monika Roth, hatte damals dort eine Wohnung gemietet auch schon seit 1946. Von ihr wusste ich auch, dass die Stasi dort ein Zimmer hat. Der Kontakt von Katrin zu meiner Tante war eigentlich ganz normal. Wenn die Kinder gespielt haben, sind sie auch dort zum ‚Ritterkreuzhaus'. Meine Tante wollte zu der ganzen Geschichte mit der Stasi, da mit dem Zimmer, eigentlich auch nie viel erzählen. Sie hat wohl Angst gehabt, dass* *es rauskommt und sie Ärger kriegt. Sie hat bloß immer so ein paar verdeckte Namen oder so fallen lassen. Aber die weiß ich nicht mehr. Und ich weiß, dass sie auch da geheizt hat, wenn es kalt war. Dann wurde vorher Bescheid gesagt, dass sie wiederkommen. Ich glaube, die waren jeden Mittwoch oder jeden zweiten Mittwoch da. Die saßen immer so komisch da, wenn die draußen waren, so mit Gesicht zuhalten, wenn man vorbeigefahren ist und so.*"

Es wurde „Ritterkreuzhaus" genannt, da dieses Haus vor 1945 einem damaligen mit dem Ritterkreuz ausgezeichneten Nazi gehörte und dieser dort gewohnt haben soll. Irgendwie fand ich es nicht gerade „makaber", aber schon gewöhnungsbedürftig. Ein Haus mit einer solchen Geschichte und dann bezog die Staatssicherheit dort ein Zimmer, um sich mit ihren inoffiziellen Mitarbeitern zu treffen. Aber weiter zur Aussage des Dirk Eichler: „*Meine Tante hat damals dort allein gewohnt. Wer damals, also 1989 kurz vor der Wende, noch mit im Haus gewohnt hat, das weiß ich nicht mehr.*" Nach kurzem Innehalten und einem offensichtlich sehr deutlich gezeigten Bemühen meinte er: „*Wenn ich jetzt noch mal genau nachdenke, fällt mir ein, dass da eventuell noch der Zapfenpflücker gewohnt haben könnte zu der Zeit. Der hieß, glaube ich, Kiefer oder so. Er hatte damals irgendwie Zapfenpflücker wirklich gelernt, war aber, glaube ich, dann nicht als Zapfenpflücker bei der Forst eingestellt. Der könnte auf jeden Fall da noch gewohnt haben. Er war damals, glaube ich, auch noch verheiratet und hatte auch eine Tochter. Er ist dann erst viel später geschieden worden. Ich weiß auch nicht, ob er jetzt noch im Dorf im Neubau wohnt.*" Er konnte sich also an einige Namen wie Knust und Kiefer erinnern, aber keinen einzigen „verdeckten" Namen, die seine Tante fallen lassen haben will. Selbst an welchen Wochentagen die Stasi sich immer mit ihren Leuten im „Ritterkreuzhaus" traf, daran konnte er sich erinnern. ***Wusste er mehr und hat einfach nur geschwiegen?***

Es gab noch eine Frage an ihn und seine Antwort ließ mich schon etwas länger nachdenken. Die Frage, ob ihn selbst noch irgendwelche Dinge einfallen, die im Verfahren weiterhelfen könnten? Nachdem er kurz davon gesprochen hatte, dass seine Eltern ganz hart angefasst wurden, vor allem sein Vater Johann, der lange verdächtigt worden war, fiel ihn noch etwas ein. Seine Sitzhaltung wurde aufrechter, er bewegte seinen Kopf mehrmals hin und her, so als ob er nun etwas ihm wichtig Erscheinendes berichten würde: „*Eine komische Geschichte fällt mir jetzt noch ein. Die mag sich bestimmt komisch anhören. Ich habe einen Hund gehabt, den ich inzwischen leider ins Tierheim geben musste. Ich habe von 1996 bis 2001 zwischenzeitlich wieder in Karbow gewohnt. Da war ich mit meinem Hund unterwegs, und zwar Richtung Sandkrug. Da gibt es so eine Stelle, wo kleine Eichen wieder schön angepflanzt sind. Da stehen auch immer schön Steinpilze. Ich bin da jedenfalls rein und wollte reingucken. Da ist auf einmal mein Hund auf mich los, hat mich angesprungen und mich aus dem Waldstück da rausgedrängt. Ich habe erst gedacht, was das soll, habe das noch mal probiert. Er hat mich wieder rausgedrängt, bin ein Stückchen weiter in den Wald. Da hat er nichts gemacht. Ich habe das dann später noch mal probiert und das war immer wieder dasselbe. Ich habe es meiner Tochter dann auch erzählt. Ich habe das, wie gesagt, meiner Tochter auch gezeigt. Die fand das auch sehr verwunderlich. Es war genau diese Stelle immer wieder. Und woanders machte er das nicht … Ich habe das auch noch anderen Leuten erzählt und gezeigt. Sie fanden das alle erst komisch, aber keiner hatte dafür eine Erklärung.*“ Natürlich stellt sich die Frage, was einen Hund zu einem solchen Verhalten veranlasst. Auch ein Vierbeiner will sich wohl und sicher fühlen. Er vermeidet das, was für ihn unangenehm ist. Dazu zählen u. a. angstmachende Geräusche, aber auch für ihn unangenehme Gerüche sowie viele andere Auslöser. Um die Ursache für ein derartig geschildertes Verhalten erkennen zu können, muss man jedoch den Charakter des Hundes und das Verhältnis zwischen Hund und „Herrchen“ genau kennen. Vielleicht wollte der Hund in diesem Fall auch sein Herrchen vor etwas schützen. Hunde sind von Natur aus neugierig und gehen eher bei für sie Neuem drauf zu. Es zieht sie eigentlich magisch an, daher scheint die Geschichte von Dirk Eichler recht ungewöhnlich.

Was beabsichtigte er mit dieser Schilderung?

War es vielleicht auch umgekehrt, dass der unbedingt zu dieser Stelle wollte?

Wollte er vielleicht durch diese Schilderung auf eine bestimmte Stelle, auf ein bestimmtes Waldstück aufmerksam machen, aber warum?

Dieser Geschichte schien der vernehmende Beamte jedoch keine Bedeutung beizumessen, denn es gab keine Fragen von ihm, um mehr zu dieser Situation, zur bewussten Stelle, zu den Personen, denen, welchen Dirk dieses auch gezeigt hatte, zu erfahren.

Wusste Dirk Eichler vielleicht, dass an dieser Stelle Spuren oder Überreste von Katrin zu finden waren?

Versuchte er vielleicht so, einen endgültigen Abschluss in der Sache Katrin herbeizuführen?

Dem Dirk Eichler wurden weitere Fragen gestellt, wie zum Beispiel die, ob seine Tante mehr von der Stasi erzählt hat und wo sie jetzt wohnt. Er gab an, dass er keine Namen, die damals von seiner Tante angedeutet wurden, noch kenne, aber vielleicht sein Cousin Heinz mit Namen von Stasi-Leuten weiterhelfen kann, weil dieser sich einfach alles besser merken konnte. Dann folgten Fragen nach dem Sohn, nach seiner Tante und wie er selbst telefonisch erreichbar sei. Die Vernehmung war um 10:46 Uhr, nach einer Stunde und sechs Minuten, beendet. Ich musste das Vernehmungsprotokoll ein weiteres Mal lesen, denn ich suchte etwas ganz Bestimmtes. Aber auch beim zweiten Lesen fand ich es nicht.

Wo war die Frage des Vernehmers nach dem Alibi von Dirk Eichler?

Das war und hätte doch eigentlich der Kern der Zeugenvernehmung sein müssen. Er konnte sich laut diesem Protokoll doch an viele Dinge rund um das Verschwinden der Katrin auch nach den vielen Jahren erinnern. Da war es unmöglich, dass er sich daran nicht mehr erinnern würde. Aber wo in diesem Fall keine Frage kommt, kann auch keine Antwort erwartet werden.

* * *

Der Vater von Katrin berichtete mir zu einem späteren Zeitpunkt von seinen Gedanken, dass er einen Zusammenhang des Dirk mit dem Verschwinden der Katrin vermute. Er schilderte ein Gespräch, welches er, als sich vieles nach Katrins Verschwinden beruhigt hatte, mit Silke geführt haben will. Sie hätte davon gesprochen, dass der Onkel Dirk sie noch vor dem Verschwinden der Katrin, einmal angepackt, an der Hand gezerrt und sie zur Ordnung gerufen haben soll. Er hätte zu ihr dabei gesagt: „*Wie kannst du Katrin sagen, dass dein Opa dich sexuell angefasst hat.*" In der Woche darauf war es, als Katrin erzählt haben soll, dass sie nach Waren zur Polizei muss. Katrins Vater zog daraus die Schlussfolgerung, dass jemand die Sache mit der Polizei missverstanden haben muss und das beabsichtigte Aufsuchen der Polizei nicht mit dem Erhalt eines Personalausweises, sondern mit den Erzählungen, die Silke der Katrin berichtete, bezogen haben kann. Dann könnte man natürlich hier ein mögliches Motiv für das plötzliche Verschwinden der Katrin ableiten. Das würde dann aber nur in Richtung der Familienangehörigen Eichler gehen. Es gab noch weitere Schilderungen des Vaters. So berichtete er davon, dass Katrin nicht nach Haus 1 wollte, wenn das blaue Fahrzeug von Dirk dort auf dem Hof stand. Das war schon eine interessante Schilderung, aber sie kam vom Vater der Vermissten.

Lag in seinen Schilderungen vielleicht doch eine gewisse Subjektivität?
Konnte ich seinen Schilderungen ohne Untermauerung, ohne Bestätigung dieser Fakten durch andere Quellen einfach hinnehmen?
Einen anderen Fakt nannte er noch. Dirk war im Zeitraum, als Katrin verschwand, in einer ZBO tätig, die genau zu dieser Zeit eine Baustelle in Karbow hatte.
Die Dinge, die nunmehr zu Dirk Eichler bekannt wurden, schrien förmlich danach ihn zunächst zum Kreis der Verdächtigen zu zählen und zu versuchen die Schilderungen des Vaters nach Möglichkeit zu objektivieren und durch Quellen untermauern zu lassen. Dieser Gedanke an ein solches Vorhaben setzte sich bei mir fest. Immerhin ging es hier um ein mögliches Motiv für das Verschwinden der Katrin.

Exhumierung

Es war, wirklich an der Zeit, endlich das Rätsel um den „mysteriösen Tod" von Katrins Mutter zu lösen. In all den Jahren zeigten sich, nicht nur bei mir, sondern auch bei Herrn Jonast und Verwandten, Zweifel an der Identität der 1979 aufgefundenen weiblichen Leiche. Das führte immer wieder zu Spekulationen, dass das Verschwinden von Katrin damit verbunden sein könnte.
Hatte die Mutter, wenn sie noch lebt, nun, nach zehn Jahren vielleicht ihre Tochter zu sich geholt?
Um mehr Licht in Katrins Schicksal zu bekommen, war es unumgänglich geworden, diese mögliche Version zu erhärten oder beweiskräftig auszuschließen. Das war nach den vielen Jahren zu einem wichtigen Schritt geworden. Auf Bestreben des Vaters und seiner Rechtsanwältin stellte die KPI Schwerin einen

Antrag und per Verfügung vom 30.07.2007 wurden durch die Staatsanwaltschaft Schwerin die Ermittlungen im Fall Katrin wieder aufgenommen. Die Rechtsanwältin erwirkte dadurch im Rahmen des wieder aufgenommenen Ermittlungsverfahrens die Exhumierung der als Mutter von Katrin damals identifizierten Frauenleiche von 1979, zum Zwecke der Erlangung von geeignetem Zellenmaterial für eine molekulargenetische Untersuchung. In ihrer Begründung hieß es: „Die Mutter der Katrin wurde vermeintlich am 10.07.1979 tot aufgefunden. Zu diesem Zeitpunkt wurde ein durch Verwesung weitgehend unkenntlicher weiblicher Leichnam als Mutter der Katrin identifiziert. Diese galt seit dem 02.05.1979 als vermisst. Aus heutiger Sicht bestehen jedoch an der Identität erhebliche Zweifel. Der erhobene Zahnstatus passt nicht zu einem zahnärztlichen Behandlungsblatt der Mutter. Während seinerzeit als Todesursache eine Vergiftung durch Medikamente und Alkohol angenommen wurde, gibt es daran mittlerweile Zweifel. Bei den toxikologischen Untersuchungen wurden keine entsprechenden Rückstände nachgewiesen. Lediglich der in der Nähe aufgefundene Personalausweis ließ einen Zusammenhang mit dieser Person erkennen. Vom Vater Katrins wurde vor kurzem ein Milchzahn seiner Tochter, der erst jetzt gefunden worden war, der Polizei übergeben. Durch DNA-Untersuchungen konnte festgestellt werden, dass es sich um einen Zahn von Katrin handelt. Eine Exhumierung des angeblichen Leichnams der Mutter ist erforderlich, um Material für eine DNA zu entnehmen und einen Abgleich mit dem Material des Zahns der Katrin durchzuführen. Soweit der Abgleich ergibt, dass es sich bei dem Leichnam nicht um die Mutter handelt, bestehen neue Ermittlungsansätze. Dies könnte bedeuten, dass ggf. die Mutter und Katrin möglicherweise noch am Leben sind. Die Maßnahme ist erforderlich und auch verhältnismäßig." Dass ich diesem Ergebnis der Exhumierung entgegenfieberte, kann sich sicher jeder vorstellen.

Ist die Tote tatsächlich Katrins Mutter oder eine andere Tote? Das Ergebnis des geforderten DNA-Vergleichs sollte endlich Klarheit bringen. Am 18.10.2007 erfolgte die Exhumierung der auf dem Stadtfriedhof in Malchow beigesetzten weiblichen Person, vermutlich der Elke Jonast, zur Klärung der Identität. Zur Gewinnung von Knochenmaterial wurde durch das Institut für Rechtsmedizin Rostock ein Oberschenkelknochen entnommen. Zur Klärung der Identität der Leiche wurde eine verwandtschaftliche Analyse durch Abgleich des DNA-Musters des Kindes (Milchzahn von Katrin) und des Vaters (DNA-Identifizierungsmuster Gutachten LKA-MV) mit dem DNA-Muster des Knochenmaterials (der Mutter) durchgeführt. Das Ergebnis wurde als Dokument an die Staatsanwaltschaft Schwerin z. H. des Staatsanwaltes Seiler übermittelt.

> Die biostatistische Wahrscheinlichkeit (**) für die Annahme, dass es sich bei der exhumierten Leiche um Elke ███ handelt, beträgt über 99,9999%.

Damit fanden die Spekulation, dass das Verschwinden der Katrin auf Aktivitäten der noch lebenden Mutter zurückzuführen sei, nach endlos vielen Jahren ein Ende. Zum Verschwinden der Katrin blieben seit diesem Ergebnis nun nur noch zwei Ermittlungsrichtungen. Die eine war, dass es eine oder mehrere Personen aus dem engen Umfeld waren und es vielleicht noch Mitwisser gibt. Die zweite Richtung, dass es einen Zusammenhang mit der Staatssicherheit gab bzw. die Tat, zumindest mit Wissen um den Täter, durch die Staatssicherheit gedeckt wurde. Das Ergebnis der Obduktion hatte ein klares Ergebnis gebracht. Natürlich konnte ich nach diesem Ergebnis auch die Vermutung, dass die Besuchsreise von Katrins Oma im Juli oder August 1989 zur Liesa Jonast womöglich mit der vielleicht in der BRD lebenden Mutter Katrins zusammenhängen könnte, fallen lassen.

Einiges hatte sich durch das Ergebnis der Exhumierung damit geklärt, doch war es nur ein ganz kleines Etappenziel auf den Weg, der noch zu gehen war, um Katrins Schicksal zu klären. Bisher blieb ihr Schicksal nach wie vor ungeklärt.

Teil 9

Hoffnung keimt auf

Bewegung

Noch einmal unternahm die engagierte Rechtsanwältin des Vaters einen weiteren Versuch und bat den Bundesbeauftragten für Unterlagen der Staatssicherheit 2008 um Zugang zu Informationen zu zwei Personen (Kiefer und Rink), die zur Aufklärung des Schicksals der vermissten Katrin beitragen können. Die Recherchen, so hieß es, hätten ergeben, dass zu beiden Personen keine Unterlagen aufgefunden wurden, die sich auf den von der Rechtsanwältin angegebenen Zweck beziehen. Das war nach meiner Auffassung eine Aussage, die verschieden interpretiert werden konnte.

Gab es vielleicht doch Unterlagen zu beiden, die sich aber nicht offensichtlich auf die Sache Katrin bezogen?

Ich entnahm aus dieser Mitteilung zumindest, dass es Unterlagen zu beiden Personen gab.

Aber wer konnte von der Behörde für Stasi-Unterlagen für sich in Anspruch nehmen, dass Informationen zu beiden genannten Personen sich nicht auf die Sache Katrin bezogen?

Ihre offensichtliche Verbindung zur Staatssicherheit, ihr möglicher Auftrag oder auch Informationen, die von ihnen zu anderen Personen aus der Region erarbeitet wurden, waren nach meiner Auffassung wichtig. Für einen nicht in den Fall Involvierte war ein sofort erkennbarer Bezug zum Fall Katrin daher sicher nicht zu erkennen. Doch alles zu diesen Personen wäre möglicherweise hilfreich gewesen. Vielleicht hätten sich aus der vollen Kenntnis zum Fall Katrin dann doch mögliche Zusammenhänge oder gar Motive der beiden oder zu den von ihnen genannten Personen ableiten und eine Verbindung zum Verschwinden von Katrin herstellen lassen. Das aber schien nicht realisierbar zu werden und diese Hoffnung musste wohl begraben werden. Ich sah darin wieder eine vergebene Chance, die man hätte nutzen müssen.

* * *

Jede in den zurückliegenden Jahren als Detektiv geführte Ermittlung, in der es um die Aufklärung das Schicksal eines vermissten oder getöteten Kindes ging, hinterließ bei mir nachhaltige Spuren. Spuren, die auch nach Jahrzehnten bleiben, mich häufig einholen und erneut Fragen stellen lassen, was wirklich passierte und was ich hätte bei meinen Ermittlungen anders machen können/müssen. Zurück blieben Schuldgefühle, aber auch Fragen, was noch zu tun ist, dass diese ungeklärten Fälle nicht in Vergessenheit geraten. Dass mit meiner Hilfe einfach wieder Bewegung in den einen oder anderen Fall kommt und vielleicht neue Ermittlungen mit den heute zur Verfügung stehenden modernen kriminaltechnischen Mitteln und Möglichkeiten erfolgen.
Einer von diesen ungeklärten Fällen ist der Fall des 10-jährigen Mädchens aus Malchin, die 1994 spurlos verschwand und deren Leiche man durch Zufall 1998 in einem Miliorationsschacht fand. Ich versuchte mit meinem ersten Buch, was unter dem Titel „Vergessen“ 2019 erschien, erneut Bewegung in diesen Fall zu bringen. Doch ich musste schmerzhaft erkennen, dass dieses Buch allein nicht zum gewünschten Ziel führte. Nur wenn die Angehörigen des Opfers ein Interesse an der Aufklärung des Verbrechens haben und gemeinsam mit dem Buchautor auf eine Wiederaufnahme der Ermittlungen drängen, kann sich ein Erfolg einstellen. Im Malchiner Fall war das Interesse der Angehörigen

an der Aufklärung bereits unmittelbar nach dem Verschwinden, dem späteren Auffinden der Leiche, aus welchen Gründen auch immer, nie deutlich erkennbar. Das Gegenteil trat ein und alle meine Bemühungen, meine damaligen weiteren Ermittlungen, wurden durch sie nur geblockt. Das waren Erkenntnisse, die mir natürlich sehr nahe gingen und noch tiefere Spuren hinterließen. Den Gedanken, nach Jahren wieder Bewegung in einen ungeklärten Fall durch Veröffentlichung in einem Buch zu bringen, hielt ich trotz der negativen Erfahrung im „Malchiner Fall" weiterhin für sinnvoll.

Im Fall „Katrin" war es so, dass durch die nicht nachlassenden Bemühungen des Vaters und seinen Kontakten zum „Spica" Verlag der Gedanke an mich herangetragen wurde, diesen Fall, das Schicksal seiner Tochter Katrin in all seinen Facetten der Öffentlichkeit zugänglich zu machen. Sowohl die damaligen kriminalistischen Ermittlungen als auch meine eigenen Ermittlungen als Detektiv sowie die bisher gewonnenen Erkenntnisse sollten beschrieben werden. Dabei war die Herausarbeitung vieler noch offener und ungeklärter Fragen ein besonderer Schwerpunkt. Nur die aufgeworfenen und unbeantworteten Fragen könnten bzw. sollten wieder Bewegung in den Fall bringen. Mit dem Projekt, ein Buch über das Schicksal der Katrin zu schreiben, hatten ihr Vater sowie der Verlag natürlich bei mir offene Türen eingetreten. Vor 23 Jahren, das war 1998, hatte ich als Privatdetektiv meine Ermittlungen im Fall „Katrin" leider unbefriedigend beenden müssen. Aber nie verlor ich diesen Fall in all den Jahren ganz aus den Augen, denn das Rätsel um ihr Schicksal ist bis heute ungelöst.

Nun, im Februar 2021, 14 Jahre nach der Exhumierung der Leiche der Mutter, hatte ich begonnen dieses Buch zu schreiben. Alle bei mir noch vorhandenen Dokumente und Unterlagen zum Fall Katrin holte ich noch einmal hervor, begann diese neu zu bewerten und die Erkenntnisse daraus sowie die vielen Fragen nun in das Manuskript für dieses Buch einfließen zu lassen. Bei dieser erneuten Bewertung aller damaligen Ermittlungen wurde ich das Gefühl dennoch nicht los, dass beim nicht-natürlichen Tod der Mutter, ähnlich wie im Fall Katrin, die Staatssicherheit damals eine Rolle spielte. Katrins Mutter lebte zum Schluss mit Fritz Feldner zusammen. Ich hatte nun erfahren, dass er z. B. 1977 zu einer 2-jährigen Freiheitsstrafe verurteilt wurde, weil er sich als Mitarbeiter der Staatssicherheit ausgegeben hatte. Er zog kurz nach seiner Entlassung bei Frau Jonast ein. Da musst aber mehr gewesen sein. Sich nur als Mitarbeiter des MfS ausgegeben zu haben und dafür zwei Jahre Freiheitsstrafe zu erhalten, schien mir nicht ganz klar.

Was war da wirklich?

Welche Rolle spielte der damalige Freund, Fritz Feldner?

Hatte Frau Jonast etwas von ihm oder über ihn erfahren, was ihm oder anderen hätte gefährlich werden können?

War es vielleicht kein Suizid, sondern wurde hier ein Tötungsdelikt, aus welchen Gründen auch immer, durch jemanden vertuscht?

Genau dieser, mein Gedanke war der Grund, dass erneut Bemühungen erfolgten, die Akte zum nicht-natürlichen Tod ihrer Mutter, nun aber mit dem Versuch, sie diesmal mit qualitativ besseren, vielleicht auch mit Originalfotos, zur Einsicht zu erhalten. Einfach, um jedes noch so kleine Detail am Fundort und an der Leiche dann besser erkennen zu können. Das war ohne Hilfe eines Rechtsbeistandes nicht realisierbar. Daher beauftragte Katrins Vater in meinem Auftrag eine engagierte Rechtsanwältin, sich für eine erneute Akteneinsicht sowohl für die Akte zum Tod der Mutter als auch noch einmal zur Vermisstensache Katrin, starkzumachen.

Was die Akteneinsicht zum nicht-natürlichen Tod der Mutter betraf, wandte sich die Rechtsanwältin bereits am 2. März 2021 mit einem Schreiben an das Amtsgericht Waren. Nach wenigen Wochen, Ende März, teilte das Amtsgericht mit, dass ihr Schreiben an die Staatsanwaltschaft Neubrandenburg weitergeleitet wurde, da die Zuständigkeit des Amtsgerichtes mit Beschlussfassung endete. Die Staatsanwaltschaft Neubrandenburg teilte daraufhin mit, dass keine Daten vorhanden sind. Weiter hieß es in deren Schreiben: „… sofern welche vorhanden waren, da das Verfahren aus dem Jahr 2007 ist … Für den Fall, dass seinerzeit eine andere Staatsanwaltschaft tätig war, wenden Sie sich bitte dorthin …“ Diese Aussage musste ich erst einmal sortieren. Zum Tod der Mutter gab es kein Ermittlungsverfahren, aber es gab damals eine Akte, die sogar im Rahmen des Vermisstenfalls Katrin von den damals zuständigen Kriminalisten eingesehen worden war. Sie existierte also 1989 noch. Auch 2004 muss diese Akte noch vorhanden gewesen sein. Denn in der Akte Elke Jonast befand sich bei meiner ersten Einsichtnahme ein Dokument vom 13.07.2004. Es hieß darin, dass der KPI Schwerin die beigefügten Unterlagen/Akten an die Staatsanwaltschaft Schwerin zur weiteren Veranlassung übergeben wurden. Unter Bemerkung war eingetragen „Vorgang 133-72-79 KStA Waren“. Unterschrieben war dieses Dokument von KHK Düsing. Die Exhumierung war 2007 und die erfolgte auf Beschluss des Amtsgerichtes Waren im Ermittlungsverfahren zum Vermisstenfall Katrin.

Was war nun mit der Akte zum nicht-natürlichen Tod der Mutter 2004 geschehen?

Wo war die Akte im Jahr 2021 geblieben?

Diese Akte schien auf einmal nicht mehr zu existieren oder man hielt es nicht für notwendig deren Behördenweg nachzuvollziehen. Vielleicht waren diese Unterlagen auch nur im Dschungel des Aktenwaldes irgendwo, vielleicht auch sogar in einem Keller gelagert, wo man sie nicht vermutete oder keinen Nachweis darüber hatte. Es war aber das geschehen, was mein vorhandenes Misstrauen im Fall des Todes der Mutter keinesfalls beseitigen konnte. Das Schreiben der Rechtsanwältin an die Staatsanwaltschaft Schwerin zur Akteneinsicht im Vermisstenfall wurde Anfang April 2021 beantwortet. Man teilte ihr mit, dass die angeforderten Akten nicht übersandt werden können, weil sie zurzeit anderweitig versandt sind.

Was hatte das nun wieder zu bedeuten?

Wollte man eine Akteneinsicht verhindern oder „beschäftigte" man sich tatsächlich wieder mit dem Fall?

In den Folgetagen bzw. Wochen einer mir schier unendlich erscheinenden Zeit war mal Hoffnung da, dass sich wirklich was tun würde, gleichzeitig aber auch Frust und Wut, weil ich annahm, man würde nur etwas verhindern wollen. Mitte Mai dann die erlösende Nachricht. Die bis dahin anhaltenden Wechselbäder der Gefühle hatten endlich ein Ende. In einer E-Mail teilet die Rechtsanwältin mit, dass sie nun umfangreiche Akten über die Vermisstensache Katrin erhalten habe. Das, was dann folgte, ließ mein Herz höherschlagen, meinen Blutdruck steigen und gleichzeitig den Atem stocken. Was ich im Traum nicht erwartet, aber immer gehofft hatte, schien eingetreten zu sein. Die Rechtsanwältin schrieb: „... Die Staatsanwaltschaft Schwerin hatte die Akte an eine spezielle Abteilung der Staatsanwaltschaft Rostock geschickt, die Cold Cases (so nennt sich die Abteilung, die Fälle wieder aufarbeitet) ..." Hoffnung keimte auf. Ich wusste, dass es mehr als 1000 ungeklärte Morde gibt, die Jahre zurückliegen. Mit neuen Ermittlungsmethoden könnten sich einige dieser Gewalttaten noch nach Jahrzehnten vielleicht aufklären lassen. Hier ist der wissenschaftliche Fortschritt bei den DNA-Analysen zu nennen, die heute durchaus die Ermittler in die Lage versetzen, auch Mörder viel später entlarven zu können. Natürlich gibt es auch andere, ganz einfache Methoden, auf die man zurückgreifen kann. Zum Beispiel, dass ein neuer Kriminalist, der den Fall nun von außen betrachtet und nicht in die alten Ermittlungen involviert war, neue Ansatzpunkte sucht,

um den Täter zu ermitteln bzw. den Fall aufzuklären. Es kann aber auch ein völlig neuer Zeuge sein, der sich, aus welchen Gründen auch immer, erst viele Jahre später erinnert, was ihm damals verdächtig erschien oder was er erfahren hatte.
Die Abteilungen Cold Cases ist dadurch dass sie nun mit den neuesten Ermittlungsmethoden arbeiten, die größte Gefahr für einen bisher unentdeckten Mörder. Ich konnte mir aber auch vorstellen, dass für diese Abteilungen in erster Linie solche Fälle, in denen der Täter noch leben und vielleicht weitere Taten begangen haben könnte, am interessantesten sind und sicher den Vorrang erhalten. Hinzu kommt bzw. muss in Betracht gezogen werden, dass bei länger zurückliegenden Fällen der Täter tatsächlich längst verstorben ist. Aber auch dann kann eine Aufklärung des Schicksals, wie im Fall Katrin, für den Vater hilfreich sein. Er kann so das Geschehene verarbeiten und hat die Gewissheit, dass der oder die Täter gefunden wurden. In ihrer Mail schrieb die Rechtsanwältin weiter, dass diese Abteilung verschiedene Anfragen an die Stasi-Unterlagen-Behörde gerichtet hat. Leider hätte dort nichts Verwertbares aufgefunden werden können.
Das konnte ich mir keinesfalls vorstellen. Die mir bereits bekannten Ergebnisse aus der Gauck-Behörde von 2001 und 2002 konnte man wohl nicht meinen. Sicher wurden in der Wendezeit viele Dokumente vernichtet, aber keinesfalls so gründlich, dass sich nicht eine oder verschiedene Informationen aus den Regionen Karbow, Kreien, Lübz sowie naheliegenden Militärobjekten und dort wohnhaften Personen oder Quellen finden lassen würden. Das hatte sich ja bereits 2001 und 2002 gezeigt. Wer sucht, wird auch finden.
Sicher waren ihre neuen Anfragen nicht unter der Berücksichtigung erfolgt, wie damals Informationen von der Staatssicherheit abgelegt bzw. diese zugeordnet und archiviert wurden. Wenn das nicht erfolgt war, dann ist natürlich eine Anfrage, die nicht

genau zielorientiert und ohne Insiderwissen vorgegeben wird, in der Regel ohne Erfolg.

Die Rechtsanwältin teilte weiter mit: „... Jetzt beschäftigt sich die Staatsanwaltschaft mit militärischen Einrichtungen in der Nähe des Wohnortes der Oma von Katrin und sucht nach Bunkern. Ich hoffe, dass durch die weiteren Ermittlungen der StA Rostock nun vielleicht doch noch herauskommt, was mit Katrin passiert ist ..." Das mit den militärischen Einrichtungen war sicher ein Versuch, aber dem gab ich wenig Erfolgsaussichten. Denn in allen zurückliegenden Ermittlungen gab es nach mir zur Kenntnis gelangten Informationen keinen Hinweis auf einen solchen Verbringungsort. Mit den letzten Sätzen in der Mail bestätigte sie noch einmal, dass die Akte der Mutter durch das Amtsgericht Waren nicht mehr aufgefunden wurde, sie „wohl" verschwunden sei. Die Zeit ab Mitte Mai, als ich diese Mail von der Rechtsanwältin erhielt und erfahren hatte, dass eine SoKo „Cold Cases" begonnen hat den Vermisstenfall Katrin aufzuarbeiten und zudem die Akten zum Vermisstenfall bereits bei der Rechtsanwältin zur Akteneinsicht lagen, war zu einer besonderen Herausforderung geworden. Sie war zu dieser Zeit stark beschäftigt und vertröstete mich, die von mir gewünschten Dokumente erst dann übersenden zu können, wenn es ihre Zeit zulassen würde. Mein Verständnis für ihre Entscheidung, ich muss es ehrlich gestehen, hielt sich in Grenzen, denn der Drang nach diesen Unterlagen stieg von Woche zu Woche. Immer wieder gingen meine Gedanken in Richtung dieser neuen Nachrichten. Erst am 28. Juli 2021, nach über zwei Monaten hatte das qualvolle Warten ein Ende. An diesem Tag traf die lang ersehnte Mail mit dem Anhang neuer Dokumente ein. Es handelte sich dabei um eine Zeugenvernehmung der Person Liesa Jonast von Februar 2017 sowie ein Sachstandsbericht der „Cold Cases" mit Stand 28. August 2020. Das waren Dokumente, denen nun mein ganzes Interesse galt.

Nach 28 Jahren?

Mein Herz schlug in einem mir bis dahin ungewohnten Takt. Da war etwas, was meinen Kreislauf beschleunigte, als ich das erste Dokument, die Zeugenvernehmung von Liesa Jonast, zur Kenntnis nahm. Es waren immerhin 28 Jahre nach der Vermisstensache Katrin und 10 Jahre nach der Exhumierung vergangen. Die von der KPI Schwerin im Juli 2007 durch einen Antrag an die Staatsanwaltschaft Schwerin gestellt Exhumierung beinhaltete zwar die Ermittlungen im Fall Katrin wieder aufzunehmen. Diese Zeugenvernehmung konnte doch eigentlich nicht aus diesem Antrag heraus erfolgt sein. Sie war zehn Jahre später, 2017. Bemühte man sich in all den zurückliegenden Jahren, vielleicht immer mal wieder am Fall Katrin zu arbeiten?

Was wäre sonst 2017 Anlass oder Grund für diese Zeugenvernehmung?

Das blieb für mich unbeantwortet. Besonders relevante Informationen erbrachte nach meiner Auffassung diese Zeugenvernehmung auf den ersten Blick allerdings nicht. Da waren zum Beispiel Informationen zu den damaligen Verbindungen und Kontakten der Familie Jonast in die BRD. Von 1966 bis zur „Wende" hatte Liesa Jonast jeden Monat ein Paket mit Lebensmittel, Kleidung etc. an Katrins Oma geschickt. Der Kontakt zu ihr wurde nur über Briefe aufrechterhalten, denn im Haushalt der Oma in Sandkrug gab es kein Telefon. Als Liesa Jonast danach gefragt wurde, wann sie in der DDR zu Besuch war, meinte sie, es sei nur einmal im Jahr 1975 gewesen. Die Familie hätte da sehr ärmlich, bescheiden und ganz abseits in einem alten Forsthaus gewohnt. Katrin sei damals noch nicht geboren gewesen und auch ihr Vater war noch nicht verheiratet.

Was neu war: Ich erfuhr, dass Heinz Jonast den engsten Kontakt zu der Liesa in der BRD hatte. Von ihm erfuhr sie über einen Brief von dem Verschwinden der Katrin. Sie meinte aber auch, dass sie zu dieser Zeit immer mal wieder miteinander telefoniert hätten. Es könnte auch sein, dass sie dieses telefonisch von Heinz erfahren hat. Von ihm hätte sie auch gehört, dass Katrins Mutter tot aufgefunden worden war und niemand sie mehr sehen durfte. Es sei alles sehr seltsam gewesen. Heinz hätte ihr auch erzählt, dass das Gebiss der Toten mit dem Gebiss der Mutter angeblich nicht übereinstimmen würde. Woher Heinz dieses wusste, konnte sie nicht sagen. Mysteriös, so meinte sie, sei nun dieses Verschwinden von Katrin 10 Jahre später. In diesem Zusammenhang erwähnte sie von sich aus, dass sie das Buch „Der Neid" gelesen hätte und hier das Verschwinden von Katrin beschrieben wurde. Nur die Personen hätten andere Namen erhalten. Ohne tiefgründiges Wissen und nur mit diesen Fakten aus dem Buch und ein paar Einzelheiten, die sie von Heinz wisse, wäre es möglich, dass die Mutter und die Katrin unter einer anderen Identität leben könnten. Das sei aber nur ihre Vermutung. Auf die Frage, ob ihr bekannt sei, dass Katrin Angst vor einer Person hatte, meinte sie, dass Heinz nie etwas erwähnt hat.

Warum hatte er ihr davon nichts erzählt?

Das war doch eine sehr wichtige Sache in Zusammenhang mit dem Verschwinden von Katrin und Heinz sicher bekannt gewesen. Eine andere Frage an sie war die, was nach dem Verschwinden von Katrin dazu erzählt wurde. Da berichtete sie: *„Von Heinz habe ich erfahren, dass an diesem Morgen die Katrin die Oma ins Haus zurückgeschickt hat, weil es kalt war, und sie brauche ihr nicht nachzuschauen."*

Das war wirklich etwas Neues und ich fand es nicht uninteressant. Denn in den Ermittlungsakten, selbst in der Befragung und Vernehmung der Oma, war eine solche Information „so“ nicht zu finden.

Woher hatte Heinz diese Information?

Das konnte er doch eigentlich nur von der Oma, also von seiner Mutter, erfahren haben.

Warum hat die Oma dann aber dazu keine Aussage gemacht?

Dieser Umstand veranlasste mich noch einmal sehr genau die Befragungen und Vernehmungen von Oma Erna durchzuarbeiten. In ihrer ersten Vernehmung sagte sie: *„Als Katrin ihr Fahrrad nach draußen vor die Veranda (Waschküche) schob, bin ich mit bis an die Tür gegangen. In der Veranda (Waschküche) haben wir kein Licht und ich habe sonst immer eine Taschenlampe mit und leuchte der Katrin, weil die Steintreppe nach draußen mehrere Stufen hat. An diesem Morgen hatte ich aber keine Taschenlampe mit dabei. … Als Katrin dann draußen war, bin ich gleich wieder zurück in die Wohnung gegangen. Ich habe der Katrin nicht nachgesehen, als sie losgefahren ist.“* In einer späteren Befragung macht sie dazu folgende Angaben: *„Ich habe nicht mehr gesehen, wie Katrin auf das Fahrrad aufgestiegen und davongefahren ist, denn ich begab mich gleich wieder zurück in die Küche … Nachdem Katrin mit dem Fahrrad das Haus verlassen hatte, begab ich mich zurück in die Wohnung und habe häusliche Arbeiten verrichtet.“* Aus einem Protokoll vom 13.02.89 ging hervor, dass die Oma demonstrieren sollte, welchen Standort sie eingenommen hatte, als Katrin mit dem Fahrrad das Haus verließ. Hier teilte sie mit: *„Ich bin nur bis zur Tür Küche/Waschküche mitgegangen und hielt die Tür von der Küche aus weit auf, als Katrin ihre Schultasche und den Sportbeutel am Fahrrad befestigte. Danach hat Katrin selbständig die Haustür geöffnet und das Fahrrad aus der Tür geschoben. Katrin hat auch wieder selbständig die Tür von außen geschlossen. Ich verblieb in der Küche und schloss die*

Küchentür wieder. Ich habe der Katrin weder von der Waschküche noch durch das Waschküchenfenster hinterhergeschaut." Nach diesen Schilderungen musste ich erst einmal die vorhandene Handskizze der Wohnräume betrachten.

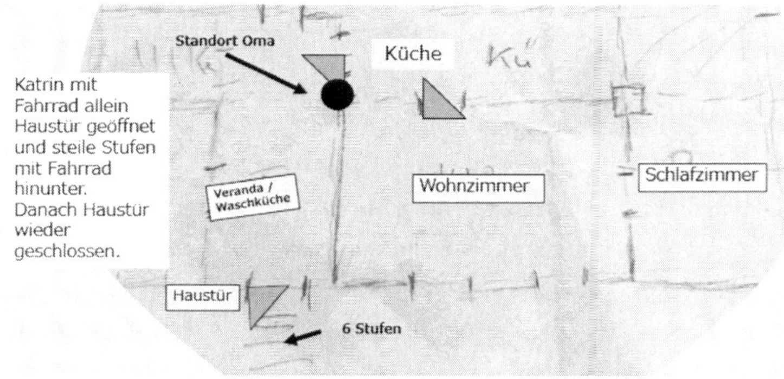

Was noch auffiel, war, dass an diesem Morgen alles anders schien als sonst. Die Oma will keine Taschenlampe gehabt haben, sie sei auch nicht nach draußen gegangen, sie hat Katrin nicht auf das Fahrrad steigen gesehen und nicht wie sonst immer aus dem Fenster geschaut.

War es wirklich so, wie Heinz es Liesa aber erzählt haben soll?

Wenn das so war, dass Katrin der Oma gesagt hatte, sie brauche ihr nicht nachzuschauen, dann lässt dieses wieder Fragen offen. Denn wenn Katrin wusste oder vermutete, dass an diesem Morgen eine nicht von ihr gewünschte Begegnung erfolgen kann, vor der sie Angst hatte, Silke daher mit ihr zur Schule fahren sollte, dann ist es unlogisch, dass Katrin die Oma sofort wieder ins Haus schickte. Davon hatte die Oma auch nie berichtet.

Was war am Morgen wirklich wie am oder im Haus der Oma erfolgt?

Als der Vernehmer Liesa Jonast fragte, was ihr bekannt sei, welche Gegenstände von Katrin gefunden wurden, war ihre Antwort: „*Es sind das Fahrrad, der Schulranzen und anscheinend ein Sportbeutel gewesen. Das habe ich von Heinz erfahren, aber teilweise auch erst in letzter Zeit, in den letzten Tagen im Internet nachgelesen.*"

Die Vernehmung von Liesa machte auf einen Sachverhalt, der eigentlich zu klären gewesen wäre, aufmerksam. Das war die Aussage von Heinz, was Katrin an diesem Morgen zur Oma gesagt haben soll.

„Cold Cases"?

Das wichtigste Dokument, war für mich natürlich der erste Sachstandsbericht der Projektgruppe CCU mit Stand vom 28. August 2020 zum Mordfall Katrin. Nun den Inhalt zu erfahren war ein Gefühl, welches ich nicht so richtig beschreiben kann. Es war ein Wechselbad. Bei jedem Satz schwang Hoffnung, aber auch Sorge mit, dass alles wieder nur „heiße Luft" sein könnte.

Würden die Ermittlungen nun wirklich noch einmal vollständig neu beginnen?

Der Sachstandsbericht, so hieß es, beruhe auf eine Analyse der Projektgruppe, die ab dem 01. Juli 2020 nach einer Analysezeit von knapp zwei Monaten die Grundlage bildete. Zunächst waren die Akten aufgeführt, die zur Analyse herangezogen wurden: - Hauptakte Band I bis VIII (Band IX durch CCU angelegt) – Beiakte Band II; III; IV; V; XI; XIV – Sonderheft biologisches Spurengutachten Elke Jonast – Sonderheft DNA – Sonderheft Fallanalyse.

Da war ich tatsächlich erstaunt, wie umfangreich das Aktenmaterial wirklich war. Nun wurde mir erst richtig klar, wie gering doch der Anteil der Akten war, die mir zur Verfügung standen. Da war es sicher natürlich, dass bei mir Fragen entstanden, deren Antwort in einer anderen mir nicht vorliegenden Akte schon lange beantwortet worden war.

Aber waren zwei Monate ausreichend Zeit für eine gründliche Analyse bei einer so umfangreichen Aktenlage?

Ich hegte leichte Zweifel, aber würde mich auch gern vom Gegenteil überzeugen lassen. Zunächst hieß es, dass aufgrund der vorangeschrittenen Möglichkeiten kriminalistischer Untersuchungsmethoden das relevante Spurenmaterial erneut zu untersuchen sei. Es wäre zu erwarten, dass weitere DNA-Substanzen an den Spurenträgern zur Identifizierung des Tatverdächtigen führen und einen Bezug zur Tat, wie im Fall der Spur 8 (rotes Stoffband), belegen oder ausschließen könne.

Was die Untersuchung der Spurenträger (aufgeführt ein Turnschuh, ein brauner Schulranzen und eine blaue Stofftasche) betraf, war ich sehr skeptisch. Diese Spurenträger gingen damals durch viele Hände, selbst Personen aus dem engen Umfeld der Katrin hatten sie zeitweise nach der ersten Sicherstellung in Besitz.

Was wollte man da noch „rechtssicher" an möglichen Beweisspuren oder DNA finden und sichern?

Einleuchtender war mir die Maßnahme zu den sichergestellten Blutsubstanzen der Blutgruppe A., die im Zusammenhang mit dem damals verdächtigen Knust gesichert worden waren. Zu diesen Blutsubstanzen sollte nun eine eindeutige Aussage getroffen werden, ob sie dem Opfer zuzuordnen sind oder nicht. Was ich den mir vorliegenden Akten allerdings nicht entnehmen konnte, aber im Sachstandsbericht der CCU zu lesen war, dass am 21.01.89 zu unterschiedlichen Zeiten Waldarbeiter und Jäger im Waldgebiet unterwegs waren. Unter anderem auch dort, wo später die Taschen und das Fahrrad aufgefunden wurden. Auch sie hätten keine relevanten Wahrnehmungen gemacht oder Personen bzw. die relevanten Gegenstände der Katrin gesehen. Diese Information, so wie sie formuliert wurde, überraschte mich schon ein wenig.

Wer waren diese Personen konkret?

Was hatten sie an diesem Tag und wo genau in diesem Waldgebiet, an diesen Stellen zu tun?
Wurden sie befragt und wo sind dazu die Protokolle?
Gab es hier vielleicht auch die Erklärung und Begründung für die Schuhabdruckspur der Försterin Chacker?

Selbst was dann kam, hatte ich so nicht aus den mir bekannten Akten entnehmen können. Da hieß es, dass Kontaktpersonen (?) berichtet hätten, Katrin habe sich allgemein geäußert Angst zu haben, im Dunkeln nach Hause zu fahren. Weiterhin hätte sie davon gesprochen, dass sich ein Mann mit Bart auf dem Schulweg bei den Bäumen bzw. bei der Höhle aufhalte und plötzlich aus dem Gebüsch auf die Straße käme. Auch beim Kegeln im November/Dezember „1989" hätte sie eher lustig darüber berichtet, dass in Sandkrug häufig ein komischer Mann stehen würde. Abgesehen davon, dass Katrin im November/Dezember 89 schon mindestens zehn bzw. elf Monate verschwunden war und man hier sicher das Jahr 1988 gemeint hatte, lässt ein wenig an der Gewissenhaftigkeit der Analyse zweifeln.

Wer aber waren diese Kontaktpersonen?
Wo konkret sind die Protokolle, auf die sich genau solche Aussagen bezogen?

Weiterhin, so stand im Sachstandsbericht, hätten drei Schüler berichtet, dass Katrin ihnen von einem fremden Mann erzählte, der hinter einem Kastanienbaum vor ihrem Haus stehe und sie beobachte. Bereits 1988 hätte Katrin ihrer besten Freundin Tina Bleck erzählt, dass sie sich beobachtet fühle. Sie wollte noch mit dem Rad bei Tageslicht nach Hause fahren, weil sich ein Mann mit Bart und Mütze mit einem Moped bei der Höhle aufgehalten habe. Katrin hätte deswegen auch ein Küchenmesser in der Schultasche bei sich gehabt. In einer solchen Konkretheit hatte ich diese Informationen damals von ihrer Freundin nicht erhalten und auch diese waren so nicht in den Akten zu finden.

Wo aber waren nun diese Informationen so konkret dokumentiert?
Aber es war ja nur ein Sachstandsbericht, den ich von der Rechtsanwältin bekommen hatte. Solche neuen Protokolle waren sicher in irgendeiner der Akten abgelegt. Einer im Sachstandsbericht dargelegten Schlussfolgerung konnte ich nur zustimmen. Da hieß es, weil Katrin den Vorteil bei Silke darin sah, Hilfe holen zu können, kann vermutet werden, dass Katrin den potenzialen Gefahrenbereich zwischen Wohnort der Silke und der Schule sah. Doch Gleiches, so meine Vermutung, hatte sicher auch der Täter geahnt und sie an diesem Morgen noch vor dem Erreichen des Hauses, in dem Silke wohnte, abgefangen.
Hatte der Täter, wie und von wem auch immer, zuvor erfahren, dass Silke an diesem Tag mit Katrin zur Schule fahren soll?
Das würde, wie schon gesagt, den Täterkreis sicher stark eingrenzen. Als im Sachstandsbericht der Ermittlungskomplex Familie Jonast beschrieben wurde, gab es die Aussage, dass man damals bei den Ermittlungen stets von der These ausging, dass Katrin kurz nach dem Verlassen des Wohnhauses Kontakt mit dem Täter hatte. In einer „Operativen Fallanalyse“ des LKA M-V wurde aber auch die Möglichkeit eröffnet, dass Katrin bereits im Wohnhaus durch Familienmitglieder angegriffen wurde und das Grundstück nicht verlassen hatte. Dies wäre aber nur mit Kenntnis der Oma möglich gewesen.
War vielleicht deshalb das Verhalten der Oma an diesem Morgen anders als sonst?
(Ist nicht nach draußen gegangen, hat nicht mehr aus dem Fenster geschaut usw.) Aber wann hatte das LKA M-V diese Fallanalyse erstellt?
Und wie kamen sie darauf, dass Katrin das Grundstück nicht verlassen haben soll?
Welche Fakten stützten diese Möglichkeit?

Ich musste an die Analyse denken, die bei der Gauck-Behörde vorlag und die ich als Kopie zur Kenntnis nahm. Da ging es in Richtung eines Verdachtes zu Holger Jonast. In diesem Zusammenhang wurde festgestellt, dass bisher keine Überprüfung und Spurensuche im Wohnhaus der Katrin stattgefunden hat. Soweit dieses noch möglich sei, wäre es nun nachzuholen, zumindest aber eine Inaugenscheinnahme vorzunehmen. Bei Ermittlungen im Juli 2020 sei bekannt geworden, dass das Wohnhaus Jonast leerstand und vom neuen Eigentümer komplette Sanierungsmaßnahmen geplant seien. Ein weiterer Abschnitt weckte besondere Aufmerksamkeit. Es ging um den Hinweis Ludwig Staub, die Person, die aus bestimmten Gründen bereits immer in meinem Fokus stand. Nun erschlossen sich neue, mir bis dahin nicht bekannte Informationen zu ihm. 1988 wurde der damalige Vorsitzende der LPG (T) Kreien plötzlich abgelöst und durch den neuen Vorsitzenden Staub ersetzt. Dieser war in der LPG und der Gemeinde Kreien unbekannt. Er besaß einen Dienstwagen und ein Moped. Von seiner Statur her und seinem Bart war eine gewisse Übereinstimmung mit der Personenbeschreibung, die Katrin geäußert hatte, vorhanden. Die Zeugin Anja Sommer war die Buchhalterin der LPG und sie war es, die Feststellungen am 21.01.89 in den frühen Morgenstunden zu Staub machte, als dieser mit falschen Kennzeichen an seinem PKW an ihrem Haus vorbeifuhr. Gleiches hatte sie auch mir gegenüber damals bei meinen Ermittlungen berichtet. Was sie mir damals nicht so detailliert berichtete, war, dass Staub am Montag den 23.01., zwei Tage nach dem Verschwinden der Katrin, erst gegen 14:30 Uhr zum Dienst erschienen sei und auf der Arbeit von der geplanten Absuche durch die Polizei erfuhr. Er habe dann plötzlich veranlasst, dass auf seinem Grundstück eine Betonplatte von der Maurerbrigade der LPG gegossen werde, wo dann später ein Hundezwinger errichtet wurde. Seinen PKW und das Moped hätte er dann in der LPG Garage gestellt und lange Zeit nicht genutzt.

Hatte er so vielleicht dafür gesorgt, dass sein Moped und sein PKW nicht kriminaltechnisch untersucht werden konnten?

Als ich im Rahmen meiner Ermittlungen mit der Frau Sommer sprach, berichtete sie, dass die Sache mit dem Hundezwinger am 24.01. war und am Montag den 23.01. Staub seinen Sohn, der in Güstrow wohnte, angerufen und gemeint hätte, er soll noch rüberkommen. Im Sachstandsbericht der CCU hieß es weiter, dass Staub so plötzlich, wie er in der LPG erschienen war, so auch wieder verschwand. Ohne sein Haus in Wilsen leerzuräumen, habe er sich im Dezember 1989 telefonisch gemeldet, dass man seine Sachen vernichten könne. Eine Frau, eine Britta Kurz, hätte dann sein Anwesen in Wilsen im Jahr 1990 übernommen. Zu diesem Zeitpunkt stand das Haus leer und sie konnte keine Angaben bezüglich der Person Staub und der besagten Betonplatte machen.

Es wurden dann die zu diesem Komplex nun noch vorgesehenen Maßnahmen benannt. Erfolgen sollte eine erneute Vernehmung der Zeugin Britta Kurz zur Übernahme der Immobilie und Nebengelass (Hundezwinger/Betonplatte), welche auch mit der Inaugenscheinnahme des relevanten Grundstücks/Betonplatte einhergehen soll. Die Vernehmung eines Gerd Stockel von der Maurerbrigade war als eine weitere Maßnahme hierzu geplant. Natürlich waren Ermittlungen zu Staub, hierzu eine erneute Anfrage an die Bundesbehörde für Staatssicherheitsunterlagen, Vergleichsmaterial DNA, eine Vernehmung der Ehefrau von Staub und letztendlich seine eigene Vernehmung vorgesehen. Das war ein Maßnahmepaket zur Person, was sicher, bei entsprechendem kriminalistischem Engagement, im Ergebnis viele interessante Informationen versprach.

Ein weiterer Abschnitt des Sachstandsberichtes befasste sich mit der Person Harry Kiefer. Zu ihm hieß es: Er wohne mit seiner

Lebensgefährtin Kerstin Rink in Sandkrug Haus 3. Beide waren bei der Forst beschäftigt und kannten sich mit den Wäldern der Umgebung bestens aus. Dazu gehörte auch der Bereich, wo die Taschen und das Fahrrad gefunden wurden. Sie gehörten zu den Kontaktpersonen Katrins. Frau Rink befand sich zur Tatzeit im Krankenhaus in Lübz und hat dort Ende Januar ihre Tochter entbunden. Kiefer war allein zu Hause und hat kein Alibi zur Tatzeit. Er bestreite mit der Tat etwas zu tun zu haben. Durch die „Operative Fallanalyse" des LKA M-V wurde bestätigt, dass für Kiefer ein zeitliches Handlungsfenster vorhanden war. Die in der Folge eingegangene Ehe zwischen Harry und Kerstin Kiefer ist wieder geschieden worden. Als Grund nannte Kerstin, dass Harry depressiver wurde. Das habe angefangen, als er im Alter von 16 Jahren seine Mutter stranguliert aufgefunden hatte. Im Jahr 2001 oder 2002 habe er nach einer Trunkenheitsfahrt versucht, sich das Leben zu nehmen. Das waren Informationen, die mich nachdenklich stimmten. Allzu gern hätte ich gewusst, was damals mit seiner Mutter (es muss dann 1980 gewesen sein) war, wie es dazu kam bzw. wie er sie vorgefunden hat. Es war ein nicht-natürlicher Tod seiner Mutter.

Gab es zu diesem nicht-natürlichen Tod eine Akte?

Was seine Depressionen, die immer stärker wurden, seine Trunkenheitsfahrt und den Suizidversuch betraf, kann das vielleicht mit dem Verschwinden der Katrin und der Nichtbewältigung dieser vielleicht von ihm begangenen Tat in Zusammenhang stehen?

Die Depressionen konnten sicher nicht mit dem Tod seiner Mutter zusammenhängen, denn dann hätte dieses auch schon 1989, vor und nach Katrins Verschwinden, sich irgendwie bei ihm zeigen müssen. In Zusammenhang mit seinen Depressionen, seiner Trunkenheitsfahrt und Suizidversuch waren zu viele Fragen offen.

Seit wann und wie zeigten sich seine Depressionen?

Wann und in welchem Zusammenhang war genau die Trunkenheitsfahrt?
Was war mit dem Suizidversuch?
Es ergaben sich hier nach meiner Auffassung weitere Ermittlungsansätze. Doch zu Harry Kiefer gab es keinen Maßnahmekomplex wie bei Staub.
Warum gab es diesen Maßnahmekomplex nicht zu Kiefer?
Der Hinweis Holger Knust wurde in einem anschließenden Abschnitt behandelt. Er wurde als ein Hauptverdächtiger bezeichnet. Zur Tatzeit war er 24 Jahre alt und in der LPG (T) als Viehpfleger tätig. Aus den der CCU vorliegenden Akten sei lediglich hervorgegangen, dass er am 22.01., einen Tag nach dem Verschwinden der Katrin, in Sandkrug beim Wohnhaus Jonast stand und der Absuche zuschaute. Seine Mutter hätte ihm ein Alibi gegeben. Er sei am 21.01. ab 07:45 Uhr bis Mittag zu Hause gewesen. Bestätigt wurde auch, dass er zuvor von 03:30 Uhr bis 06:30 Uhr und am Nachmittag von 13:30 Uhr bis 16:30 Uhr im Sauenstall gearbeitet hat.
Wie weit war der Sauenstall von Sandkrug entfernt?
Gab es die Möglichkeit auch viel früher den Sauenstall zu verlassen?
Die Mutter gab zudem an, dass ihr Sohn ein Taschenmesser bei sich trage, welches er am 23.01. in Lübz gekauft habe, da er zuvor sein Messer (Küchenmesser) irgendwo im Stall verloren habe.
War es Zufall, dass der Verlust seines Küchenmessers in der Zeit war, als Katrin verschwand und der Kauf eines neuen Messers zwei Tage nach dem Verschwinden von Katrin erfolgte?
Nach den Informationen, dass er kurz nach dem Verschwinden von Katrin wegen eines versuchten Sexualdeliktes an einem Mädchen inhaftiert wurde, er sogar gestand Katrin getötet zu haben, aber weigerte den Ort zu benennen, wo er sie verscharrt haben will, sollten alle vorhandenen Akten zu Knust erneut unter dem Gesichtspunkt des Verschwindens der Katrin analysiert werden.

Dokumentiert war im Sachstandsbericht, dass die Ermittlungen im Fall Katrin am 26.06.1990 vorläufig eingestellt wurden. Nach einem Antrag der KPI Schwerin wurden die Ermittlungen per Verfügung durch die Staatsanwaltschaft Schwerin vom 30.07.2007 wieder aufgenommen und der Beschluss zur Exhumierung erwirkt.

Da zwischenzeitlich keine neuen Ermittlungsansätze vorhanden waren, wurde das Verfahren am 06.07.2009 erneut durch die Staatsanwaltschaft Schwerin vorläufig eingestellt. Im März 2010 wurde dann die Ermittlungsakte vom LKA M-V zur Durchführung der „Operativen Fallanalyse" angefordert. Hierzu erfolgten durch die KPI Schwerin weitere konkretisierende Vernehmungen bereits bekannter Zeugen.

Wo aber waren diese Dokumente, diese Zeugenvernehmungen?

Das überraschte mich schon positiv, dass, wenn auch in größeren Abständen, es zumindest immer wieder Bewegung im Fall Katrin gab. Das Bemühen war zumindest vorhanden ihr Schicksal doch irgendwann aufzuklären. Aber mir schienen die in dieser Zeit erfolgten Maßnahmen mehr eine Alibifunktion gehabt zu haben. Es deutete eher darauf hin, hier nicht voll motiviert herangegangen zu sein. Aber es war zumindest anders als im Fall mit dem 10-jährigen Mädchen aus Malchin, wo sich nunmehr nach mehr als 27 Jahren bis heute nichts bewegt hatte.

Seit dem 01.07.2020, so war weiter zu lesen, erfolgte durch die Projektgruppe CCU eine Analyse im Fall Katrin, die zu diesem Zeitpunkt noch nicht abgeschlossen sei.

Im gleichen Monat sei ein Informationsaustausch zwischen dem ehemaligen Sachbearbeiter der KPI Schwerin, Herrn Düsing und dem Mitarbeiter der CCU erfolgt. Die relevanten Orte wurden gemeinsam aufgesucht und in Augenschein genommen. Als ein Schwerpunkt wird das Auffinden der Leiche gesehen und daher sollte die Frage, welche Möglichkeiten dem Täter zur Verfügung standen, die Leiche so nachhaltig zu verbringen, dass sie bis heute nicht aufgefunden wurde, im Mittelpunkt stehen. Am 25.08.2020 wurde das Militärarchiv um Auskunft zu ehemaligen relevanten Militärobjekten, Bunkeranlagen, Abwasseranlagen sowie um Übersendung eines Auszuges des Lagefilmes des ehemaligen Ministeriums für nationale Verteidigung der DDR ersucht. Die Erlangung von möglichen Auszügen aus Lagefilmen der VPKA oder der MfS-Dienststellen der Region wäre nach meiner Auffassung sicher zielorientierter. Weiter hieß es, dass das Aufspüren von potenziellen Verbringungsorten bei den Befragungen relevanter Personen, wie Jäger, ehemaliger Kampfgruppenmitglieder und Meliorationsarbeiter, zu beachten sei. Dann war noch zu lesen, dass neben den offensichtlich nicht vollständig vorliegenden Aktenordnern ebenfalls die relevanten Spuren beizubringen und einer erneuten kriminaltechnischen Untersuchung auf mikrobiologische Substanzen zu unterziehen sind. Das klang durchaus so, als würde man versuchen, das Schicksal der Katrin aufklären zu wollen.

Der Wille schien erkennbar, doch ich hegte erste Zweifel, dass mit den dargelegten Maßnahmenpaketen der richtige Ansatzpunkt gefunden wurde und dieses gelingen würde. Die Maßnahmen zur Person Staub und Knust waren durchaus angebracht. Es fehlte mir aber das Maßnahmepaket zur Person Kiefer und eine intensivere Recherche in Richtung der Staatssicherheit, die damit verbundene umfassende Sichtung von archiviertem Unterlagen. Da gab es die konspirative Wohnung, das Ritterkreuzhaus. Allein das wäre ein erstes Puzzle, wonach eine Suche in den Unterlagen beginnen müsste. So wie dieses Puzzle gab es auch andere, wonach dann in den archivierten Unterlagen der Staatssicherheit die Suche hätte fortgesetzt werden können. Dieser Gedanke war es auch, der mich veranlasste im September 2021 ein Schreiben an den Leiter der Projektgruppe Cold Case Unit zu schicken. Ich wünschte der Gruppe viel Erfolg bei der Aufarbeitung des Falles. Informierte darüber, 1997 und 1998 in diesem Fall als

Detektiv ermittelt zu haben und dass meine Bereitschaft vorliegen würde bezüglich der damaligen Ermittlungen Fragen zu beantworten. Was die Ermittlungsrichtung oder eine Recherche im „Stasi-Unterlagen-Archiv" betrifft, würde ich mit vorhandenem Insiderwissen vielleicht behilflich sein können. Dann informierte ich, dass ich im Auftrag des Vaters der vermissten Katrin an einem Manuskript für ein Buch, welches diesen Fall zum Inhalt haben wird, arbeite. Aber auf dieses Schreiben, es war wie bei anderen Fällen zuvor, keine Antwort. Wie heißt es so schön, „und immer wieder grüßt das Murmeltier". Nicht einmal der Eingang meiner Mail oder eine Bestätigung vom Erhalt des in der Anlage beigefügten Schreibens gab es.

Ist es einfach Ignoranz, Arroganz oder was ist der Grund für ein solches Verhalten einer Behörde?

Wer noch nicht einmal auf angebotene Hilfe reagiert, der kann doch eigentlich nicht den festen Willen haben, wirklich das Schicksal der vor 32 Jahren verschwundenen Katrin aufklären zu wollen.

Oder?

Natürlich war ich auf weitere Erkenntnisse der CCU gespannt. Den Bericht, den ich nun zur Kenntnis nehmen konnte, war von August 2020, also es war schon wieder mehr als ein Jahr vergangen. Da müsste sich eigentlich bereits viel getan haben und neue Erkenntnisse müssten vorliegen. Von diesem Gedanken getrieben griff ich zum Telefon und rief bei der engagierten Rechtsanwältin an, um nachzufragen, wie es mit einer erneuten Akteneinsicht oder der Anforderung neuester Erkenntnisse der CCU ausschauen würde. Ihre Antwort war ernüchternd und dämpfte meine Erwartungen. Sie hätte diesen Fall auf Wiedervorlage gelegt und bis dahin sollte ich mich schon gedulden.

Teil 10

Erinnerungen

Noch einmal vor Ort

Nach der Antwort der Rechtsanwältin blieb mir insofern nichts weiter übrig, mich auf ihr Wort zu verlassen, um weitere Ergebnisse der CCU noch erfahren zu können. Wieder kam eine Zeit des Hoffens und des Wartens auf mich zu. So eine Situation war für mich immer mit eigenen psychischen Spannungen verbunden. Selbst für einen Ermittler im „Ruhestand", der nun Wochen, vielleicht sogar Monate, ohne selbst aktiv zu werden, auf neue Ergebnisse warten musste, blieb dieses nach wie vor unerträglich. Zu warten, was noch kommen oder nicht kommen wird, war auch jetzt noch nicht mein „Ding".
Bisher gab es in unregelmäßigen Abständen einen telefonischen Kontakt zum Vater von Katrin. Wegen der neuen Informationen zur begonnenen Aufarbeitung des Falls durch die CCU und um die Zeit bis zu deren neuen Ergebnissen nicht untätig zu sein, vereinbarten wir, Herr Jonast und ich, ein persönliches Zusammentreffen in Karbow/Sandkrug.
Es war ein wunderschöner Herbsttag, ein Tag im Oktober 2021, als ich mich auf den Weg nach Karbow begab. Kräftige Sonnenstrahlen drangen am Straßenrand durch goldfarbene Baumkronen, deren Blätter mit jedem einzelnen Strahl zu spielen schienen. Hin und wieder trafen einige der Sonnenstrahlen die Frontscheibe meines Autos und zwangen mich wegen der Sichtbeeinträchtigung zu einer langsameren Fahrt. Irgendwie kam mir das sogar recht, denn es war ein romantischer Anblick, der

mich während der Fahrt tatsächlich den eigentlichen Anlass, das Treffens mit Herrn Jonast für kurze Zeit vergessen ließ. Doch recht schnell holte mich die Wirklichkeit ein und da war dann wieder der Gedanke, was mich nach den vielen vergangenen Jahren, nun beim persönlichen Zusammentreffen, mit meinem früheren Auftraggeber erwarten würde.
Als ich gegen 10:00 Uhr mit meinem PKW an der vereinbarten Stelle in Karbow eintraf, warteten dort bereits Herr Jonast und sein Bruder Heinz auf mich. Nach erfolgter Begrüßung und bei einem ersten Austausch von Meinungen und Auffassungen zum Geschehen von 1989 lernte ich so auch Heinz etwas näher kennen. Er schien vom Charakter aufgeschlossen, mitteilungsbedürftig und hatte eine angenehme freundliche Art. Er war in dieser Hinsicht das Gegenteil von seinem Bruder Rolf. Diesem war deutlich anzusehen, wie ihn die Jahrzehnte der Ungewissheit, was mit seiner Tochter wirklich geschehen war, zermürbt hatten. Ein gebrochener, am Boden zerstörter, mit Eigenvorwürfen, sich selbst belastender und einsamer Mann stand mir gegenüber. Da stellte ich mir für einen kurzen Moment schon die Frage, ob diese Zusammenkunft, die noch einmal, alles was 1989 geschah, hochkommen ließ, tatsächlich eine gute Idee war. Im gemeinsamen Gespräch wurde dann aber sehr schnell deutlich, dass das Reden mit jemandem über die damaligen Ereignisse ihn freier und schrittweise zugänglicher machten. Nachdem sich Heinz kurze Zeit später wieder verabschiedete, begaben wir uns von Karbow den Weg, der schon lange kein Landweg, sondern nun eine asphaltierte Straße geworden war, entlang in Richtung Sandkrug. Es war der Weg, den Katrin regelmäßig mit dem Fahrrad zur Schule gefahren war. Wir erreichten auf halber Höhe die Sandkuhle, dort wo die Jugendlichen damals ihre Höhle gebaut hatten. Natürlich war die Vegetation nach mehr als 30 Jahren eine ganz andere. Die Sandkuhle war zum Teil noch erkennbar. Spuren der Höhle waren natürlich nicht

mehr zu erwarten. Dennoch, das Aufsuchen dieser Stelle ließ uns noch einmal bestimmte Schilderungen von damals lebendig erscheinen und bestätigte zudem die Aussage, dass die Sandkuhle und die Höhle vom Hauptweg aus erkennbar gewesen waren. Unser Weg führte von der Sandkuhle weiter zum Wohnhaus, in welchem Katrin bis zu ihrem Verschwinden gemeinsam mit ihrer Oma Erna wohnte. Deutlich erkennbar war, dass dieses Haus sicher Jahrzehnte unbewohnt gewesen sein muss. Das Mauerwerk war marode, die Fensterrahmen morsch und deren Farbe fast vollständig abgeblättert. Das gesamte Grundstück machte einen sehr ungepflegten Eindruck und schien offenbar dem Zerfall preisgegeben worden zu sein. Nichts erinnerte mehr daran, dass Katrin hier eine glückliche Kindheit verlebte, zu einem reifen Mädchen herangewachsen war und sich auf ihren 14. Geburtstag und die bald bevorstehende Jugendweihe gefreut hatte.

Eine alte Wasserpumpe auf dem Grundstück hatte standhaft Jahrzehnte überstanden und zwei noch erkennbare Außentoiletten, die sich wenige Meter vom Haus entfernt befanden, ließen nur ahnen, wie schlicht und einfach das Leben hier verlief. Um zur Haustür zu gelangen, war eine Steintreppe mit sechs Stufen zu überwinden. Die Treppe war an ihren Seiten mit einer stufenförmig gemauerten Begrenzung versehen, diese war schon teilweise zerfallen. Auch an ihr hatte der Zahn der Zeit mächtig

genagt. Als ich die Stufen emporstieg, um zu prüfen, ob die Haustür verschlossen war, erst da spürte ich, wie ungerade und steil die Stufen beschaffen waren. In diesem Moment stellte ich mir vor, wie Katrin am Tag ihres Verschwindens, ohne Hilfe der Oma, die Haustür geöffnet, mit ihrem Fahrrad diese Stufen bewältigt und im Anschluss die Haustür wieder geschlossen haben soll. So hatte es damals zumindest ihre Oma beschrieben. Das alles wäre in der Dunkelheit erfolgt. Nur das Licht des Mondes soll an diesem Morgen auf die Außenstufen gefallen und sie erhellt haben. Von der Treppe bis zur Pforte des Grundstückes waren es ungefähr zwanzig Meter. War diese zu, schob Katrin ihr Fahrrad noch bis zur Grundstückspforte. Bei geöffneter Pforte sei sie bereits mit dem Fahrrad vom Grundstück gefahren. Einen Blick durch das rechts von der Haustür aus liegende Fenster ließ mich die Waschküche, in der noch ein alter eingemauerter Waschkessel zu sehen war, erahnen. Das Fenster daneben erlaubte einen Blick in das frühere Wohnzimmer. Erkennen konnte ich die Tür, die vom Wohnzimmer zur Küche führte. Sich nun auf diesem Grundstück aufzuhalten, war nach all den Jahren irgendwie immer noch ein beklemmendes Gefühl. Dieses Gefühl musste wohl noch stärker bei Herrn Jonast sein, der sicher innerlich mit sich kämpfte, um es nicht nach außen dringen zu lassen. Er gab sich in dieser Situation alle Mühe, erklärte und beschrieb viele Dinge, die das Grundstück betrafen. Der Gedanke, was am Morgen des 21. Januar 1989 hier, unmittelbar vor oder in unmittelbarer Nähe des Grundstücks geschehen war, der bewegte uns beide auch jetzt noch. Doch direkt über seine Gefühle sprechen wollte in diesem Moment keiner. Wir verließen schweigend das Grundstück und unser Weg führte von dort nach rechts.

Leicht bergan ging es zum Haus, in welchem Tante „Ritsch", wie Katrin sie immer nannte, aber auch der Kiefer mit seiner Partnerin Rink wohnten. Es war das besagte „Ritterkreuzhaus", das Haus, in welchem die Staatssicherheit ihre konspirative

Wohnung hatte und sich mit ihren inoffiziellen Mitarbeitern regelmäßig traf.
Allein der Baustil hob sich von dem Haus, dem früheren Forsthaus, in welchem Oma und Katrin wohnten, schon in einer besonderen Art ab.
Es war ein zur damaligen Zeit sicher luxuriöser Bau, der ahnen ließ, dass hier, wie berichtet, früher einmal ein hochrangiger Nazi, ein Ritterkreuzträger, gewohnt haben soll. Das Haus schien auf den ersten Blick nicht ständig bewohnt, aber sicher in Besitz von jemandem zu sein. Darauf deuteten recht auffällig eine Kamera und ein Außenstrahler hin. Beide waren sehr genau auf den Platz vor der Haustür gerichtet.
Wer nutzte wohl heute dieses Haus?
Die Außenkamera und der Strahler machten schon etwas neugierig. Irgendwie sah es, wenn man die Vergangenheit des Hauses kennt, durch die Kamera und den Strahler selbst heute noch „geheim" bzw. „geheimnisvoll" aus. Das gesamte Grundstück war umzäunt. Der am Zaun befestigte Briefkasten trug keinen Namen. Natürlich betraten wir in diesem Fall das Grundstück nicht. Dennoch versuchten wir mehr Einsicht von der Hofseite des Hauses zu bekommen. Auf einer überdachten, aber offenen Veranda stand ein weißer Campingtisch, daneben leicht vertrocknete, verblühte Topfblumen in größeren Blumenschalen. Ein gelber Wasserschlauch, nicht gerade sorgsam aufgerollt, lag auf dem Erdboden neben der Veranda. Ausreichend Brennholz war sichtbar in einem überdachten Nebengelass gestapelt und ein kleines Stück Garten schien im Sommer genutzt worden zu sein. Dennoch sah alles nicht sehr gepflegt und eher verlassen aus. Ich vermutete, dass das „Ritterkreuzhaus" vielleicht vom jetzigen Besitzer nur an Wochenenden oder saisonbedingt genutzt wird. Wenn man die Geschichte dieses Hauses kennt, so stimmte es zumindest nachdenklich. Das frühere Zuhause eines, wie berichtet wurde, hochdekorierten Nazis war zu einem

konspirativen Objekt geworden, wo eine Wohnung Jahre später vom MfS genutzt wurde. Vom sogenannten „Ritterkreuzhaus“ begaben wir uns zurück in Richtung des Hauses 2. Nun ging es leicht bergab und in eine leichte linke Kurve. Links und rechts des Weges gab es bewachsene hügelige, schon fast steile Böschungen, die eine Sicht vom Weg weiter in den Wald hinein, sicher auch damals schon, unmöglich machten. Erst nachdem die leichte Kurve genommen war, kamen wir wieder an Haus 2 vorbei. Ich steuerte nun direkt auf die damals erwähnte Kastanie zu, wo sich in den Tagen vor dem Verschwinden der Katrin, eine männliche Person aufgehalten haben soll und wo zudem Schweineblut sichergestellt worden war. Ich stellte mich hinter dem Kastanienbaum, um zu prüfen und gleichzeitig einen Eindruck zu erhalten, welches Sichtfeld die betreffende Person in Richtung des Grundstückes, dem Haus der Oma hatte. Die Sicht war frei und das Fenster des Schlafzimmers, aber auch die damals noch vorhandene Pforte vom Grundstück waren von diesem Standort sehr gut einsehbar. Ein letzter Weg führte uns dann weiter in Richtung des Hauses 1. Das war der Teil der Wegstrecke, welche Katrin jeden Tag zurücklegte, um Silke abzuholen und dann gemeinsam zur Schule zu fahren. Es war auch der vermutliche Abschnitt, auf dem Katrin am 21. Januar 1989 spurlos verschwand. Dieser Weg war seinerzeit natürlich noch nicht gepflastert, sondern nur ein sandiger Landweg. Genauso war es mit der landschaftlichen

Umgebung. Die Bäume waren gewachsen und das Unterholz dichter geworden.

Je näher wir dem Grundstück Haus 1 kamen, umso aufmerksamen beobachtete unser Näherkommen ein auf dem Grundstück laufender Hund. Bald hatten wir eine Distanz zum Haus erreicht, die ihn veranlasste, lauthals auf sich aufmerksam zu machen. Mit kräftigem Gebell gab er zu verstehen, hier seinen

Der Weg vom Grundstück Haus 2 zum Haus 1

„Wachdienst" auszuüben. Das Grundstück war bewohnt, was der Zustand, die deutliche Sanierung des Hauses und das gepflegte Grundstück zusätzlich verrieten. Ein Namensschild auf dem Briefkasten untermauerte dieses und gab uns einen Hinweis auf den Bewohner.

Das erneute Aufsuchen der Region, in der Katrin vor mehr als 30 Jahren spurlos verschwand, war eine richtige Entscheidung. Noch einmal Herrn Jonast persönlich zu treffen, mit ihm über das Geschehene zu sprechen, die Stellen aufgesucht zu haben, wo das Schicksal seiner Tochter ihren Anfang nahm und er bis heute nicht weiß, was wirklich geschah, was sie erleiden musste, weckte schon ein für mich tief ergreifendes Gefühl. Ich konnte damals mit meinen Ermittlungen kaum oder wenig Licht in diesen Fall bringen. Die von mir erarbeiteten Hinweise und die dazu nun erhofften einzuleitenden Maßnahmen der Ermittlungsbehörde zur Klärung dieser Hinweise waren ausgeblieben.

Aber warum?

Damals gab es, selbst noch zur Zeit meiner Ermittlungen, eine realistischere Chance, die Wahrheit über Katrins Schicksal und vielleicht sogar ihre Leiche zu finden. Doch viele Jahre, sehr viele Jahre, zu viele Jahre, waren vergangen und einige Personen aus ihrem familiären Umfeld bzw. andere Personen, die in den Fall involviert oder damals in Verdacht gerieten, sind bzw. waren sicher schon verstorben.

Was jetzt noch blieb, war die Hoffnung auf eine gewissenhafte Aufarbeitung des Falls durch die Cold Cases Projektgruppe.

Gedankenspiele

Bei der notwendig gewordenen Durcharbeitung der Akten während der Arbeit am Manuskript zu diesem Buch gab es immer wieder Sachverhalte, die unklar waren, die Fragen aufwarfen und wo ich Möglichkeiten sah, vielleicht noch auf Quellen zu stoßen, die mir Dinge erläutern, Sachverhalte beurteilen oder Antworten auf Fragen geben könnten. Die eigene Hoffnung war wieder da, über Kontaktaufnahmen zu Personen aus dem damaligen engen Umfeld der Vermissten oder Personen aus der Region Karbow, vielleicht auch nach so vielen Jahren doch noch Informationen zu erhalten. Hoffnung schöpfte ich aus dem Grund, weil die Zeit nicht für immer alle Erinnerungen zudeckt. Besonders einschneidende Erlebnisse, die in Zusammenhang mit einem schrecklichen Geschehen stehen, erst recht mit einem Verbrechen an einen nahestehenden Menschen, bleiben sehr lange präsent, manchmal ein Leben lang.

Noch in der Region wohnende Personen, sie könnten sich vielleicht an frühere Begebenheiten, die sie schon damals mit dem

Verschwinden der Katrin in Verbindung brachten, erinnern. Vielleicht hatten sie bisher nur geschwiegen und sich bis heute mit diesem Wissen herumgetragen. Ihnen jetzt die Möglichkeit zu geben, sich von dieser schweren Last zu befreien, darin lag meine ganze Hoffnung. Alle Aktivitäten richtete ich auf die Suche nach Quellen unter früheren Ortsansässigen. Dieses gelang mir allerdings nur zu einem sehr geringen Teil. Ich erfuhr, dass bereits einige Personen aus dem engen Umfeld der Katrin verstorben waren. Darunter waren Johann und Maria Eichler, Kurt und auch Dirk Eichler, seine Ehefrau Erika sowie Katrins Onkel Holger. Die Reihe der damals involvierten Personen hatte sich zusehend gelichtet. Eine Tatsache, die mir bereits fast wieder alle Hoffnungen nahm, denn gerade diese Personen hätten sicher einige Sachverhalte aufklären und noch viele Fragen beantworten können. Es gelang aber, mit Hilfe bereitwilliger Quellen doch einige Informationen zu erarbeiten.

So bestätigte sich zum Beispiel, dass Silke im Kreis der Familie Eichler beim gemeinsamen Frühstück davon gesprochen hat, dass Katrin zur Polizei muss. Ob in diesem Zusammenhang von einem Personalausweis gesprochen wurde, war nicht mehr nachzuvollziehen. Unabhängig voneinander beurteilten Quellen aus der Region die damaligen Bewohner von Sandkrug als eine harmonische und eingeschworene Gemeinschaft, die sich gegenseitig halfen, aber auch zu ihrem Schutz sicher „einiges" verheimlichten. Marie Eichler sei diejenige gewesen, die dabei den Ton angab und die überwiegend die Kontrolle übernahm. Ihr traute man vieles, ja fast alles zu. Auf Katrin soll Marie nicht sonderlich zu sprechen gewesen sein. Es schien, als wäre Katrin ihr und den Eichlers unbequem. Was die Persönlichkeit von Katrin betraf, so gab es Aussagen, dass sie manchmal auch ein schwerer Fall sein konnte und sie dann etwas zickig gewesen sei. Darum sei das Verhältnis der Eichlers zu ihr auch kein besonders herzliches gewesen.

Vielleicht, so mein Gedanke, lag es auch daran, dass Katrin von den Neigungen des Johann Eichler Kenntnis bekam und der Silke hierzu einmal gesagt hatte, dass der Opa für das, was er macht, ins Gefängnis kommen könnte.

Was Dirk Eichler betraf, da erfuhr ich von einem Sachverhalt, der sich 1992 zugetragen haben soll. Es wäre an einem Wochenende gewesen, als er nach Sandkrug zu seinen Eltern kam. Dort angekommen hätte er energisch auf sexuelle Handlungen seines Vaters Johann reagiert. Da soll er Silke am Arm zu ihrer Mutter gezerrt haben, die sich auf dem Wäschetrockenplatz befand. Dort hätte er Silke gezwungen, zu sagen, was der Opa mit ihr gemacht hat. Die Reaktion ihrer Mutter: „*Ich weiß, was der Opa macht und wie er ist.*“ Die Oma Marie sei weinend in der Küche gewesen und habe gemeint, dass sie doch immer aufgepasst habe. Johann selbst hätte „wie ein begossener Pudel“ dagesessen und Silkes Vater mit Tränen in den Augen auf dem Sofa im Wohnzimmer. Dieser Sachverhalt war nach diesen Aussagen lange nach dem Verschwinden von Katrin. Es war aber nicht, wie Katrins Vater geschildert hatte, vor ihrem Verschwinden. Auch gab es Hinweise, dass Johann Eichler bereits vor dem Verschwinden von Katrin seine Veranlagungen nicht ganz abgelegt und in Griff hatte. Seine Frau wäre auch da bereits immer bestrebt gewesen ihn nie mit Silke oder, wenn Katrin da war, nicht allein mit den Mädels im Zimmer zu lassen. Erinnerlich war in diesem Zusammenhang eine Begebenheit, die das Verlangen des Johann Eichler untermauerte. Katrin hätte einmal ein Kleid und eine schwarze Strumpfhose getragen. Da soll Johann sinngemäß die Bemerkung gemacht haben: „*Was hat Katrin nur für schöne Beine, ob die wohl echt sind?*“ Diese, mir glaubhaft zugetragenen Informationen ließen natürlich die von Marie Eichler in einer Vernehmung im August 1989 gemachten Aussagen in einem ganz anderen Licht erscheinen. Auf eine Frage nach dem Verhältnis ihres Mannes zu Katrin antwortete

sie so: „*Um Katrin hat er sich nicht weiter gekümmert. Er hat sie auch nicht irgendwie beachtet. Mir ist auch nie aufgefallen, dass er sich für ‚dieses' Mädchen interessierte. Auch um Silke kümmert er sich nicht weiter und in sexueller Hinsicht zeigt er absolut an Silke kein Interesse.*" Das stellte sich nun aber als eine Falschaussage heraus und auch die Äußerung „dieses Mädchen", womit Katrin gemeint war, zeugte von ihrem wirklichen Verhältnis zu Katrin.
Wollte sie mit ihrer damaligen Aussage nur ihren Mann schützen oder gab es Gründe, die im Zusammenhang mit Katrins Verschwinden standen?
Nach diesen Informationen war nachzuvollziehen, dass es auch Meinungen gab, Katrin sei für Eichlers unbequem gewesen und man würde sie loswerden wollen. Zu viele Kleinigkeiten am Tag, an dem Katrin verschwand, waren anders als sonst. Die gerade dargelegten Informationen zur Situation bei Eichlers warfen Fragen auf.
Hatte Katrin vielleicht doch das Haus von Eichlers am Morgen erreicht und war dort etwas eskaliert bzw. passiert?
Wussten oder vermuteten es alle?
Hatte man dann vielleicht vom Haus wegführende Spuren gelegt?
Spuren, die aussehen sollten, als hätte Katrins Mutter ihre Tochter zu sich geholt. Immerhin war am 21.01. Zeit genug. Von 07:00 Uhr bis 15:00 Uhr war Zeit, um Katrins Gegenstände im Wald zu verstecken und auch Katrin selbst zu verbringen. Das Alibi von Dirk Eichler, es fehlte und die Bewegungsprofile der Eichlers sowie ihre Aussagen betreffend dieses Zeitrahmens schienen mir bezüglich dieser Version schon von Bedeutung. Noch einmal erinnerte ich mich an die herausgearbeiteten widersprüchlichen Aussagen. Johann hatte am 22.01. bei seiner Befragung ausgesagt, dass seine Ehefrau am 21.01. bereits gegen 05:00 Uhr aufgestanden und das Schlafzimmer verlassen hat.

Sie selbst gab am gleichen Tag bei ihrer Befragung jedoch an, erst um 06:30 Uhr aufgestanden zu sein.

Wurde dieser Widerspruch damals überhaupt geklärt?

Johann gab an, um 07:10 Uhr aufgestanden, seine Toilette verrichtet und um 07:30 Uhr die Wohnküche betreten zu habe. Nach Aussagen seiner Frau und Schwiegertochter Vera sei er aber erst um 07:30 Uhr aufgestanden.

Wo war Johann um 07:10 Uhr, zu der Zeit, als Katrin hätte dort eintreffen müssen?

Was mir selbst aufgefallen war, die Aussagen von Johann und Marie Eichler bei deren Vernehmung glichen sich zu Beginn schon sehr, so als wären diese vorher abgesprochen. Hinzu kam, dass aus der Familie keiner einen Tag später eine konkrete Aussage treffen konnte oder wollte, wer am Tag von Katrins Verschwinden das Hoflicht eingeschaltet, ob überhaupt Licht brannte und wer die Haustür aufgeschlossen hat bzw. ob sie zum Zeitpunkt, wo Katrin hätte eintreffen müssen, noch verschlossen war. Auch eine damalige Aussage von Vera Eichler war mir erinnerlich. Gegen 07:40 Uhr will sie einen PKW-Trabant wahrgenommen haben, der an Haus 1 vorbeigefahren sein soll. Diesen Hinweis gab Vera Eichler gegenüber der Polizei einen Tag nach dem Verschwinden von Katrin. Als sie um 07:40 Uhr, von der Schule zurückgekommen sei, so meinte sie: *„Begab ich mich, in die Wohnstube und in diesem Moment ‚hörte' ich einen PKW-Trabant an meinem Haus vorbeifahren. Ich kann nicht mehr eindeutig sagen, in welcher Richtung der PKW fuhr. Ich nehme aber an, dass er aus Richtung Karbow kam. Ich bin der Meinung, dass es sich um den PKW von Rose aus Schlemmin, welcher täglich diese Strecke fährt, handelte."* Als Viola Eichler dann aber am 17.08., sieben Monate später, erneut befragt wurde, machte sie hierzu folgende Aussage: *„Zu Hause angekommen stellte ich das Moped vors Haus. Als ich in den Flur ging, ‚sah' ich das Auto der Familie Rose aus Richtung Karbow kommen. In dem PKW*

saß nur Herr Rose. Er fuhr in Richtung Verbindungsweg nach Schlemmin und schon ohne Licht." Das war erstaunlich. Am Tag nach Katrins Verschwinden konnte sie diese konkreten Angaben nicht machen. Da will sie den PKW nicht selbst gesehen haben. ***Warum war sie, nun nach fast sieben Monaten, bezüglich ihrer Feststellung auf einmal so sicher und dazu noch sehr konkret?***
War Rose eigentlich zu dieser Fahrt befragt worden?
Dieser sehr deutliche Widerspruch in den Aussagen von Vera Eichler, der regte mich schon zum Nachdenken an und damit wurden auch die widersprüchlichen Aussagen der Eichlers noch präsenter. Um 11:00 Uhr wollen alle Eichlers zu Mittag gegessen und zu Hause gewesen sein außer Silke. Es gab unterschiedliche Aussagen, wer an diesem Tag Silke von der Schule abgeholt hat. Aus den Bewegungsprofilen ging hervor, dass Marie Eichler sich gegen 11:30 Uhr auf den Weg zu Monika Roth, zu Haus 3, begab, um dort kurz, warum auch immer, nach Kiefer gefragt zu haben. ***Wollte sie tatsächlich etwas und wenn, was wollte sie von Kiefer? Oder gab sie dieses nur als Grund für ihren Gang, vorbei an Haus 2, an?***
Warum hat sie nicht auch gleich Katrins Oma aufgesucht, um zu fragen, warum Katrin am Morgen nicht erschienen war?
Auch das war auffällig. Mir wurde bekannt, dass Marie für gewöhnlich, wenn sie zu Haus 3 ging, erst ihre Schwester in Haus 2 aufsuchte, um diese zu fragen, ob sie mitkommen will. An diesem Tag war es nicht so. Holger Jonast gab damals an, gegen 13:00 Uhr Stimmen im Wald gehört und dort Johann und Silke kurz wahrgenommen zu haben. Hinzu kam, dass Silke auch zu dieser Zeit mehrmals zu Haus 2 kam, um zu fragen, ob Katrin da sei. Zu diesen, ihren Aufenthalten machten Marie und Johann Eichler in ihren Befragungen bzw. Vernehmungen jedoch keine Angaben. Natürlich versäumte man es auch danach zu fragen. Diese Bewegungsprofile belegen doch, dass es im bzw. um den

Bereich des Hauses 2 auffällige Bewegungen gab, noch bevor jemand ahnen konnte, was wirklich mit Katrin geschehen war.

Wurde Silke vielleicht zu Haus 2 geschickt, um zu erfahren, wie die Situation, das Fernbleiben von Katrin, dort bereits wahrgenommen worden war?

Silke war am Vormittag des 21.01. in der Schule und so konnte man ungestört Spuren legen und Katrin verbringen.

Hatte vielleicht Marie Eichler die Zeit am Vormittag genutzt, um Katrins Gegenstände im Wald abzulegen?

Es hieß doch, dass die Gegenstände so versteckt wurden, als hätte dieses eine weibliche Person vorgenommen. Johann Eichler will gegen 08:00 Uhr zum Garten gegangen sein.

Das alles noch einmal sehr komprimiert zusammengefasst, ließ die Vermutung zu, dass Katrin bei Haus 1 eingetroffen und es dort unmittelbar am oder auf dem Grundstück passiert sein kann. Ein Motiv könnte darin bestanden haben, ein Bekanntwerden der noch vorhandenen Interessen bzw. Neigungen oder Handlungen des Johann an Silke oder gar Katrin zu verhindern. Es war kein Geheimnis, alle Familienangehörigen in Sandkrug, die Eichlers, Erna Jonast und auch Monika Roth waren eine eingeschworene Gemeinschaft. Jeder kannte die Schwächen des anderen und wusste über alles Bescheid. Es gab eine Abhängigkeit und diese zwang sie, sich gegenseitig zu schützen. Man gab sich gegenseitig ein Alibi und schwieg, obwohl man es wusste oder zumindest notgedrungen sicher viele Dinge ahnte.

War Johann tatsächlich kurz nach 08:00 Uhr bis gegen 11:00 Uhr nur im Garten?

Festgestellt wurde er dort nach Aussagen von Monika Roth erst gegen 10:00 Uhr, als sie Haus 2 aufsuchte. Was Katrins Oma Erna betraf, auch bei ihr war am Morgen, am Tag des Verschwindens, alles anders, als Katrin das Haus verlassen hat. Sie will nicht an der Haustür gewesen sein, nicht aus dem Küchenfenster, wie sonst immer, nach den beiden Mädchen geschaut haben.

Waren diese Dinge bei Eichlers, bei Monika Roth und Erna Jonast nur Zufälle? Ist es berechtigt einen möglichen Verdacht in diese Richtung zu äußern?

Auf diese Frage wird es sicher nie mehr eine Antwort geben. Die Hauptpersonen waren verstorben und die 1989 begonnenen Ermittlungen der Kripo, die sich richtigerweise auf das enge Umfeld der Vermissten bezogen, schienen auf die nun herausgearbeiteten vielen Fragen nie gestoßen zu sein.

Fehlte hier der kriminalistische Spürsinn und Ehrgeiz oder hatte die in diesem Jahr sich abzeichnende politische „Wende“ in der DDR dazu geführt?

Berichtet wurde mir auch, dass die Personen Kiefer und Rink ein gutes Verhältnis zur Familie des Kurt Eichler hatten. Kiefer wurde zurückhaltender als seine Partnerin, die sehr aufgeweckt und redseliger war, beurteilt. Sie sollen sogar deren Trauzeugen gewesen sein. Eine andere Kontaktperson aus Karbow bestätigte mir zudem, dass sich die Staatssicherheit häufig in Sandkrug aufgehalten und sich dort mit Leuten getroffen habe. Das sei kein Geheimnis gewesen.

Auch der Knust war den Quellen bekannt. Er wurde als unscheinbar und sehr zurückhaltend beurteilt. Hätte kaum gegrüßt und kaum persönliche Kontakte gehabt. Als Katrin verschwand, so die Meinung, hätte man so lange auf ihn eingeredet, bis er gesagt haben soll, er sei es gewesen. Die Meinungen der Quellen, ihn mit dem Verschwinden der Katrin in Verbindung zu bringen, waren bzw. bleiben bis heute jedoch geteilt.

Auffällig waren Äußerungen von Quellen zum Haus 3 in Sandkrug, dem sogenannten „Ritterkreuzhaus“. Noch heute würde etwas Geheimnisvolles über dieser, der damals der Forst gehörenden, Immobilie liegen. Es soll in der Nazizeit eine „gewisse“ Rolle gespielt haben und wurde später durch die Kriegsereignisse, seit

Ende der 40er Jahre, Wohnsitz der Kriegswitwe Monika Roth, die es gemeinsam mit ihren Schwestern, Marie Eichler und Erna Jonast, Katrins Oma, nach Sandkrug verschlagen hatte. Mitte der 80er Jahre wurde Monika Roth durch das MfS kontaktiert und als IMK geworben. Seit dieser Zeit traf sich das MfS in diesem Haus mit seinen IM aus der Region. Das soll beendet worden sein, als Kiefer mit seiner Partnerin Rink, deren Verbindung zur Staatssicherheit undurchsichtig war, Mitte 88 mit in das Haus zog.
Nun so berichtete man mir, würde dieses Haus einem Professor gehören, der an der Uni in Berlin tätig sein soll. Auch ihn würde eine gewisse geheime Aura umgeben. Niemand konnte mir Konkretes zu seiner Person berichten. Es hatte sich aber rumgesprochen, dass er sich häufig zu Vorlesungen im Ausland aufhalten soll und nur wenig selbst in Sandkrug sei. Zudem sollen sich ausländische Gäste bereits auch im Haus 3 aufgehalten haben. Ich konnte nicht umhin, ich musste daran denken, dass sich damals in der KW unter anderem auch ein MfS-Mitarbeiter der HVA, der Auslandsaufklärung, aus Berlin mit seinen IM getroffen hatte. Dass nun ein Professor aus Berlin mit internationalen Verbindungen, der bereits im Ausland eine eigene Ferienimmobilie besitzen soll, sich für diese Immobilie interessierte und selbst gerichtliche Schritte unternahm, um diese letztendlich zu erwerben, war für mich nicht ganz nachvollziehbar. Es hinterließ Fragezeichen.

Was waren seine Beweggründe dieses abgeschiedene alte Haus zu kaufen?

Als international anerkannter Professor gab es doch sicher weitaus bessere Angebote, ein Wochenendhaus oder einen Rückzugsort für wissenschaftliches Arbeiten anderswo zu erwerben. Eine Frage, die mich in diesem Zusammenhang bewegte, mag vielleicht abwegig klingen.

War diese Immobilie vielleicht wieder zu einem Objekt geworden, welche für konspirative Treffen genutzt wurde/wird?
Der Standort, die Abgeschiedenheit boten alle Voraussetzungen für eine solche Nutzung. Das aber waren nur meine Gedankenspiele, die für die Aufklärung des Schicksals von Katrin keine Bewandtnis hatten. Darum verfolgte ich diese Richtung nicht weiter.

Eine andere Sache, die mir nicht aus dem Kopf ging, war die Geschichte, der kaum Beachtung geschenkt wurde bzw. über die Dirk Eichler bei seiner viel späteren Vernehmung sprach. Es war die Geschichte mit seinem Hund, der ihn nicht in ein bestimmtes Waldgebiet bei Sandkrug gehen ließ. Der Vernehmer hatte dieser Geschichte kaum Beachtung geschenkt oder Fragen dazu gehabt. Mich ließ diese Geschichte nie los.

Was für einen Grund gab es, dass er über diese Geschichte berichtete?
Nun konnte ich in Erfahrung bringen, dass Dirk Eichler tatsächlich einen Hund besessen hat. Es war ein Collie-Husky-Mix und habe auf den Namen Aika gehört. Weiterhin gelang es, die bewusste Stelle zu ermitteln, an der sein Hund ihm mehrfach den Zugang verwehrt haben soll. Es handelte sich um eine Stelle, in Nähe der damaligen Sandkuhle.

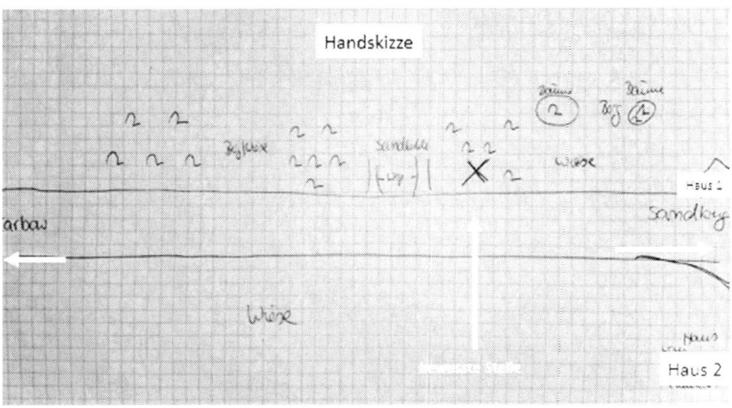

Nicht unweit von dieser Sandkuhle hatte Silke damals, es war am 20.01.89, einen Tag vor dem Verschwinden der Katrin, einen Mann herauskommen sehen und Angst bekommen. Dieser Mann hätte braune Kleidung getragen und nach ihrer Beschreibung soll es ausgesehen haben, als würde er einen Buckel haben.
Hatte er vielleicht auch nur einen Rucksack über?
War es Zufall, dass dieser Mann sich einen Tag vor Katrins Verschwinden dort aufhielt und später der Hund von Dirk Eichler genau an dieser Stelle das besagte Verhalten zeigte?
Hatte der „bucklige" Mann hier vielleicht Vorkehrungen getroffen, um Katrin am nächsten Tag nach dort zu verbringen?
Auch Katrin hatte kurz vor ihrem Verschwinden eine männliche Person bei der von den Jugendlichen gebauten Höhle in der Sandkuhle wahrgenommen und ihren Mitschüler darüber informiert.
Dirk Eichler berichtete in seiner Vernehmung, wo er am Sonntag, einen Tag nach Katrins Verschwinden, mit anderen gesucht hat: *„Wir sind erst von Sandkrug aus Richtung Karbow Dorf rechts so*

einen Weg gelaufen. Da sind so Sandkuhlen, ein kleines Wäldchen und ähnliche Geschichten. Von dort aus dann auf der anderen Seite zurück zum Sandkrug und dann noch in Richtung Schlemmin."
Die Suche begann nach seiner Beschreibung dort, wo später die Sache mit seinem Hund erfolgte und wo kurz vor dem Verschwinden der Katrin männliche Personen in diesem Bereich wahrgenommen wurden. Katrin bat die Silke am Sonnabend, den Tag ihres Verschwindens, mit ihr zur Schule zu fahren. Es kann daher angenommen werden, dass Katrin vermutete, die Gefahr wäre auf der Strecke von Haus 1 bis zur Schule zu erwarten.

War alles, was sich auf diese Strecke, auf genau diese Stelle bezog, nur Zufall?

Verbirgt dieser Bereich, verbirgt diese konkrete Stelle vielleicht etwas, was im Zusammenhang mit dem Verschwinden steht?

Nach der nun letzten persönlichen Analyse zu den in Sandkrug damals wohnhaften Angehörigen der Vermissten galt mein Augenmerk wiederholt den Ergebnissen der Ermittlungen zu den Personen Kiefer und dem seinerzeit geständigen Knust. Auch zu diesen Personen konnte man einen möglichen Zusammenhang mit dem Verschwinden der Katrin nicht ausschließen. Ihn nun erneut zum Fall Katrin anzusprechen, könnte sogar eine Chance für ihn sein, sich vielleicht von einer ihm seit langer Zeit getragen Last, sich von seinem bisher verschwiegenen Wissen, zu befreien. Erinnert sei daran, dass Kiefer am 21.01. um 06:30 Uhr wach geworden sein will und auf Toilette gewesen war. Nach seinen Aussagen dann aber erst gegen 07:00 Uhr wieder eingeschlafen sei. Noch vor 08:00 Uhr will Monika Roth aber Geräusche aus seiner Küche vernommen haben, obwohl er ausgesagt hat, dass er sich um 08:10 Uhr erst durch den Wecker wecken gelassen hat. Um 09:00 Uhr wurde er erstmalig von Monika Roth tatsächlich gesehen. Ein Alibi für die Zeit, in der Katrin verschwunden war, hatte er nicht und es war daher für ihn ein zeitliches Handlungsfenster vorhanden.

Hat er vielleicht das Haus schon um 06:30 Uhr verlassen und ist erst kurz vor 08:00 Uhr zurückgekommen?
Auch die Feststellung von Sabitz am 19.01. gegen 07:10 Uhr mit dem unbekannten Radfahrer war bedeutsam. Als Sabitz ihn gefragt hatte, ob er es war, verneinte Kiefer dieses kategorisch. In seiner Vernehmung im Februar räumte er jedoch ein dieser Radfahrer gewesen zu sein. Dann war zudem noch die Sache mit den zwei Fahrrädern. Eine ganze Woche benutzte er das Fahrrad seiner Partnerin, weil er nach seinen Angaben von der Polizei auf seiner Arbeitsstelle abgeholt worden sei und sein Fahrrad dort verblieb. Sein Fahrrad sei daher eine komplette Woche in einem Unterkunftswagen der Forst abgestellt. Das war unmittelbar nach dem Verschwinden von Katrin. Man konnte keinesfalls ausschließen, dass er so nur eine kriminaltechnische Untersuchung seines Fahrrads umgehen wollte. Es gab weiterhin widersprüchliche Aussagen zwischen seinen und den Aussagen seiner Partnerin zum Verhältnis zu Silke und Katrin. Hinzu kam, dass Kiefer im Waldstück, wo das Fahrrad und auch die Schultasche gefunden wurden, zwei Tage zuvor tätig war. Er kannte sehr genau die dortigen Gegebenheiten. Bekannt wurde, dass er seine Partnerin Rink heiratete, aber die Ehe später zerbrach. Kiefer soll unter Depressionen, die stetig zunahmen, gelitten haben. Weiterhin lagen Informationen über eine Trunkenheitsfahrt und einen Suizidversuch vor. Es war keinesfalls auszuschließen, dass diese „Auswirkungen" einen Bezug zum Verschwinden von Katrin haben können. Kiefer gehörte nach meiner Auffassung nach wie vor zum Kreis möglicher Tatverdächtiger. Die zu Kiefer bisher bekannten Sachverhalte berechtigen noch heute neue Ermittlungen zur Klärung eines möglichen Zusammenhangs zum Verschwinden der Katrin aufzunehmen.

Wenn auch zum „geständigen" Knust nur wenige Informationen vorlagen, so vertrete ich auch hier die Auffassung, ihn keinesfalls ganz als möglichen Tatverdächtigen auszuschließen. Immerhin gab er zu, Katrin längere Zeit, wenn auch aus respektvoller Entfernung, zwei- bis dreimal wöchentlich visuell beobachtet zu haben. Es geschah auch mit der Absicht, dass sie ihn bemerken sollte. Weiterhin hatte er zugegeben, Katrin als visuelle Vorlage zur Selbstbefriedigung genutzt zu haben. Irgendwie passten diese Sachverhalte durchaus in die Vorgeschichte zum Verschwinden von Katrin.

Hatte Katrin ihn bereits wahrgenommen, fühlte sich beobachtet und war deshalb verängstigt?

War er es vielleicht, der sie mit der Fahrradgeschichte, dem Fahrrad im Baum, nur necken wollte und so den Kontakt suchte?

War er vielleicht auch der Mann, der bei der Kastanie stand? Dort wurde damals Schweineblut festgestellt und er arbeitete im Sauenstall.

Er hielt sich zudem häufig am Konsum in Karbow auf und auch Katrin war sicher öfter dort anzutreffen. Immerhin hatte man festgestellt, dass seine „Version" zum Ablauf des Tatgeschehens zeitlich so war, dass er diese Tat in der ihm zur Verfügung gestandenen Zeit, durchaus hätte realisieren können. Allerdings gab seine Mutter den Zeitpunkt ihrer Rückkehr von der Arbeit so an, dass eine Täterschaft ihres Sohns kaum möglich war. Die Aussage der Mutter war doch aber kaum als Alibi zu betrachten. Er war zudem einen Tag nach dem Verschwinden in Sandkrug bei Haus 2 und schaute der Absuche zu. Dann gab es da noch eine Sache mit einem Taschenmesser. Am Montag nach dem Verschwinden hatte er sich ein neues Messer gekauft, da er angeblich sein Küchenmesser irgendwo im Stall verloren hätte. Auch hier gab es nach meiner Auffassung erneuten Ermittlungsbedarf und eine Neubetrachtung der damaligen Ermittlungen.

Ich fand es zum Haareraufen, hier nicht alle Informationen zu haben. Das bezog sich allerdings nicht nur auf die Ermittlungsakte

Knust, sondern auch auf die bei der Ermittlungsbehörde vorhandene damals angelegte Personenkartei und die dazu vorliegenden Informationen. Die fehlenden Informationen ließen mir bisher natürlich nur eine begrenzte Betrachtung der Ermittlungen im Vermisstenfall zu und schränkten so meine begonnenen Gedankenspiele ein.
Viele Vorgänge, die im Zusammenhang mit dem Verschwinden der Katrin stehen könnten, lassen sich heute wohl kaum noch, trotz aller Anstrengungen, aufklären. Involvierte Personen aus der Familie Eichler, auch Katrins Oma und ihre Tante „Ritsch", die möglicherweise Mitwisser sein können, nahmen ihr Wissen mit ins Grab. Anders dürfte es bei den Personen Kiefer und Knust sein. Hier gibt es sicher noch Möglichkeit, diese erneut zu befragen oder neue Ermittlungen aufzunehmen. Doch gerade zu diesen Personen fand ich keine Maßnahme der CCU.

Zu erwähnen wäre die Person Staub. Zu ihm wurden weitere Maßnahmen im Sachstandsbericht der CCU angekündigt. Auch er war eine Person, die selbst in meinem Fokus stand. Da war die Sache mit den falschen PKW-Kennzeichen, seinem Bewegungsprofil in den frühen Morgenstunden, am Tag des Verschwindens und seinen Verhaltensweisen in den Tagen danach. Erinnert sei an ein kurzfristig vorgenommenes Gießen einer Betonplatte für einen Hundezwinger und daran, dass er seinen PKW und sein Moped nach dem Verschwinden der Katrin lange Zeit nicht genutzt hatte. Auch sein überraschendes, plötzliches Verschwinden aus der Region ließ viele Fragen offen. So war die Inaugenscheinnahme des relevanten Grundstücks von Staub in Wilsen, die Betonplatte vom Hundezwinger, vorgesehen. Weitere Ermittlungen zu ihn, eine erneute Anfrage an die Behörde für Staatssicherheitsunterlagen, Vergleichsmaterial DNA, die Vernehmung seiner Ehefrau und letztendlich seine eigene Vernehmung waren Inhalt des CCU-Maßnahme-Komplexes. Das waren

Maßnahmen zu seiner Person, die sicher bei entsprechendem kriminalistischem Engagement, im Ergebnis viele interessante Informationen versprachen. Vermisst habe ich allerdings die zielgerichtete Aufklärung, warum und wer die einmal vorhandenen Informationen zum Verdächtigen Staub beiseiteschaffte. Eine Personenkarteikarte zu Staub war noch vorhanden. Sie war mit einem „roten Reiter", als verdächtige Person gekennzeichnet. Doch die Unterlagen zu Staub wurden am 28.11.89 entnommen mit dem Hinweis „Gen. Brett – Unterschrift – Anders".
Das war doch eine gute Grundlage für die CCU, hier gezielt eine Aufklärung vorzunehmen. Brett war damals Kriminalist in Lübz und wurde nach der Wendezeit aus dem Polizeidienst entlassen. Die Aufklärung des ominösen Verschwindens der Unterlagen zu Staub, halte ich weiterhin für wertvoll, da dieses, Rückschlüsse auf die damalige Rolle von Staub geben kann und einen möglichen Zusammenhang mit dem Verschwinden der Katrin erkennen oder ausschließen lässt.

* * *

Es war sehr spannend geworden, wie der Fall „Katrin" nun durch die Cold Cases Gruppe aufgearbeitet und zu welchen Ergebnissen sie letztendlich kommen wird.
Auf keinen Fall bedarf es einer Glaskugel oder wahrsagerische Fähigkeiten, um schon vorab zu wissen und sagen zu können, was das Ergebnis sein wird. Gern würde ich mich aber auch vom Gegenteil überzeugen lassen. Es kribbelte zumindest in meinen Händen und brannte in den Fingern, wieder einmal Kontakt zur Rechtsanwältin aufzunehmen, die versprochen hat, den Fall Katrin auf Vorlage gelegt zu haben, um zu einem späteren Zeitpunkt erneut bei der Staatsanwaltschaft Schwerin nach den Ermittlungsergebnissen der CCU nachzufragen.
Aber wann würde für sie dieser Zeitpunkt gekommen sein?

Der letzte Sachstandsbericht der CCU war vom 23. August 2020. Siebzehn Monate waren vergangen und da war es sicher angemessen neue Ergebnisse erwarten zu können. Ich sollte mich in dieser Hinsicht, was für mich schwer vorstellbar war, wohl noch eine längere Zeit in Geduld üben müssen, um diese Ergebnisse zur Kenntnis nehmen zu können.

Cold Cases – Erneutes Hilfsangebot

Nur da zu sitzen und auf das Ergebnis der Projektgruppe zu warten, war nicht so ganz mein „Ding". Am 14. September 2021 hatte ich mich bereits mit einer Mail und im Anhang, ein Schreiben, an das Polizeipräsidium Rostock, dem Dezernat 2. der Projektgruppe Cold Cases Unit, z. H. des zuständigen KHK., gewandt. In meinem Schreiben hatte ich dem KHK der Projektgruppe Erfolg bei der Aufarbeitung des Falles gewünscht und mitgeteilt, dass ich 1997 und 1998 als Detektiv in der Vermisstensache ermittelt hatte, ich nach wie vor bereit sei mögliche Fragen zu beantworten. Gleichzeitig bot ich als Insider meine Hilfe bei weiteren Recherchen im Stasi-Unterlagen-Archiv an. Zum Schluss informierte ich darüber, dass ich im Auftrag des Vaters der vermissten Katrin an einem Manuskript für ein Buch, welches diesen Fall zum Inhalt haben wird, arbeite.
Viele Tage vergingen, eine Antwort blieb allerdings aus. Nicht einmal der Eingang meiner Mail wurde bestätigt.
War sie im Pool der „vielen" Mails an das Polizeipräsidium Rostock untergegangen?
Es war keine neue Erfahrung und verwunderte mich daher nicht.
War es wie immer einfach Ignoranz, Überheblichkeit oder zeugte dieses Verhalten von einem gewissen Desinteresse überhaupt Hilfe anzunehmen?

Wollte man überhaupt ernsthaft den Fall aufarbeiten oder wollte man nur die Statistik bezüglich der Zuwendung solcher Fälle verbessern?

Diese wieder vorgefundene Situation stimmte mich sehr nachdenklich und verstärkte das Misstrauen, welches ich gegenüber den Ermittlungsbehörden bereits hatte. Ich überlegte, ob ich vielleicht trotz der „auffälligen" Zurückhaltung der Behörde mir gegenüber erneut Kontakt zur Projektgruppe Cold Cases Unit aufnehmen und sie auf die Geschichte mit dem Hund von Dirk Eichler und des nun vorliegenden Ergebnisses zur herausgearbeiteten Stelle aufmerksam machen sollte. Die bisher gemachten negativen Erfahrungen hielten mich dennoch nicht davon ab und ich fertigte diesmal ein Schreiben mit einer Anlage der genauen Beschreibung der Stelle an. Auch einen weiteren Hinweis, dass zum Zeitpunkt des Verschwindens der Katrin eine Viehanlage in Karbow entstand und gerade die Fundamente gesetzt worden seien, teilte ich in diesem Schreiben mit. Es waren zwei Hinweise, zwei Möglichkeiten, wo noch nach der Leiche von Katrin gesucht werden könnte. Diesmal sendete ich diese Informationen allerdings nicht elektronisch, sondern auf dem Postweg an das Polizeipräsidium Rostock.

Würde nun vielleicht von dort eine Antwort kommen oder man darauf, in welcher Form auch immer, reagieren? Oder würde dieses Schreiben auf dem Postweg verloren gehen?

Ich erfuhr genau in dieser Zeit, dass der Vermisstenfall Katrin nicht den Stellenwert in der Projektgruppe haben soll. Die CCU-Projektgruppe hätte fünf Fälle angenommen. Der Fall

Katrin sei nur zwischengeschoben worden, weil bekannt geworden sei, dass der neue Eigentümer des Hauses, in welchem Katrin mit der Oma gewohnt hatte, mit einem Umbau des Hauses beginnen wollte. Damit nichts verloren gehen sollte, hätte man sich daher zwischendurch dem Fall zugewandt. Eine Information, die mich erreichte, die nun einen Großteil meiner Erwartungen an die CCU schmälerte. Dieses und die „Nichtantworten" auf meine Hilfsangebote taten ihr Übriges. Die einzige Hoffnung bestand nur noch darin, dass meine Meinung eine Fehleinschätzung ist und die CCU-Projektgruppe mich mit ihrer Aufarbeitung des Falles vom Gegenteil überzeugen würde.
Was wird da aber wohl tatsächlich zu erwarten sein?

Was bleibt?

Nach endlos vielen Jahren wurde bewiesen, dass es sich bei der 1979 aufgefundenen weibliche Leiche tatsächlich um Katrins Mutter handelte. Damit waren und sind alle Spekulationen, dass das Verschwinden von Katrin zehn Jahre später in Zusammenhang mit dem im Mai 1979 erfolgten Verschwinden ihrer Mutter zusammenhängen könnte, beseitigt.
Die Todesursache der Mutter bleibt jedoch ungeklärt und die Frage, ob es sich um einen Suizid oder um ein an ihr begangenes Tötungsdelikt handelte, für mich weiter unbeantwortet. Denn die im Fall eines nicht-natürlichen Todes durchzuführenden kriminalistischen Ermittlungen blieben aus. Ein Verbrechen an Katrins Mutter schloss ich daher nicht ganz aus.
Im Vermisstenfall Katrin zeigt sich noch heute eine Vielzahl von offenen Fragen. Fragen, die damals nach ihrem Verschwinden und bei den unmittelbar dann aufgenommenen kriminalistischen Ermittlungen sicher hätten beantwortet werden können. Aber es ist nun mal Tatsache, dass Versäumtes auch heute kaum

noch nachgeholt werden kann. Personen, die Antworten hätten geben können, sind zwischenzeitlich verstorben und haben mögliches bisher verschwiegenes Wissen mit ins Grab genommen. So bleiben wichtige Antworten auf viele Fragen ein für alle Mal verloren.

Kann Katrins Schicksal überhaupt noch aufgeklärt werden? Was ist heute noch machbar?

Die CCU hat 2020 mit der Aufarbeitung des Falles begonnen, einen ersten Sachstandsbericht erarbeitet und Maßnahme-Komplexe, über die ich bereits berichtete und meine Meinung geäußert habe, festgelegt. Bereits da ließ ich starke Zweifel erkennen, dass nur diese Maßnahmen zu einer erfolgreichen Aufarbeitung des Falles führen.

Ich möchte keinesfalls als besserwissend oder belehrend verstanden werden, wenn ich in der Folge meine Gedanken zum Herangehen an die Aufarbeitung des Falls beschreibe. Nach einer von mir sehr langen und intensiven Betrachtung des Falls sei mir dieses bitte zugestanden.

Grundlage für die Aufarbeitung des Falles könnte eine Auflistung aller damals im Fall involvierten Personen aus dem engen Umfeld der Katrin, in den vorhandenen Akten benannten sowie in der Personenkartei registrierten Personen sein. Nicht zu vergessen sind die seinerzeit ermittelnden Beamten der Kripo, deren Vorgesetzte und die in den Akten namentlich genannten früheren Mitarbeiter des MfS. Sollte das erfolgt sein, wäre zu prüfen, welche Personen heute noch leben und wo sich deren aktueller Aufenthaltsort befindet. Eine Aufgabe, die kein aktive Tätiger sowie ein sich im Ruhestand befindender Detektiv, sondern nur die mit der Aufarbeitung des Falls betrauten Beamten realisieren dürfen und können.

Ist das erfolgt, sollte der nächste Schritt eine Priorisierung der dann zu befragenden Personen, ohne auch nur eine Person dabei zu vergessen, sein. Erst dann könnte entsprechend der

Priorisierung mit den intensiven Befragungen begonnen werden. Ich denke dabei insbesondere an Personen wie Kiefer, dessen bereits von ihm geschiedenen Ehefrau Kerstin, an den damals geständigen Knust, den ehemaligen Kripobeamten Brett aus Lübz, der in Zusammenhang mit der Person Staub zu sehen ist, sowie an Vera und Silke Eichler, an weitere Verwandte und selbstverständlich auch an Katrins Vater sowie ihren Onkel Heinz. Auch die damaligen Schulfreunde von Katrin sind einzubeziehen. Selbst Personen wie Januschke, der sich am Vormittag des Tages von Katrins Verschwinden in Sandkrug aufhielt, die Leute der Maurerbrigade, die in Wilsen das Fundament für einen Hundezwinger fertigten, oder der Kranfahrer Tessnow, der kurz vor Katrins Verschwinden eine Grube für eine Kartoffelmiete ausheben musste, sollten sie noch leben, sind dann zu befragen. Vor jeder Befragung einer Person wären die bereits aus den vorhandenen Akten vorliegenden Informationen herauszuarbeiten und hierzu ein zielgerichteter Fragenkomplex vorzubereiten.

Ein weiterer Schwerpunkt sollte nach wie vor die intensiveren und zielorientierteren Recherchen in der Behörde für Unterlagen der Staatssicherheit sein. Alle früheren Ermittlungsergebnisse und die in der Aufarbeitung neu gewonnenen Informationen und Erkenntnisse könnten dann für eine Auslotung möglicher in Frage kommender Verbringungsorte der Leiche genutzt werden, um diese Orte dann aufzusuchen und einer Überprüfung zu unterziehen.

Natürlich ist die Aussicht auf eine, nach so vielen Jahren, mögliche Aufklärung des Verbrechens an Katrin sehr gering. Selbst wenn man davon ausgeht, dass es kein perfektes Verbrechen gibt und jedes Verbrechen Spuren hinterlässt, dann müssen diese erst gefunden werden. Damals fand man keine auswertbaren Spuren und umso ungewisser ist es diese heute noch zu finden. Der damalige Umgang mit den gesicherten Gegenständen schmälert

zudem zusätzlich die Aussicht, nun durch den Einsatz moderner und wissenschaftlicher Verfahren sowie neuer kriminaltechnische Mittel und Möglichkeiten verwertbare Spuren zu finden, die auf einen Täter schließen lassen.
Es liegt nunmehr an der Motivation, am Geschick und an der kriminalistischen Bereitschaft sowie Fähigkeit, welche Erkenntnisse die CCU bei der Aufarbeitung des Falls erlangt. Nur dann könnte man einen Schritt weiterkommen bei der Aufklärung des möglichen Schicksals Katrins.
Aber ist diese bedingungslose Bereitschaft überhaupt vorhanden?
Ich persönlich bin mir da nicht sicher und begründe dieses mit der erkennbaren Zurückhaltung angesichts meiner aktuell angebotenen Hilfe und meines Hinweises auf einen möglichen Verbringungsort. Wenn sich schon darauf „Schweigen im Wald" zeigt, nicht einmal der Eingang meiner Schreiben bestätigt wird, kann es mit der Bereitschaft nicht weit her sein.

Noch aber haben Katrins Vater und auch ich die Hoffnung nicht ganz aufgegeben. Es gibt nicht nur die Option, auf neue Erkenntnisse der CCU zu warten, sondern wir haben die Hoffnung, dass durch die Veröffentlichung dieses Buches der Fall wieder in Erinnerung gerufen wird und sich Personen vielleicht so noch an Sachverhalte erinnern, die im Zusammenhang mit Katrins Verschwinden stehen könnten. Wir bitten darum, ihr Wissen nicht mehr länger für sich zu behalten. Teilen Sie dieses der Behörde mit oder wenden Sie sich vertraulich an den „Spica Verlag", der den Kontakt zum Autor dieses Buches herstellen wird.
Es heißt, die Hoffnung stirbt zuletzt.
Lassen Sie die Hoffnung des Vaters noch nicht sterben, sein Leid ist schwer genug.

* * *

Es ist schwer, Menschen loszulassen,
die ohne Abschied aus dem Leben
verschwunden sind!

Epilog

Dieser Epilog unterscheidet sich von anderen. Hier soll der Vater der seit Jahrzehnten verschwundenen Katrin eine Stimme bekommen. Es soll sein Ventil sein, seine Gedanken und extremen Gefühle rauszulassen.

Nach fast 33 Jahren steht er nun am Weg, der von Karbow nach Sandkrug führt, und hat das Foto seiner Tochter in der Hand. Zum ersten Mal sprach er über das, was ihn Jahrzehnte bewegt, wie er sich in all dieser Zeit fühlte, welche Gedanken ihn treiben und ihn innerlich zerfressen.

„Der 21. Januar 1989 war der Tag, der mein Leben für alle Zeit veränderte. Nichts war mehr wie bisher. An diesem Tag erfuhr ich, dass meine Tochter Katrin auf dem Weg zur Schule spurlos verschwunden war.
Der grauenvolle Verlust meiner Tochter war schlimm und ist nach wie vor für mich aktuell. Was ist mit ihr geschehen, musste sie leiden und Schmerzen ertragen? Der einzige Mensch, der weiß, was passiert ist, ist ihr Entführer, ihr Peiniger, ihr Mörder.

Mein Leben ist mit Schuldgefühlen beladen. Schuld an dem, was mit Katrin passiert ist. Ich war nicht da, ich konnte ihr nicht helfen, nicht beistehen. Habe ich als Vater versagt?
Das, was ich erlebe, ist das Schlimmste überhaupt, was einem Vater passieren kann. Da ist immer das Gefühl, ich konnte Katrin

nicht schützen, ich habe in meiner Pflicht als Vater versagt. Als Katrin spurlos verschwand, konnte ich nur schwer nach der Ursache suchen. Das heißt, ich konnte nicht nachvollziehen, ob es vielleicht doch einen Auslöser gab, ob ich vielleicht zu streng war oder sie vielleicht unwissentlich verletzt hatte. Diese Fragen stelle ich mir noch Tag für Tag und man leidet doppelt unter dieser Last. Jeder Tag bleibt quälend und alles ist dann wie eingetrübt, wie leer. Man lebt nur noch mit Schmerzen. Aber jeder Mensch kann nur eine gewisse Menge Schmerz ertragen und es gibt Tage oder Abende, da will ich, dass meine Schmerzen vorbei sind. Dann falle ich in ein tiefes Loch, gleite ab und ertränke meinen Schmerz. Mein starker Wille, nicht aufzugeben, und die Hoffnung, dass eines Tages doch die Wahrheit ans Licht kommt, geben mir dann die Kraft mich wieder selbst aus diesem Loch zu befreien.

Ich bin nicht mehr der, der ich einmal war, und werde es auch nie wieder sein.

Mein Vertrauen in die Arbeit der Ermittlungsbehörden ist stark beschädigt und das tut keinesfalls weniger weh. Ich bin unglaublich wütend und kann bis heute nicht verstehen, dass die Polizei keine Spuren, nicht den kleinsten Hinweis hatte.

Für mich als Vater schien manch damalige Ermittlungshandlung nicht gewissenhaft, nicht umfassend und nicht tiefgründig genug gewesen zu sein. Ich vermisste eine gewissenhafte kriminalistische Ermittlungsarbeit und das Bemühen, die Wahrheit um das Schicksal meiner Tochter in den vorhandenen Fakten zu suchen. Viele Fragen ließ man aber einfach unbeantwortet und sie sind bis heute offen. Widersprüche wurden nicht geklärt oder nicht erkannt, ja sogar Personen aus dem unmittelbaren Umfeld wurden nicht vernommen und kriminal-technische Maßnahmen zu ihnen unterlassen. Das waren Fehler, die, einmal gemacht, unumkehrbar sind und selbst nach Jahren neu aufgenommene Ermittlungen erschweren oder gar erfolglos verlaufen lassen. Bei den Ermittlungen 1989/90 wurden viele Möglichkeiten einfach ‚verspielt' und ich

kann schwer nachvollziehen, dass es solche Mängel überhaupt gab. Wer trägt dafür die Verantwortung?
Wenn ich daran nur denke, zerreißt es mich, ich müsste laut aufschreien, aber nicht einmal das gelingt mir mehr. Meine Stimme versagt, der Gedanke an das Geschehene verschließt mir die Lippen und macht mich sprachlos. Auch das ist eine Art von Leiden, bei dem Worte nicht erklären können, was ich empfinde.
Ich habe den Mut, die Wahrheit zu suchen, obwohl ich nicht weiß, ob ich sie dann auch ertragen kann.

Es ist gut zu wissen, dass es Menschen an meiner Seite gibt, die mich auf der Suche nach der Wahrheit weiter begleiten. Das gibt mir Kraft und lässt mich hoffen, vielleicht doch irgendwann etwas über das Schicksal meiner Tochter zu erfahren.
Ich möchte mich bei den engagierten Rechtsanwältinnen, die bisher keine Mühen scheuten und immer wieder dafür eintraten, dass die Ermittlungsakte ‚Katrin' nicht geschlossen wurde, bedanken.
Mein Dank geht an den Autor dieses Buches, der als Privatdetektiv 1997/98 mit seinen Ermittlungen neue Hinweise erarbeitete und weitere Ermittlungsrichtungen aufzeigte, die zu einer Wiederaufnahme neuer Ermittlungen durch die Behörde führten.“

* * *

Persönliche Anmerkung

Sollte es nach Druck und Veröffentlichung dieses Buches neue Erkenntnisse zum Fall geben, so werde ich diese auf meiner Facebook Seite unter

„Günter Rohwedel-Detektivarbeit-ungeklärte Fälle"

natürlich veröffentlichen. Selbstverständlich können Sie jederzeit hier auch Fragen stellen oder mich kontaktieren.

Günter Rohwedel

Ortskarte

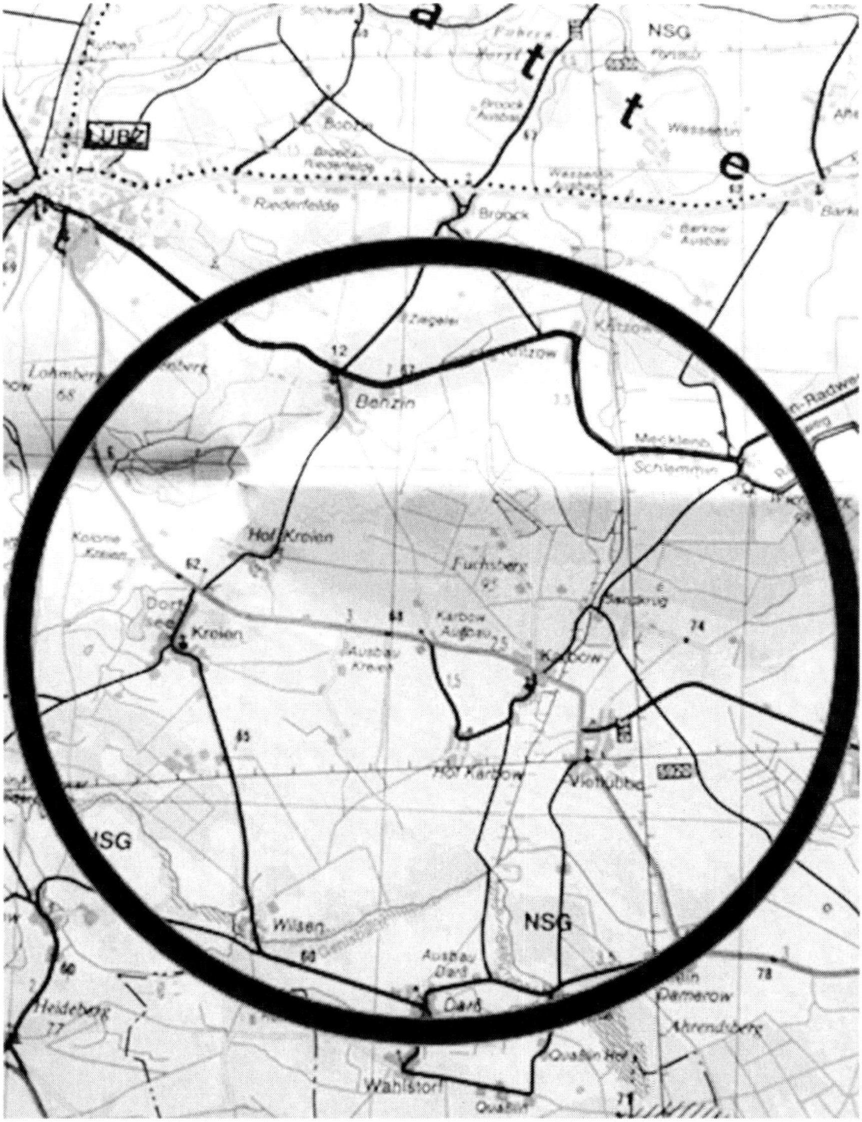
NSG
Brook
Benzin
Ziegelei
Hof Kreien
Kreien
Fuchsberg
Karbow
Hof Karbow
Vietlübbe
NSG
Wilsen
NSG
Darß
Wahlstorf
Damerow

LESETIPP!

Günter Rohwedel
Vertuscht

208 Seiten
13,5 x 20,5 cm
Softcover mit Klappen
ISBN: 978-3-946732-98-3
14,90 € (D)

Am Grab ihrer Tochter hatte sich die Mutter geschworen, so lange zu forschen, bis die Wahrheit über deren Tod ans Licht gekommen sein würde.
Letztendlich hatte sie aber erkennen müssen, dass dieses ein aussichtsloser Kampf war. Seit Jahren nagen nun die Ungewissheit und die vielen unbeantworteten Fragen an ihrer Seele und machen ihr Leben unerträglich.
Dieser Zustand ist schmerzlich, denn immer und überall begleiten sie die Gedanken, was mit ihrer Tochter geschehen sein mag. Doch nicht nur sie, sondern auch ein*e Tote*r selbst hat ein Recht. Ein Recht darauf, dass die Ursache ihres/seines Todes ermittelt wird. Das umso mehr, wenn keine Hinweise oder Anzeichen für einen Suizid erkennbar sind. Dann bleibt nur ein Unfall, ein Fremdverschulden oder gar eine vorsätzliche Fremdeinwirkung, ein Verbrechen als wahrscheinlich.
Das eindeutig festzustellen, hätte in einem Fall wie dem auf wahren Tatsachen beruhenden von Maria L. Ziel einer kriminalistischen Ermittlung sein können und müssen ...

LESETIPP!

Günter Rohwedel
Vergessen

420 Seiten
13,5 x 20,5 cm
Softcover mit Klappen
ISBN: 978-3-946732-58-7
14,90 € (D)

Warum bleiben so viele Verbrechen an unschuldigen Kindern unaufgeklärt? Der sexuelle Missbrauch von Kindern hat dramatisch zugenommen und das Dunkelfeld lässt sich nur erahnen. Dass die Wirklichkeit noch perverser, als die Fantasie sein kann und die Abgründe menschlichen Handelns unvorstellbar sind, zeigt vielmehr der aktuelle Fall auf einem Campingplatz. Hinweise auf ein Verbrechen liegen nicht immer offen zutage und nur derjenige erkennt sie, der auch verdächtigt. Die Fähigkeit, ja die Sucht, leicht Verdacht zu fassen, ist die Grundlage erfolgreicher kriminalistischer Arbeit. Ein Kriminalist sollte daher eher eine Dosis zu viel Verdacht hegen.

Es ist unvorstellbar, wenn Behörden entscheiden, es könne nichts weiter getan werden, um ein Verbrechen aufzuklären, schon gar nicht, wenn in all den Jahren nie neue umfassende Ermittlungen erfolgten. Der in diesem Buch beschriebene authentische Fall, der kleinen Anne war und ist kein Einzelfall.
Doch: Ist Mithilfe zur Aufklärung (un-)erwünscht?

LESETIPP!

Kathrin Kolloch
Der Neid

480 Seiten
13,5 x 20,5 cm
Hardcover mit Schutzumschlag
ISBN: 978-3-943168-00-6
17,70 € (D)

Man schreibt das Jahr 1989. In einem einsamen kleinen Dorf in Mecklenburg lebt das 13-jährige Mädchen Stefanie bei ihrer Großmutter. Ihr Vater hatte sie in die Obhut seiner Mutter gegeben, nachdem Stefanies Mutter zehn Jahre zuvor auf mysteriöse Art und Weise ums Leben kam. An einem Sonnabend im Januar 1989 verschwindet das Mädchen plötzlich spurlos. Gewaltverbrechen oder Entführung? Schon kurze Zeit später geraten mehrere Tatverdächtige nicht nur ins Visier der Polizei, sondern auch in das der Stasi, die sich schon unmittelbar nach dem Verschwinden des Mädchens an den Ermittlungen beteiligt. Da es scheint, dass den Ermittlern sämtliche Spuren ausgehen, beauftragt der Vater des verschwundenen Mädchens fünfzehn Jahre später eine renommierte Anwaltskanzlei mit der Aufklärung des Falls. Der Seniorpartner übergibt den ungewöhnlichen Auftrag an gleich zwei seiner Anwältinnen. Von ihm ausgeklügelt, teilen sich beide eine hohe Prämie bei Aufklärung des Falles, bei Misserfolg gehen sie leer aus. Bei Erfolg kann aber auch eine die gesamte Prämie bekommen. Der Wettlauf mit der Zeit beginnt …

LESETIPP!

Kathrin Kolloch
Die Gier

420 Seiten
13,5 x 20,5 cm
Hardcover mit Schutzumschlag
ISBN: 978-3-98503-012-5
17,70 € (D)

Ein in einer idyllischen Kleinstadt lebendes Mädchen ist spurlos verschwunden. Es war ein folgsames Kind und wusste, dass es sich nicht weit vom Haus entfernen durfte. Als Regen einsetzte und sich verstärkte, brachen die Kinder ihr Spiel ab. Einige flüchteten in den Hintereingang des Hauses, doch Magdalena war der Gang durch den Keller untersagt. Sie nahm den Weg zum Vordereingang des Hauses, kam aber nie in der Wohnung ihrer Großeltern an ... Verbrechen an Kindern lösen bei allen Entsetzen aus. Doch was passiert, wenn zuständige Ermittlungsbeamte entscheiden, es könne nichts weiter getan werden, um ein Verbrechen aufzuklären, und letztlich für Angehörige von Opfern oder für an der Aufklärung interessierte Personen kein Rechtsweg für neue Ermittlungsansätze off en ist? Wenn Verbrechen an Kindern einerseits immer als etwas ganz Schlimmes hingestellt und durch die Medien gezerrt werden, die Ermittlungen andererseits aber im Sande verlaufen, mutet es einem unvoreingenommen Betrachter schon fast bigott an.